目次◆コンビニの光と影

資料編

1　公正取引委員会「フランチャイズ・システムに関する独占禁止法上の考え方について」
2　中小小売商業振興法（抄）
3　中小小売商業振興法に基づく振興指針（抄）
4　コンビニ・フランチャイズ契約条項の項目別対照表
　　――セブンイレブンとローソン

はじめに――コンビニの光と影

本間　重紀

コンビニ・FC加盟店全国協議会の結成

一九九八年四月一五日、東京・一ツ橋の日本教育会館で「コンビニ・FC加盟店全国協議会」の結成大会が開かれた。FCというのはフランチャイズ・チェーンのことである。この結成大会には、全国五四のチェーン系列のうち半数近い二二系列、二四都道府県から実に一一〇人以上のコンビニのオーナー（フランチャイジー、以下、ジーということもある）が参加した。この結成大会はコンビニをめぐる状況を急展開させる重大な契機となったのである。

協議会は、「結成大会アピール」を採択し、その中で、「コンビニ店主のみなさん」に対して、「コンビニ店が、はじめて系列を離れて団結する組織として、それぞれの地域での組織づくりを含め、大勢のコンビニ店主のみなさんが私たちの活動に参加されることを心からよびかけます」と呼びかけた。また、協議会では、「申し合わせ事項」として、協議会の目的を、①経営と生活の向上をはかる、②公正な取引契約をめざす、③地域経済振興に貢献すると定め、さらには、FC本部の優越的地位に基づく不公正取引を規制し、加盟店の営業権確保等の「フランチャイズシステム法」（仮称）を制定することなど一九項目の「私たちの要求」（第一次分）を決定して散会したのである。

私事にわたるが、一九七四年にセブンイレブンが東京・豊洲に第一号店を発足させてから間もない一九七〇年代の終わりに、私は、この系列のあるコンビニオーナーから契約書を見せられて解約の相談を受けたことがある。その契約書を一見して、全く仰天した私は、この契約書をマスコミ・学会などに公表して、社会的な批判を起こしたいと考えたが、コンビニオーナーが契約を解除される危険性を考慮して、涙ながらにこれを断念した。今にして思えば、まことに痛恨の極みである。

伝えられるところによれば、とりわけ大規模コンビニのパイオニアというべき地位にあったセブンイレブンは、一・五億円の資金と一年半の期間をかけて、弁護士等の専門家にアメリカ型の契約書を日本型に改造させ、また発足後しばらくはこの契約書をオーナーの手元には置かずに本部の金庫の中に保管していたという。また神奈川や千葉県松戸市などで、コンビニの契約書ならびに経営の実状に不満を持つオーナー達が横に連絡を取り合うことに対して、さまざまな抑止的な行動をとったともいう（参照、例えば浅野恭平「セブンイレブン加盟店集団脱退の歴史と教訓」『季刊コンビニ』’97冬季号など）。

企業秘密の漏示が即時解約の事由となるという厳しい契約条項の下で、コンビニ業界の実状は長い間、全くのブラックボックスの中にあった。協議会の結成はこのような状況を根本的に打破するものであって、四半世紀近いコンビニの歴史の大きな転換点であったというべきであろう。したがって、協議会の結成は、マスコミの注目するところとなり、例えば四月一六日の読売新聞は「コンビニ店が全国協」「互助組織結成大会　チェーンの声一八〇人参加」「『公正な契約』へ連携」などと報道している。さらにはこれを契機にコンビニ問題の重要性が急速に認識され、新聞、テレビ等のマスコミもこれを積極的に取りあげて、問題は重大な社会問題に転化したのである。協議会は、七月二二日、サンクス本部等と交渉するなど、活発な活動を展開した。協議会発足に対応したとみられるサンクスの「経営不振による債務増加などやむをえない特別の事情で継続困難になりやめる場合は違約金を求めない、既存の店も準じる」という措置など、幾つかのコンビニは契約内容の改善などの対応を始めたのである。日弁連も本年六月、研究会を開催、コンビニ契約の独禁法的検討を開始した。

「奴隷の契約」――不平等契約と抑圧的取引慣行

このような動きをきっかけにして、暗黒の世界から、いわば白昼の陽光の下に引き出されたコンビニ契約の実態は、これまた、コンビニ問題を社会問題化する重要な契機の一つとなったカスミ集団訴訟の弁護人たる渡辺脩弁護士が「奴隷の契約」（『エコノミスト』九八年九月一日号）と呼ぶように、その本質において抑圧的な取引慣行であり、不平等契約とでもいうべき本質をもっていた。その特徴をひとことで尽くせば、一方では消費者契約における悪徳商法、詐欺的商法類似の不法行為あるいは詐欺、錯誤などの性格を強くもつ契約であり、他方では事業者間契約における系列契約、とりわけ下請契約類似の優越的地位の濫用、拘束条件付取引などの危険性を帯びた契約であり、いわばその二重化あるいは複合的性格を有する現代の最悪の不平等契約、抑圧的取引というべきである。

すなわちそれは、契約締結過程において、過剰な売上げ、利益予測などの過剰勧誘、本部側に不利な事項、とりわけリスクの不告知、あるいは契約内容の開示・説明の欠落・不足など、契約締結意思の不全という構造的な問題をもっている。

またコンビニ契約は、その契約内容の点からいえば、優越的地位の濫用の疑いがきわめて濃いものであり、その要素としては、①高額の初期投資、②不当に高額のロイヤリティ、③廃棄・棚卸ロスをめぐる不公正な会計慣行、④三六五日二四時間という、家族、他人労働を不可避とする営業形態とその費用等々の点で、はじめから構造的に一つの収奪システムとなっている。

そのため、赤字に転落したオーナー側がこれを解約しようとすると、その解約違約金、とりわけ自己都合の違約金はきわめて高額となる。

オーナーは、いわば「前門の虎、後門の狼」、あるいは「進むも地獄、退くも地獄」の情況となって、まさに奴隷的に拘束されるという特徴を持っているのである。そこには、今、大流行の規制緩和や市場主義が強調する、市場からの退出の自由さえない。

なお、コンビニ問題でしばしば話題となる廃棄ロス問題とは、ファーストフードなどを中心とする巨額の廃棄・値引きと、万引きなどによって生じた棚卸ロスを、いわば売れたものと仮定して、条件によっては売価で売上高に算入し、また、その売上高から売上原価を引いた粗利益の三五％から七五％という形で計算されるロイヤリティは、廃棄・値引きならびにロスからも取ることとなるという、二重の不公正な会計慣行のことである。

このように、コンビニ契約では、本部（フランチャイザー、以下、ザーということもある）側は、売上がある限り粗利は存在するから、店が存在する限り、常にロイヤリティを取得しうる。また、仮にジー側が解約しようとすれば高額の違約金が取れ、さらに新規出店をリクルートすれば加入金等の数百万円を取得できるという形で、いわばどちらに転んでも儲けることは確実である。再びいうが、そこには、今大流行の規制緩和や市場主義が強調するジーの経営を改善するためのザー側の経済的インセンティブはほとんどない、という構造となっている。

これが、今日のコンビニ系列間の出店の過当競争とその結果としての〝多産多死〟状態の原因である。これに対して、ジー側の経済的実状は、所有者、オーナーというよりは、仕入れと価格の決定権を事実上奪われ、決算権さえないという、経営権が全く空洞化した、本質においてむしろ商業労働者の状況にあり、とうてい独立商業者とはいえない。三度びいうが、そこには、今、大流行の規制緩和や市場主義が強調する創意工夫、すなわち、経営努力の余地が全くといっていいほどないにもかかわらず、自己責任という点でいえば、赤字転落の責任は一〇〇％課せられる。ザーとジーとは経営とリスク・責任とに関して全く不平等な構造をもっているのである。

相次ぐジー側勝利の判決・和解

コンビニ契約のもつこのような本質が徐々に明らかにされるにつれて、コンビニ契約をめぐる裁判にも大きな転換が始まっている。従来、コンビニ関係の裁判に先行して、フランチャイズ・システム一般をめぐる裁判例が大量に蓄積されていたが、そのほとんどはジー側敗訴、ザー側勝訴の判決であった。何故なら、ＦＣ契約の不当性にもかかわらず、いわば契約書にサインした以上、独立した事業者としての自己責任を問われるという形のものが圧倒的であったからである。コンビニ契約に関しても、例えば、一九九六（平成八）年二月一九日のローソンに関する大阪地裁判決は、情報開示義務、競合店出店、指導援助義務等に関してはもちろんのこと、先の廃棄・棚卸ロスも含めて、ほぼ全面的に被告たるザー側の主張を認めるものであった。何故なら、判決は、ジーは「基本的に独立した事業であり、フランチャイジーは自己の責任により経営を行うもの」という不動の前提をとっていたからである。またごく最近のものについていえば、九八（平成一〇）年七月二九日の東京地裁のセブンイレブンのケースでは、人件費の月間予測五～六〇万円が現実には一二〇万円となったなどの原告ジー側の主張、すなわち契約締結前の正確な情報開示の必要性の主張は認められていない。この事件は、さらに九九（平成一一）年三月一一日に東京高裁での判決が出、その中では、例えば、「フランチャイザー自身が出店前の市場調査等から得た業績予測を開示しなければならない信義則上の義務があるということはでき」ないとされ、原告ジー側が再び敗訴しているのである。このようなＦＣ・コンビニ判決の傾向は、今後のコンビニ契約をめぐる判決にも継承される危険性があった。

ただし正確には、それぞれの判決には、留保すべき点がある。すなわち、先の大阪地裁判決は、一般論としては「売上予測等に関する情報」等について、ザー側が「できる限り客観的かつ正確な情報を提供する信義則上の義務を負」うことを認めた上で、しかし、その義務を「虚偽」の情報等に不当に狭く限定して、具体的には義務違反を否定するという論理構成をとっていた。また、東京高裁判決は、なるほど、結論としては、業績予測の開示を信義則上の義務としては認めていないが、それは事前予測を開示するか、試験的な店舗経営の機会を与えてジー希望者が業績見通しを判断できる機会を与えるか、いずれにするかはザーの判断に委ねられているという論理構成が前提となっていたからである。要するに、コンビニに関するこの二つの判決は、ジー側の全面敗訴の判決と単純化できない、微妙なニュアンスをともに含んでいたのである。

はたせるかな、コンビニ契約をめぐる裁判は、まず、契約締結過程の勧誘方法をめぐって、大きく転回し始めた。その一つは、一九九八年八月三一日、仙台地裁で東北地域のコンビニであるミニショップ（旧ニコマート）に関するジー側勝訴の判決が言い渡されたことである。これは、ミニショップの本部会社に約三四四五万円の支払いを命じる画期的な判決である。このケースでは、契約締結前の予測として、初月基準日商五二万二〇〇〇円、一二カ月後六四万三〇〇〇円、さらには経常利益は初月七五万円、一二カ月後一六四万九〇〇〇円という試算が、ザー側から提示されていた。しかし、この店舗が直営店であった時代には、経常利益平均は三九万三二五〇円にすぎず、しかもこれは、直営店のためロイヤリティが月三万円しか計上されていないという条件の下での経常利益であって、ロイヤリティ月額三五万円となる加盟店であれば経常利益は月七万三二五〇円にしかならないものであった。このように、このケースは直営店としての直前のデータを秘匿し、虚偽かつ過大な売上げ予測等を含むセールストークを行ったというケースだったのである。判決は、「これは、勧誘方法として取引通念上相当な範囲を逸脱したもの」として「不法行為を構成する」と判示したのである。

このような転換は、契約締結前の情報開示のみならず、契約内容における中途解約金レベルの問題も含めて、現在、急速に波及しつつある。まず、判決において解約違約金の請求の不当性を事実上、認めるものがあらわれた。それはファミリーマート（南九州ファミリーマート）が、九六年一二月に開業後、一年半で中途解約した元オーナーに対して解約違約金請求を行ったという事件で、事実上、同一の事件について、法人と個人を相手とする二つの判決がある。いずれも鹿児島地裁の判決であるが、一つは一九九六年一〇月二二日、もう一つは一九九八年一二月二四日の判決である。

まず前者は、元酒販店であった被告オーナーが設立していた酒販免許を保有する有限会社に対する違約金請求である。判決はオーナー側の主張する、本部側の「詐欺的言辞とは具体的に何を指すかは明らかではない」し、中途解約はオーナー側の「都合による解約」であるなどとして、本部側の、解約違約金約八二二万円を含む請求約一九一〇万円の全額を認容するという在来のＦＣ判決型であった。しかし債権の回収前にこの法人が解散したため、ファミリーマート側が被告個人に対する請求に切り替え、後者の裁判では、正面から中途解約をめぐる責任の判断が実質的に行われることとなった。もちろんこの判決には、有限会社取締役の第三者責任（有限会社法三〇条ノ三）や法人格否認の法理など法技術的な論点に関する判断もあって、本部側の違約金請求が棄却されたという事情もある。しかし、より重要なのは中途解約の責任に関し、裁判官が以下のように述べて、ファミリーマート側の違約金請求を棄却したことである。すなわち、まずオーナー側からすれば、「本件契約締結に当たって多額の資金を投入した上、予期に反して自ら働かざるを得なくなり、本件店舗が二四時間営業のため労働が過重された割には期待したほどの収入増ではなかった」ことなどを考慮すると、オーナーの「悪意または重過失」により本部に「損害を被らせたものとみることはできないというべきである」。また、オーナー側も「本件契約の締結及び解約により損害を被っており」、本部「のみが一方的に損害を被ったとはいえない」（一九九九年五月八日付読売新聞も参照）。このように、この判決では、閉店に至る業績不振の責任に関して、ジー側の困難な事情を認定しているし、損害についても、ジー側も大きな損害を被っているという認識を持っている。そしてまさに、その正当な認識が、前記の法的論点の技術的判断に決定的な影響を与えているという点が、従来のFC・コンビニ判決から大きく踏み出した理由である。したがって、この判決は、今後の訴訟事件に何らかの影響を与える可能性が大きいといわなければならないであろう。

そして、ついに、このコンビニ問題を社会問題化する上で先駆的な役割を果たした㈱カスミコンビニエンスネットワークスの加盟店ホットスパーをめぐる裁判に関して、一九九九年四月一九日に和解が公表された。これは、四都県二五店の元加盟店主二五人と連帯保証人三〇人の計五五人に関して、東京、水戸・土浦支部、浦和・川越支部、那覇の四地裁、計三一件の訴訟に関しての一挙的な和解であった。

この和解は、「双方とも相手方に対するいっさいの請求を放棄し、相互に他にいかなる債権債務も存在しないことを確認する」というものであり、解決金として一人当たり一〇〇〇万円、総額二億五〇〇〇万円を支払うという画期的な内容のものである。オーナー側が長期にわたる訴訟を続けることによって生活上の危機を避けられないという条件の下で、この和解はほぼオーナー側の全面勝利とでもいうべきものであろう。

また、これに引き続いて、九州地区のコンビニであるニコマート（アイアンド・リーティル）に関しての裁判でも、本部側の約五〇〇〇万円（解約金約二〇〇〇万円、商品立替分約三〇〇〇万円）と、約六〇〇〇万円（解約金約三〇〇〇万円、商品立替分約三〇〇〇万円）という二つの請求に対して、解約金を全額免除し、商品立替分を約六割カットし、全体としてはほぼ九割程度をカットするという和解が五月に成立した。この裁判では、元本部側幹部・従業員が本部側の立地調査の杜撰さを証言したことで注目されたが、和解では、たとえばザー全店の直近六カ月間の平均による一カ月分の売上高の二倍相当額（二店合計四九八〇万円）にあたる解約金の請求がいっさい認められていないという点が特徴的である。このように、高額の解約金が、事実上、まさに奴隷契約として、赤字続きで苦しむオーナーを拘束する著しく不当で反社会的なものであるということが、和解であれ、判決であれ、実際上、裁判所に認められ始めたということはきわめて大きな転換点である。

また、最近コンビニ問題に着目した地方自治体の調査報告書が相次いで公表されたことが注目される。そのひとつは、東京都労働経済局『深夜・終夜営業小売店舗の影響調査報告書』（一九九八年六月二四日）であり、他のひとつは、愛知県商工部『コンビニエンスストアによる地域商業集積への影響度に関する調査』（一九九九年四月二〇日）である。東京都調査は、コンビニ六七五店舗、主としてチェーン加盟（九四・七％、但し、全国チェーンの内訳は不明）、二四時間店舗（約八割）を対象としている。これによれば、コンビニ開店に対する満足度は、「非常に」「やや」満足しているのは、チェーン加盟店で五〇・二％で、非加盟店四三・九％よりやや高いものの、「非常に」「やや」不満なのは、逆に、非加盟店二一・九％より加盟店三一・九％と高くなっているのが印象的である。また自由回答の「理由」では、もちろん、「地域への貢献（利便性など）」満足の理由も少なくないが、「売上げ・収益の低迷」「高いロイヤリティ・契約条件」「営業時間・労働時間」「本部の指導不足」などが、不満の理由としてあげられている。また、愛知県調査はコンビニ二九五店舗を対象としている。これによれば、チェーン加盟の満足度は「大いに満足」〇・七％「おおむね満足」三一・五％に対し、「やや不満」二三・一％「かなり不満」一五・三％と、むしろ、「不満」三八・四％が「満足」三二・二％を上回る結果となった。さらに経営上の問題点（複数回答）では、「売上高の伸び悩み」四八・一％、「休暇が取れない」四三・一％、「労働時間が長い」二五・八％「商品ロスが大きい」と「他のコンビニエンスストアとの競合」が二五・四％、「深夜、早朝の人手確保」二五・一％、「人件費増加」と「客単価の定価」が一六・六％となる。

地方自治体の調査結果は、本書が示すコンビニの問題が、一部のそれではなく、コンビニ全体の構造問題であることを示唆している。私たちの分析もまた、カスミなどローカルチェーンだけではなく、元祖的典型たる、セブンイレブン、ローソン、サークルKなど、全国チェーンをむしろ主対象としていることに、強く注意を喚起しておきたい。いずれにしても、通産省（中小企業庁）や公正取引委員会は、私より少し遅れて、一九八〇年代初頭にはこの構造問題に明らかに気づきながら、法的強制力のない基準やガイドラインでお茶を濁し、ほとんど何もしてこなかったし、今なお、まともな動きを示していない。判決・和解の動向、地方自治体の関心などをみる時、中小企業庁や公取委の行政責任が問われることは、早晩避けられないであろう。

こうして局面は、明らかにコンビニ契約の改革の方向に向かっている。この点とかかわって再び協議会の「私たちの要求（第一次分）」に言及すれば、コンビニオーナーたちの現在の要求は、第一に、先述のフランチャイズ・システム法をはじめとして、中小小売商業振興法の改正による情報開示義務の強化、あるいは資本金一〇〇億円以上のコンビニの出店規制のための条例などの立法要求、第二に、契約締結過程とかかわって、過剰勧誘の禁止、正確な情報開示の義務づけのほか、クーリング・オフ期間の設定が提唱されている。そして第三に、契約の内容とかかわって、解約違約金の撤廃やロイヤリティの大幅引き下げ、意見申し出による不利益取扱いの禁止などが要求されている。さらに第四に、経営指導の質の向上、営業時間、営業日の選択制、仕入等に関する意見の尊重などが要求されており、そして最後に、オーナーのみならず従業員、家族の健康維持などの労働問題や、地球環境を含めて地域で支持される店舗経営などが要求されている。

私もまた、ほぼ全面的にオーナーたちのこの要求を支持したいと考えるが、これと比較すると、ローソンなど本部側の昨秋来の「改革」措置は、誠に微温的で虚偽的でさえある。ローソンの新規契約は、「加盟しやすく、やめやすくした」というが、加盟時の名義使用料（一五〇万円）などはローソン独特の制度であったためにこれを廃止し、ロイヤリティの値上げに含ませることとしたにすぎないし、解約金についても、正当事由があれば閉店に伴う解約違約金をゼロないし大幅緩和するというのも、五年以上経過店にすぎず、経営不振による中途解約の大部分は五年末満店で発生するというのが常識である。その他の若干の「改革」もあるが、これを口実にむしろロイヤリティーを二％程度増やしたことが、この「改革」の真のねらいとみるべきであって、「加盟店主にとっては負担増となる可能性も出てくる」（一九九八年一〇月一五日付日経流通新聞）というべきであろう。

本部側もこのような姑息な対応に終始するのではなく、仮にもし、真に共存共栄を謳うとするならば、たとえば第一に、契約締結過程における情報開示義務を口頭による説明に対する責任を含めて明示し、さらには契約締結後も、クーリングオフ、仮契約期間（試用期間）、中途解約権を認めるべきである。また第二に、何よりもロイヤリティをアメリカ並あるいは日本の他のＦＣ並の低額低率に引き下げ、ロイヤリティに対応する対価としては商標貸与などに該当する部分に限定して、現在、ロイヤリティの対価として含まれているその他の項目は、費用を少なくともジーには公開して、これを分担するという仕組みを形成する必要がある。さらには第三にフランチャイズ・イメージあるいはコンビニ・イメージの不可欠の要素としての販売戦略である、販売機会を失うことを防止するための品揃えと、それに伴い必然的に引き起こされる廃棄ロス、また棚卸ロス、二四時間三六五日営業を維持するためのオーナーの八時間労働以外のパート等の人件費などは、いわばフランチャイズ・イメージ、コンビニ・イメージを維持するために必要なコストであって、これらを本部とオーナーが、たとえばロイヤリティ比率などに応じて分担する必要があろう。そして第四に、経営不振を理由とするジー側の解約はペナルティーなしとし、他方、ザー側の解約には「重大な理由」など解約権の濫用を防ぐ合理的な制約をつけるなど解約制度の抜本的な改革が必要である。以上は、なお、例示にすぎないが、要するにザー側は、根本的に真の共存共栄をめざすシステムを形成する必要があるのである。

本書は、以上のような問題関心から、序章でコンビニ契約の本質について概括的に述べるとともに、第一章では何よりもオーナーたちが現場から厳しく告発している。これはまことに迫力に充ちたものであって、読者はこの章からお読みいただいた方がよいと思う。次いで第二章では、コンビニ・FC協議会の立場からの、現状分析と運動方針が述べられている。さらに、第三章では今日展開されているコンビニならびにFC関係の訴訟について、これを担当する弁護士から、現状と課題を論じてもらっており、第四章では、気鋭の法学研究者によってコンビニ契約の法的な構造と問題点が分析されているが、学問的研究がほとんど空白な状況の下で、それぞれに優れた水準の分析となっており、問題の解決に向けての鋭い提起となっている。

また、本書は、私の前著『暴走する資本主義』（花伝社）と同様、花伝社社長平田勝氏の強い働きかけによって実現したものである。しかもこれまた前著と同じく、私が重篤な病に倒れたために、平田社長をはじめとして、山本晃正君、近藤充代さんによる編集によってはじめて出版が可能となった。特に、コンビニをめぐるきわめて厳しい状況のなかで執筆してくれたコンビニオーナー、協議会関係者の勇敢な社会的発言は本書中の白眉であり、共に改革への努力を続けるものとして、我が事のように誇りたいと思う。誠心誠意の努力のなかで訴訟を展開している弁護士のみなさんの情熱も含めて、これらのすべての人々の共同がなければ、本書は日の目を見ることはなかったであろう。これまた、他の類書が絶対に真似のできない本書の優れた特徴でもある。

いずれにしても、本書は悪徳商法、詐欺的商法等の消費者被害、生産系列・下請取引や流通系列、さらには価格破壊という名のダンピング等、経済力の優越的地位の濫用を中心とする不公正取引に満たされた今日の不公正な資本主義を改革するための、私たちの、市民・消費者に対するアピールであり、その第一弾である。

一九九九年七月一八日

静岡の病床から南アルプスを想いつつ　本間重紀

序章　コンビニ契約の本質

本間　重紀

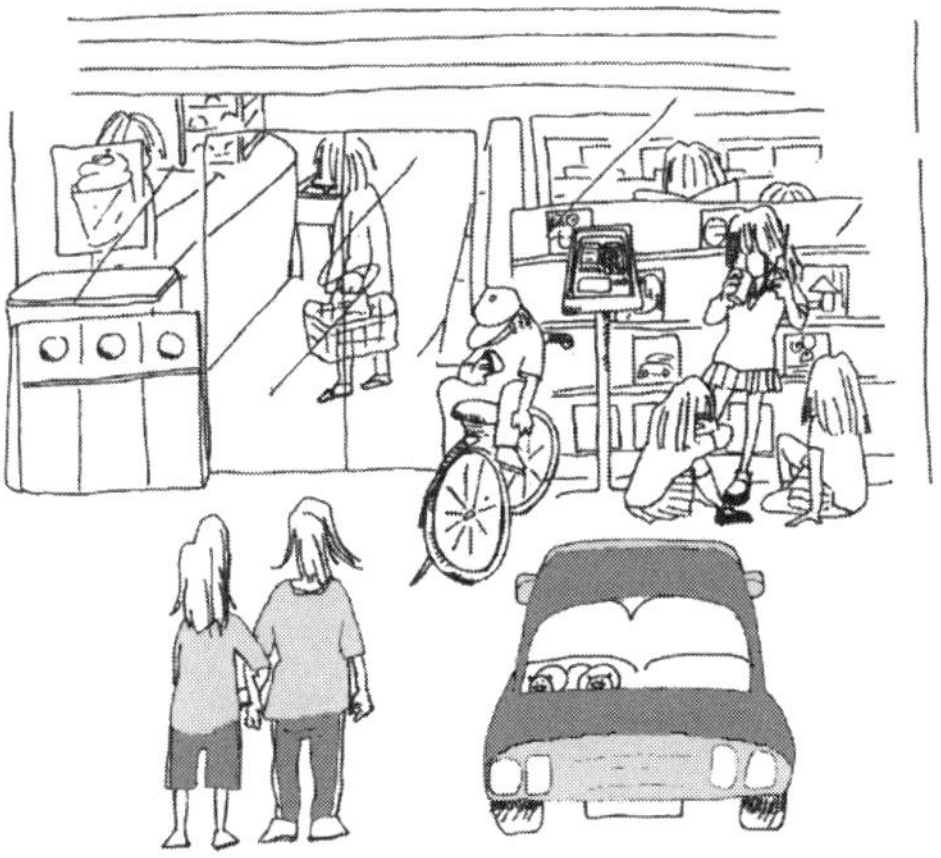

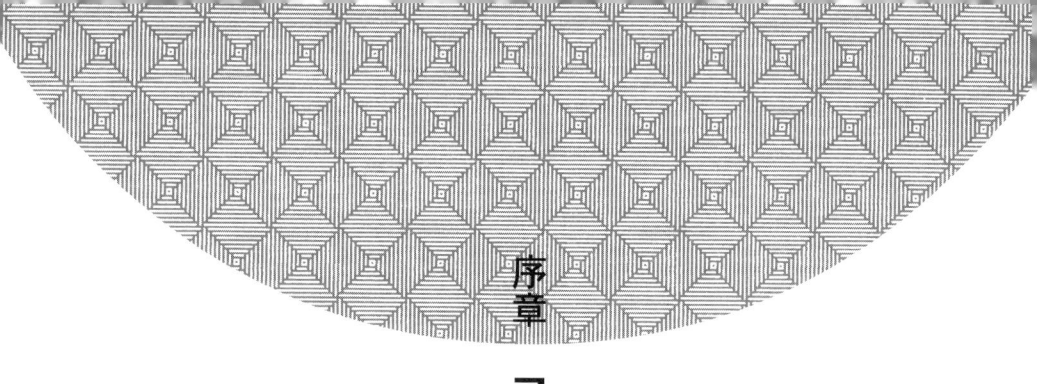

「コンビニなしでは生きられない」（『エコノミスト』九八年一月二七日、七四頁）。最近、コンビニエンスストアが、文字通りにコンビニエンス（便利）になってきた。都市生活者、とりわけ若者にとっては、コンビニは、生活情報の源泉の一つであり、街の冷蔵庫であり、その生活を規定する要因でさえある。

「フランチャイズの地獄」（『週刊ダイヤモンド』九八年六月一〇日、二四頁）。最近、コンビニをめぐって紛争が続発し、マスコミもこれに注目しはじめた。コンビニ本部（フランチャイザー、ザー）に対する加盟店（フランチャイジー、ジー）の不満が広がっている。ザーだけが栄えて、ジーは家庭崩壊、過労死、はては自殺に追いこまれている。

三六五日、二四時間、明るい店舗のこちら側から、カウンターの向こうに黒々と広がる〝地獄〟をみてみよう。それは私たちにとって何を意味するのであろうか。

一 「繁栄」するコンビニ

ＭＣＲ統計（『季刊コンビニ』'98年春季号）によれば、一九九七年度に、コンビニの店舗は、ついに五万店の大台（五万一二一店）に乗り、出店数も過去一〇年で最高の三三七二店となった。上位三チェーンはセブンイレブン七二三九、ローソン六五二一、ファミリーマート五一一五、続いてヤマザキデイリーストアー（サンエブリー）二九一八、サークルK二二五八、サンクス二〇六六、さらにはミニストップ一三〇〇、セイコーマート一〇〇三と、八チェーンが一〇〇〇店を超えた。

また、チェーンのうち決算期の異なるセイコーマートを除く七チェーンの九七年上期決算業績（『九八年財界フランチャイズ白書』一〇五頁）によれば、チェーンの成長性を示す全店総売上高は、ヤマザキを除いて、前年同期比二ケタの伸びとなっている。とりわけコンビニ本部たるザーの営業収益、営業利益、経常利益の前年同期比は、ほとんどすべて二ケタ台の伸び率である（非公開企業のローソンとヤマザキを除く）。特にミニストップとサンクスはそれぞれ、二三・五％、二九・一％、三〇・〇％と、一八・九％、一八・四％、一七・八％の高い伸び率を誇っている。コンビニは、商店街の衰退、百貨店の停滞、スーパーの伸び悩みと、バブル崩壊以降の長期にわたる構造不況のなかで苦戦を続ける流通業界にあって、年商七兆五一〇八億円に達し、〝独り勝ち〟といわれて久しいが、それは正確にいえば、主としてこのようなザー側の著しく高い増収増益のことをいっているのである。

しかし先のＭＣＲ統計によれば、そこには明らかに危険な兆候が見られる。店舗数と業界年商の伸び率が一〇％を割ったのは、それぞれ八六年と九一年で、以降、長期低落傾向を免れていないし、九七年は、わずかに三・二％と一・八％であった。ジー側からみてより重大なのは、一店平均日商が、九一年の四八・〇万円をピークに下がり続け、九七年には四二・八万円となり、不振店（三年連続売上高が前年比マイナスないし横ばいの店）が、先の一〇〇〇店以上の八チェーンですら一九・一％もあることである。『九八年財界フランチャイズ白書』（一〇五頁）によれば、大手チェーンの既存店売上高伸び率は、二・一％から四・〇％の範囲にとどまっており（同じく、ローソンとヤマザキを除く）、チェーン全店総売上高の二ケタ台の伸びは、主として新規出店という拡張路線によって達成されていると推測される。

またＭＣＲ統計にもどると、コンビニ一店あたりの人口は、経営の採算ラインとされている三〇〇〇人を大きく割って、全国で二四九二人となっており、特に千葉、東京、山梨、京都、大阪、兵庫の各都府県は一〇〇〇人台にあり、明らかに過剰出店の状況にある。九七年の閉店数一八一八店は出店数三三七二店の五三・九％にも及んでおり、〝多産多死〟(及川亘弘「〝多産多死〟になったコンビニ業界」『エコノミスト』九七年一〇月二一日、四〇頁)という表現は誇張でも何でもないのである。

要するに、数量的におさえてみても、コンビニの「繁栄」とは、本部たるザーの高水準の増収増益と、加盟店たるジーの多死という、光と影とに色分けされている。そして、このいわば天国と地獄との道を分けるのが、コンビニエンス契約である。

二　コンビニエンス契約の本質

経済学、特に近代経済学の立場からは、コンビニのメリットが一面的に強調されてきた。すなわち、コンビニは流通近代化の新しい旗手である。なぜなら、ザーの側からすれば、経営のノウハウとシステムを開発すれば、資金がなくてもチャージをとって店舗を全国展開できる、ジーの側からみても、経営のノウハウとシステムのない素人でも多少の資金さえあれば「一国一城の主」になれる、というわけである。マスコミもまた後述のザー側の情報操作もあって、無批判にこのような理論に追随した。このような情報と研究の操作と偏向が、人々の間に一種の幻想を生みだしたというのは言い過ぎであろうか。

しかし、コンビニ契約は、その本質において非対等で不平等な契約であり、内容的には不公正条項を多く含む契約である。このことは、マスコミがいうように、近年、特に、コンビニの成長鈍化によって生じたことではない。コンビニ成立の当初から、とりわけ、一九七四年にセブンイレブンがその第一号店を設立した時から、コンビニ契約は非対等・不平等・不公正な契約・取引であり、それこそが、今日のコンビニ、正確にはザーの巨大化の源泉であった。今日の状況は、企業秘密の壁がようやくほころびはじめ、暗黒の本質が白日の下にさらされはじめたということなのである。

以下、コンビニ契約の本質について総括的に論ずることとしたい。

二　契約締結過程における不当な勧誘

コンビニ契約の非対等・不平等契約的性格は、まず何よりも、契約の締結過程における勧誘の段階から現れる。それは、たとえば「ＦＣまがい商法」、「実態のない本部」、「マルチ商法」などといわれるように（羽田治光「ＦＣはトラブルビジネスだ」『週刊東洋経済』九八年六月二七日、一八六頁）、しばしば悪徳商法、詐欺的商法的である。

(1)　虚偽の予測データによる勧誘

とりわけ、それは売上やジーの実収入の予測に現れる。ザーの勧誘員は、あるいはまったく科学的根拠のない過大な売上を提示し、あるいは同様に過小な営業費、たとえば人件費見積もりを提示して、過大な手取りを多くは口約束で「保証」する。この売上げ、営業費、実収入などの不当な予測例を若干みると、次の通りである。

例えば、コンビニ契約の実態が社会問題化する一つの重要な契機となったカスミコンビニ訴訟の原告側主張によれば、①原告ａ―日商四二万円を確保できると勧誘されたが現実は日商三〇万円前後（以下、同じく日商）、

②原告b—予測は、最低四〇万円、五〇〜六〇万円もありうる、現実は二五万円を超えない、③同c—同じく四〇万円と二〇万円前後、④同d—五五〜五九万円と四五万円程度、⑤同e—四〇万円と二五万円ぐらい、⑥同f—三六・五万円と一五万円であった（『エコノミスト』九八年九月一日、六一頁）。

また「はじめに」でも述べたように、九八年七月二九日に東京地裁で原告敗訴となったセブンイレブンのケースの原告側の主張では、人件費の月間予測五〇〜六〇万が、現実は一二〇万円である（なお松山徳之「セブンイレブン〝勝訴〟が語るコンビニ経営の暗い未来」『エコノミスト』九八年九月一日、六二頁）。さらに、現在、千葉地裁で係争中のローソンのケースでの原告側主張によれば、オーナー収入の予測六三万円に対し、現実は開店三カ月平均で二五万円である（大槻厚志「敗訴続きの加盟店の環境が変わった」『エコノミスト』九八年四月一四日、七五頁）。

しかしこのような詐欺的トークにもかかわらず、ザーとジーとの裁判はジーのほとんど全敗とでもいうべき状況にあった。最近の例をみても、九六年二月一九日の大阪地裁のローソンのケースでは、当初の収益見通しには根拠がないという原告側の主張に対して、判決は、フランチャイズ契約は「基本的には独立した事業体」間の契約であるという観点から、これを棄却している（『判例時報』九六年一〇月一日、二九頁）。また、先のセブンイレブンの人件費コストのケースでも、判決は、利益があがらず、厳しい生活を強いられることも充分認識できたという立場から、原告の主張を棄却している。フリーライターの松山徳之は「契約書に印鑑を押したら最後、〝契約の自由〟の名のもとに自己責任だけが問題にされるのだ」（前掲松山論文、六三頁）と厳しく批判している。以上は「はじめに」でも述べたが、つまりはこれらの判決は、コンビニ契約は基本的には独立した事業者間契約であり、そこには契約の自由と自己責任の原則が貫かれるという判断枠組みをとっていると考えられる。

（2）ザーとジー予備軍との間の情報格差

しかし、これは著しく現実から遊離した観念的な前提である。すなわちまず、契約締結後の問題は後に再論するとして、少なくとも契約締結前についていえば、形式的にいっても、契約者はまだ事業者ではなく、せいぜいのところでその予備軍にすぎない。この段階では、契約者は、まだフランチャイズシステムサービスという「商品」を、加盟保証金や開業準備手数料など、低く見積もっても数百万円で購入する消費者とみるべきであろう。そして、このフランチャイズ契約にともなう「投資」には、広義にとれば、開業時の商品仕入れ、土地・建物の購入・建設（賃貸）等の数千万に及ぶ巨額な「投資」が含まれている。またこの契約は、七～一五年の長期にわたる継続契約であり、しかも市民の生存の基礎たる職業選択そのものにかかわる深刻なものである。

さらにいえば、コンビニ契約の当事者たるザーとジー予備軍には、消費者契約における事業者と消費者とに対比すべき情報の圧倒的格差がある。しかもザーは、複雑なコンビニエンスシステムを正確には説明せず、相手の無理解につけこんで契約させようとする。契約書は、契約段階ではじめて手交され、長文の契約文を読みあげられる形で署名させられることさえ少なくない。また、契約書じたい難解であるが、コンビニエンスシステムの具体的内容は、研修・営業の段階以降にわたされる膨大なマニュアルを見なければわからない。否、実際に従事してみなければわからないというべきであろう。そして、この契約書、マニュアルなどは、弁護士・税理士などの専門家にさえ理解困難なものなのである。

したがって、ジー予備軍が脱サラなど経営のアマである場合はもちろんのこと、仮に酒販店など経営のプロであったとしても、こと複雑怪奇な特殊コンビニの経営については、ザーとジー予備軍との間にはプロとアマ以上の情報格差があるとみなければならない。総じてこれは、むしろ、消費者契約における悪徳商法、詐欺的商法の問題であるといってよいであろう。

（3）コンビニ契約の紛争抑止的性格

それにしても、後述する契約内容の不公正さとあわせて、これほどひどい実状であるにもかかわらず、紛争が長期にわたって表面化せず、今日でもなお表面化している紛争は文字どおり氷山の一角であるのはなぜであろうか。その理由の一つは、コンビニ契約の紛争予防的性格、否、紛争抑止的性格にあり、他の一つは、ザーのジーに対する分断政策、あえていえば巧妙な治安政策にあるということができよう。コンビニの日本におけるパイオニアであり、良くも悪くもその典型とみなされて、他のザーが、これを模倣したとされている、セブンイレブンのコンビニ契約と対ジー政策を中心にみよう。

①守秘義務違反による契約解除

まず、ほとんどすべての契約で、守秘義務違反が即時解約事由となり、かつ、契約終了後もジーに守秘義務が課せられており、これが、企業秘密の壁として実態が社会問題化することを妨げてきた法的な理由である。セブンイレブン加盟店基本契約書の場合、①セブンイレブンシステムに関する手引書・資料を譲渡し、使用・占有させた時、②経営機密およびザーの企業機密の第三者漏示（同契約書四七条）が、ジーの破産・会社更生等とならんで即時解約事由となっている。しかもこの即時解約の場合、（イ）過去一二カ月分の実績にもとづく六カ月分の売上総利益の五〇％相当、（ロ）過去一二カ月の月平均売上高を基準として、契約残存期間の十分の一に相当する期間の月数の売上高総額の二％相当、（ハ）二〇〇万円、の合計額という重い損害賠償がある（同四九条）。

さらに契約終了後の経営機密、ザーの企業機密の漏示に対してさえ、同一行政区画等の店舗の過去一二カ月分の売上高合計の一〇％相当額という損害賠償金が義務づけられているのである（同五七条）。

またローソンの場合、ジーのみならずジーの従業員にも「本契約・付帯契約・規定ならびにマニュアル、連絡諸文書等、甲（ザーのこと）の指導内容およびローソン・チェーン運営に関する計画・実態等、その他本契約に関連して知り得た事項一切」（フランチャイズ契約書一九条）の機密保持を義務づけるというように徹底しており、「ローソン・チェーンシステムの機密を漏洩」（同契約書三〇条）した場合、損害賠償の義務が生ずる。

少なくとも大規模チェーンの場合、他のチェーンも基本的に大同小異である。要するにこれは、ジーが自分自身の経営の実態等をおよそ一言も外部に話すなということである。

② 「免責条項」

コンビニ契約書はまた、いわゆる「免責条項」を広範に導入している。セブンイレブンの場合は、契約書の前文で、ザーからの情報提供と説明を受けて、ジーが「自主的に検討し、判断したうえ、加盟の意思決定をしたこと」というように、ジーが「自己責任」を自認した形となっている。ローソンでは逆に契約書末尾に、同様に「自らの判断と意思により本契約締結に至」ることや、さらに「契約店舗の売上等について」ザーより「なんら保証を受けていないこと」も「確認」している。ローソンはまた、「口頭契約の排除」として「本契約締結前の口頭による意思表示は、本契約に記載されない限り、一切の効力を有しません。」（同契約四〇条）と定めている。

こうした規定は他のコンビニ契約にもしばしばみられる。法律の専門家としての私は、コンビニ契約は不動文字（活字）によって一律に印刷された約款であって、これらの「免責条項」はジーに一方的に不利益な違法・不当な無効条項と考える。しかし、契約に関し素人であるジーにとって、これらが大きな心理的圧力となり、先程の解除条項とあわせれば、第三者、特に弁護士と相談することもためらわせて、強力な紛争予防機能、否、紛争抑止的作用を果たしたであろうことは想像に難くない。しかも「はじめに」でも述べたように、セブンイレブンについては、発足当初、契約書をジーからとりあげ本部で保管していたため、ジーは自分の契約書を見るために本部まで行かなければならなかったこと、ジーの横の連絡の動きなどに対し、あらゆる妨害策をとって、ジーの分断をはかったことなどが伝えられている（詳しくは、例えば浅野恭平「セブンイレブン加盟店集団脱退の歴史と教訓」『季刊コンビニ』'97冬季号、二六頁以下）。このような条件が、ジーの不満が外部化することを長期間にわたって抑えてきたのであろう。

（4）契約締結過程におけるザーの説明義務

しかし、「はじめに」でも述べたように、九八年八月三一日、仙台地裁で、ジー側勝訴の判決が出たことにみられるように、コンビニ裁判の状況は動きはじめている。このケースは、予測の日商五五～六五万円、利益月一〇〇万円近くに対し、現実の日商は五〇万円に届かず、赤字が累積したというものであるが、営業譲渡する前の直営店の実績資料を隠すなど、明らかに虚偽の説明を行っていた。

現行の法規制をみると、中小小売商業振興法（一一条）では、加盟金、保証金等や契約解除に関する事項など一〇項目を書面開示し、説明する義務を課している。また、独占禁止法にもとづく公正取引委員会のガイドライン「フランチャイズ・システムに関する独占禁止法の考え方について」（一九八三年）では、商品等供給条件、予想売上げ、予想収益等七項目の十分な開示が望まれるとしている。特に後二者については、「加盟後の実績と完全に一致する必要はないが、類似した環境にある既存店舗の実績など根拠ある事実に基づ」く必要があるとする。その他、重要事項の十分な開示がない、あるいは、虚偽・誇大開示はぎまん的顧客誘引に該当しうるとしている。これらの日本の法規制は、内容はもちろん、とりわけ実効性で大きな限界があるが、諸外国ではより強力な立法がある。特にアメリカでは、連邦取引委員会（ＦＴＣ）規則「フランチャイズに関する開示すべき事項および禁止事項」で、本部、契約内容、チェーンの現状の他、ロイヤリティなどの決定・算定根拠、システム上の制約条件、解約条件など二〇項目にわたる詳細な開示義務が定められている。その他、州法レベルの規制もある。紛争の未然防止のためには、情報公開のための強力な新立法が必要であろう。

四　契約内容の不公正

(1) 不公正取引条件と優越的地位の濫用

コンビニ契約の非対等・不平等契約的性格の第二の局面は、もちろん、契約内容それ自体の不公正さにある。契約締結前とは異なり、締結後は、少なくともジーは事業者であるから、コンビニ契約は事業者間の継続的契約である。この観点からいえば、それは、系列契約、すなわち流通系列契約、特に生産・下請系列契約と対比さるべき関係にある。そしてコンビニ契約の内容的不公正さは、下請関係にゆうに匹敵し、独禁法上では優越的地位の濫用に該当しうる契約であるというべきであろう。コンビニ契約のこのような内容的本質は、いわゆる優良店も含めて、全構造的な存在自体とかかわるものである。その意味では、チェックポイントは本来は広範な論点にわたるはずである。しかし、ここでは、問題の所在を端的に示すためにいわゆる業績不振店で主として問題となる論点を中心に構造問題全体にアプローチしたい。

この業績不振店問題とは次のようなことである。すなわち、仮にジーの側が業績不振となり、赤字に転落しても、「自己都合」の解約には高額のペナルティが課せられるため、「進むも地獄、退くも地獄」の状態に陥る（現在、表面化しているトラブルの多くは、この抜き差しならない状況のなかから表沙汰になってきたものが多い）。ザーの側は、ジーがやめれば高額のペナルティがとれることはもちろんだが、ジーが赤字状況で継続しても、売上さえあれば、コンビニのロイヤリティは一般に売上から仕入を引いた差額（粗利）のおおむね半分程度であるから、必ずロイヤリティがとれる。ザーの側はどちらに転んでも大もうけというわけである。また仮にジーがやめても、その後で新規出店者をリクルートできれば高額の加盟料等が入ることになる。新規出店もまた、ザーのさらなる利潤の源泉なのである。

(2) 損益計算における不公正性

赤字—閉店という、いわば非常時におけるザーとジーの損益計算の不公正の根源は、平時におけるザーとジーの損益計算の不公正構造そのもののうちにある。そのことを明らかにするために、①初期投資、②ロイヤリティ、③廃棄・棚卸しロス、④人件費、⑤最低保障とオープン・アカウントシステム、の各論点について、契約の内容と現状に簡単にふれておきたい。

①初期投資

コンビニを始めようというジー予備軍は、一定の初期投資が必要である。チェーンによって様々な呼称があるが、業界一般の呼称に従えば、初期投資の代表的タイプにはAタイプとCタイプがある。Aタイプは、店舗・土地がジーの所有で、酒販店・煙草店・青果店など中小商業者の転業のケースが多い。このタイプの初期投資は、例えばセブンイレブンでは、研修費五〇万円、開業準備金一〇〇万円、出資金一五〇万円、合計三〇〇万円の他、店舗改装費用、出店時商品仕入代金等となる。またＣタイプは、店舗・土地がザーの所有で、脱サラのケースが多い。このタイプの初期投資は、セブンイレブンでは、研修費五〇万円、保証金二〇〇万円の他、出店時商品仕入代金等となる。他に店舗・土地の他、備品、什器等もジーの所有の場合や、ザー直営店の営業譲渡のケースもある。

以上は、いわば最低限の定型的な初期投資であるが、実際には、例えば土地・建物をジーが調達するなど、巨額の初期投資があり、そのローン返済がジーの重圧となる。

②ロイヤリティ

ジーは粗利の一定率をロイヤリティとして支払うが、例えばセブンイレブンの場合、Ａタイプの二四時間店で四三％、非二四時間店で四五％、Ｃタイプの場合、売上月額によって五五〜七五％となっている。セブンイレブンのロイヤリティはやや高めに設定してあり、他のチェーンはもう少し低く、Ａタイプでもファミリーマートは三五％、サークルＫは三七％である。日本のコンビニでは、ロイヤリティの算出根拠がまったく開示されておらず、そこに含まれている費用項目も不明なので、その高低を論ずることは困難であるが、例えばアメリカでは一般に一八％程度とされており、システムの相違を考慮に入れても割高感は免れない。いずれにしても、前述のように、たとえ赤字であっても確実に支払わなければならない。

③廃棄・棚卸しロス

粗利からロイヤリティを支払った後、営業費を差し引かねばならないが、その営業費のうち、トラブルの種となっているのが、廃棄ロス、棚卸しロスである。廃棄ロスとは、弁当、サンドイッチ、おにぎり等の廃棄・値引き分のことであり、棚卸しロスとは主として万引きや仕入れ時のミスによって生ずる帳簿上の在庫高と実際の在庫高との差額のことである。そしてザー側は、廃棄ロスや棚卸しロスをジー側の自己負担とするのみならず、さらに売上の一定率までは原価で、それを超えたら売価で売上に加えてロイヤリティをかけるという問題である(一部のザーでは廃棄ロスのみ)。これは、それ自体、ジーのいわば二重負担となるだけではなく、ザー側の指示で仕入れたものについてもジー負担となるなどの不公正がある。ザー側による弁当・パン等の一日三〜四回のジャスト・イン・タイムの搬入もあって、月額では相当の額となりうる。また、棚卸しロスの主原因は万引きであり、これもまた二重のジー負担となるのである。

④人件賞

人件費問題とは、パート・アルバイト問題である。特に、三六五日二四時間店では、もちろんジー一人では経営できない。ザー側は、事実上、いわば「無給」の配偶者も従業することを条件とすることが多いが、それでも相当数のパート・アルバイトが必要であり、この費用も大きな負担となる。これを浮かすために長時間労働となり、過労死、家庭崩壊の原因となる。

この他、租税、賃料、初期投資のローンなどを引いていくと、ジーの手元に残る手取りはさらに少なく、夫婦の長時間労働で何千万円の売上をあげて、手取りが数十万円ということになる。それは生活費にも足りないことがしばしばであり、時には、損益が完全に赤字となることが少なくない。

⑤生活費保障とオープン・アカウントシステム

このような業績不振店には、ザーの側からは、生活費保障としての「最低保証」と、融資システムとしてのオープン・アカウントシステムがあるといわれている。「最低保証」とは、「フランチャイジー収入」が一定額を下回った時にザー側がこれを保証するというもので、たとえば、セブンイレブンの場合、Aタイプ二四時間店では一七〇〇万円である。ところが、この「フランチャイジー収入」とは、一般に粗利からロイヤリティを引いた段階のことであって、その後営業費などによって赤字になりうるし、少なくとも生活費のことではない。

また、オープン・アカウトシステムとは、ジーの初期投資、売上金などをザーが管理するシステムであるが、ジーの損益がマイナスとなれば、ザーがその分を融資する仕組みとなる。しかし、その金利は五～一〇％と高く、コンビニ銀行の別名があるもので、これもまたザーの利潤の源泉となるのである。

こうして、コンビニのシステムとは、徹頭徹尾、ザーによるジーに対する過剰な収奪を保証するシステムとなっており、著しく不公正な、それ自体、優越的地位の濫用の疑いの濃いシステムなのである。

⑥契約の解除

ジー側が、赤字や優越的地位の濫用に耐えかねて、契約を解除しようとすると、最後の大きな壁が立ちはだかる。

ここでも他は大同小異なので、セブンイレブンで代表させると、ジー側がペナルティーなし（ザー側の実損の損害賠償）で即時解除できる場合は、ザーの破産・会社更生等、ザーの帰責事由による開店不能、ザーが仕入協力、帳票記録を怠るなど「その他重大な不信行為」（同契約四八条）がある場合で、これはレアケースであろう。また、ジーに「やむを得ないと認められる特別な事情がある場合」は、ザーの承認を受けたうえで、開業五カ年経過前は過去一二カ月の平均チャージの二カ月相当分を支払って、開業五カ年経過後はペナルティーなしで、やめることができる。しかし、この「特別な事情」は「事業を継続することが甲乙双方にとって不利益」と例示されている（同四五、四六条）。粗利からロイヤリティをとる現行方式は甲、すなわちザーに不利益となることはありえないから、五カ年経過前後を問わず、これをジー側から発動することは著しく困難である。

結局、残されるのはジーの「自己都合」の解除の場合で、五カ年経過前は右の平均チャージ五カ月分、経過後は同二カ月分という高額の解約金（同四六条）を支払わなければならない。これは事実上、自由な解除を妨げるものといわなければならない。その他、解除については、先のジーの守秘義務違反による解除の他、経営から二四時間以上手を引いた時、契約の各条項に重大な背反をした場合など〈同四七条〉の解除の問題があるが割愛する。

コンビニ契約のこのような内容的不公正に対する現行法の法規制としては、独禁法の不公正取引方法、なかんずく優越的地位の濫用、排他条件付取引の規制があり、前述のガイドラインで具体化されているが、やはり実効性は薄い。外国では例えば、ドイツ約款規制法において事業者間の約款を含めて、一方的不利益条項を無効とする訴権が認められるなど、より強力な規制が行われている。日本でも、下請代金支払遅延等防止法のような特別立法がぜひとも必要である。

おわりに

明るいコンビニのカウンターの向こうのザーとジーの世界は、地獄に等しい非対等・不平等なコンビニ契約と不公正取引の世界であった。それは、一面で悪徳商法、詐欺的商法であり、他面で優越的地位の濫用という抑圧的取引慣行であった。それは今、長い間の暗黒の世界から引きずり出されつつあり、ようやく白日の下にさらされている。私たちとしては、コンビニエンス（便利さ）の陰にあるこのような問題を見逃すことはできない。社会的世論を高めて当面の解決を急ぐとともに、裁判や立法による根本的解決を図らねばならない。特に消費者立法と下請代金支払遅延等防止法を合体したようなコンビニ立法が要求されている。これは新しい経済的社会的規制である。

一章

オーナーたちの悲痛な叫び

（一）コンビニシステムは現代の奴隷契約
――働いても働いても儲からないシステム

サークルＫ加盟店・オーナー　石原　道徳

朝方、四時ごろ店（コンビニ）に自宅から電話が入った。「マンションが火事だ！　煙が入ってくる！」次の電話があるまで、気が気ではなかった。結果的に、一軒隣の火事で類焼は免れたが、深夜に一人でコンビニの店長をしていた私は店を閉めて帰ることができなかった。「火事でも、家に帰らない父親」を子どもがどう感じるのかと思ったとき、心底情けない気分であった。

いま、全国にコンビニは約五万店。総売上高は百貨店を超えると言われている。日本に大型小売店、スーパーが進出し、昔からの商店街、市場、個人商店は衰退していった。一方、大型店舗進出規制の隙間をぬって、大型店舗資本によるコンビニが米国からのシステム導入でこの三〇年間で日本全国の全ての都道府県に進出した。「近くて便利」をアピールして、今や、若者を中心にコンビニは都会の生活には欠かせない存在になっている。

低迷している小売業界で「独り勝ち」で優良業種のようにいわれているが、フランチャイズ・コンビニ加盟店の実態は悲惨である。店主の自殺、過労死、家族崩壊、離婚、自己破産等々、犠牲者は組織的構造的に生産されている。まさにコンビニは現代奴隷工場である。

三〇代の夫婦（夫が夜、妻が昼間勤務の典型的なタイプ）で営業している店主が「妻から、こんな生活していたら、子どもも生めない、離婚する、と脅かされている」と嘆く。ある店主は「年中無休、二四時間営業で開店以来三年間、一日も休み無しで、妻とセックスもままならぬ！」と訴えている。離婚した元加盟店の例は、「夫婦で働き、子どもが幼い数年は店で寝泊りしていた。子どもも廃棄のおにぎりや弁当を食べていたが、アトピーが酷く、虚弱体質で困った」とのこと。こんな実態では、少子化現象どころか、無子化だ。これが、通産省も推奨するフランチャイズシステム・コンビニの現実である。

私は、名古屋でフランチャイズ加盟のコンビニ店を始めてから八年が経過した。昨今、コンビニ業界が日本の小売業の中で独り勝ちで優良業種のように言われているが、それはコンビニフランチャイズシステムというパッケージの片面だけを外側から観ただけのことであり、コンビニ加盟店の実体は大変なものがあることを自分の体験から世間に少しでも知ってもらい、これ以上の犠牲者が出ないことと業界全体の早急なるシステム改善とモラルの向上を願うものである。そして、二一世紀に通用するコンビニシステムの改善発展により、特に現場で働く加盟店が幸せになるよう、真に日本経済の活性化につながるようになることを祈ってやまない。

コンビニを始めたいきさつ——安易で軽い説明

約二〇年勤めた会社を辞めるいきさつの中で、会社員時代に得意先だった名古屋の大手の酒屋問屋の役員の方に、大変懇意にしていただき、また心配もしていただき、ある「コンビニ本部」を紹介してもらった。当時、共働きで保育園にわが子を預けたことがきっかけで、児童福祉活動で「子どもたちの健やかな成長発達」を第二の人生の目標にしようと決意したが、経済的な基盤の確立のために、紹介されてコンビニ経営に飛びついたのだ。

しかし、いざ、紹介された場所で「サークルK加盟店」として、スタートしてみて、愕然とした。スタート時の細かいいきさつは省くとして、大まかには、私の状況は、当時、保育団体の仕事をしていて、メインはそちらで、「片手間にコンビニ経営ができて副収入的に収入が確保できる」と言うのが本部の開発担当者との話だったのだ。ところが、開店したらバイトが見つからず深夜の勤務をしなければならなくなり、約二カ月以上も深夜勤務を毎日一一～一二時間もせざるを得なくなった。従業員募集は加盟店の責任だし、保育の仕事に影響も出るし、その前に、過労死してしまうという不安感と恐怖、家族に対する影響を考えたら、とても継続できない、最初からこんな実態が理解できていたら絶対に契約していなかったということで、本部に、契約の破棄を申し入れた。

辞めたくても辞められない――違約金で縛る契約

ところが、本部からは顧問弁護士名で、どうしても契約破棄をするなら、自己都合だから、違約金を当時の金額で約八〇〇万円（本部のロイヤリティ五カ月分）払いなさいという内容の返事がきた。

私は、愕然として、改めて契約書を読み直したのだが、確かに書いてある。しかし、契約をするときに辞めるつもりでしないものだから、そんなに深く理解していなかったし、開発担当者も具体的には何の説明もしていない。全て条件が整って最後に契約書を持ってきてハンコを押すものだから、内容は理解していないのだ。しかも、私は、最初から、一人でやるという条件を言ってあったし、実際に開店してから、運営マニュアルを見て驚いたのだが、そこには二四時間営業店は夕方から朝まで店主（オーナー）が、朝から夕方までは店主の奥さんが勤務するという基本パターンのシステムが載っていた。もちろん私は契約前にそんなもの見たこと無いし説明も受けていない。これを見れば、私の条件では最初から絶対にできないことは明白であった。私は本気で一日一〜二時間くらいの関わりで運営できると思っていたし、それを開発担当者にも言っていたので（担当者は私にそう思わせた）結果としては、騙されたと思った。

このまま運営していくには、不安定要素が多すぎて、とても私の条件では無理だったので、とにかく契約を無かったことにして欲しい、違約金など払う金も無いし、払う気もないということで、三回ほど本部に行って交渉したが、本部は頑として契約書どおりの解約しか言わない。逆に「契約したのだから……」というばかりであった。その後、先に述べた紹介者の仲介もあり、結果として、継続することになった（解約はできなかった）。

いろんなしがらみの中で、継続することになり、あのとき、ガンとして闘っていたらと思うこともあるが、自分で決めたことなので自分の責任で解決しかないと思うと不本意ながら継続する道しか無かったのである。

継続しても借入金の山

しかし、その後、運営する中ではいろんなことがあった。

つくづく加盟店は儲からないようになっている、儲かるのは本部だけということを実感した。毎日の売り上げ金は全額送金、売り上げ総利益の約五三％から七〇％（当時の契約）を本部に吸い上げられて、人件費から運営にかかる経費は（家賃を除く）全て加盟店負担で、結果として、それから五年間は赤字で、本部に借入金が累計で一〇〇〇万円近くに達した（その借入金に八％の金利を本部はとる。九八年からは五％）。そのうちに、売り上げが上がって利益が出るから（本部の説明）と思っていたら、元々、加盟店は利益が出ないシステムの上に、私のように専業にしていない状況で、他人のバイトやパートだけで運営していたら、人件費といろんなロスが多くて利益は出てこないのだ。(一方で、本部は大儲けで、サークルKは親会社のユニーよりも利益が出ているし、セブンイレブンはやはり親会社よりも利益を出すなど異常な大儲けである)。

開店五年目にしてコンビニ本部に約一〇〇〇万円の借金。思い悩んで、理由はどうあれ、自分でしたことだから、自分で責任を取るしかないということで結局、保育団体の仕事を辞めてコンビニに専念するしか無いという結論を出した。私としては、第二の人生をと飛び込んだ経緯もあり、そこに生きがいを感じていたので、まさに、断腸の思いだった。その結果、関係するみなさんにはご迷惑をかけてしまった。これも、私の中途半端な気持ちからくることで申し訳ないという気持ちでいっぱいであった。

一方で、コンビニと出会わなかったら、こんなことにはならなかったのにと言う思いもある。

人生計画の破綻——夫婦、家族、保証人を巻き込む破綻

とにかくコンビニの運営に専念するということで、その後の二年間、深夜勤務、長時間労働、不規則労働……、生活を、それこそ命と引き替えのようなぎりぎりの状況と思いでやって来る中で、ようやく、運営は黒字に転換してきた。しかし、その黒字分はほとんど本部への借入金の返済にまわる。

売り上げも伸びてきたが、つくづく、加盟店は儲からないシステムだと実感している。数年前の、ある経済シンポで、名古屋の大手の酒問屋の社長が、たまたま大手コンビニのかつて役員をされていたことが分かったが、その社長いわく、「コンビニは現代奴隷工場」はまさに実感である(その方は、即、やめた方が良いとアドバイスされたが)。問題点は多いし、儲からない上に、やめる自由が無い、年中無休二四時間営業の過酷労働システ

ムは、人間の本来持っている生体リズムに逆行していると思う。これが今の日本の優良システムだとしたら日本の資本主義は、人間の幸せとは逆行しているし、コンビニシステムはその典型だと思う。

このコンビニシステムは、最初から加盟店に不利で無理なシステムを、情報開示をきちんとしないで契約し、加盟店を無理やり縛っている。それだから、開店してから「話が違う」と揉めているケースが、いまだに発生している。

おそらく、大部分の加盟店が辞めたいと言い出しても、やめられないように多額の違約金を請求することで縛っているのである。しかし、その間にも店は強制的に二四時間年中無休で運営して、赤字状態を継続し、加盟店の本部に対する借金は増え続ける。

一部の、加盟店平均売り上げよりもダントツに売上げが多い店を除いて、その他の多くの加盟店が置かれている状況は、「辞めたくても、辞められない」、過酷な労働実態、まさにコンビニは「コンピューター管理の現代搾取借金製造奴隷工場」である。今の時代、命や健康を犠牲にしてまで働き、なおかつ借金ができる状態は異常である。

同チェーンの近隣出店で売上転落――生かさず、殺さず（殺しかねない）商法

それから二年経過、ようやく、私の店も、少し利益が出るようになり、こつこつ借金返済をしていけるようになった。しかし、どう計算しても一五年契約が終わった時に老後のためのお金が貯まってる状況は予測できない。あまりにも本部の搾取が大きすぎるというのが実感だ。それこそ、がまんすればなんとか営業継続していけるが、近くに競合店ができたりしたら、即、赤字転落である。やはり、システム改善、改革がどうしても必要である。

ところが、昨年九月から近くに同じチェーンの新店がオープン、途端に、私の店は対前年比で約二〇％近くの売り上げ低下で、利益が出なくなった。月に約五〇万円のマイナス利益だ。本部に、抗議しても何の補償も無く（本部いわく「自由競争」だ）、売り上げを元に戻すための努力や販促を行うと言うだけだ。

つくづく、コンビニシステムは加盟店を生かさず殺さず（殺しかねない）の業界だと実感した。あまりにも本部独裁、加盟店無視の加盟店の犠牲の上に成り立った搾取商法だと思う。開店してから八年間の私の投資額は約二一〇〇万円、本部が吸い上げたロイヤリティは約一億六二三〇万円、店の利益はマイナスの九〇万円である。もちろんこの間の私の給料は無しだ。なんと、割の合わない商売か、いや商売では無く、商売に名を借りた組織的構造的な搾取システムだというのが私の実感である。まさに、「働いても働いても我が暮らし楽にならざる」の現代版である。

このような、商売が日本経済の優等生とはとても理解できない。契約のパートーナーである加盟店の犠牲の上に成り立つような、コンビニ本部の一方的な全くアンバランスな利益収奪のシステムは、一方では、犠牲者増産システムなのだ。

コンビニ問題の表面化

すでに、報道されてきたように、最近急速に、ようやくフランチャイズシステムにおけるコンビニの問題が表面化してきた。

いままでは、個々ではトラブルが起きていたのが、とうとう本部もつぶすことができなくなるほど大きく拡がり問題が表面化してきた。当初、私が実感していたような問題は、全ての加盟店が感じていて、個々に闘っては潰されたり、辞めたりしていたのが、民商がバックアップするようになり集団訴訟まで起きてきて、今や、全国的な社会問題化してきた。

わたしも、これは個人の問題ではなくて、社会問題なのだと理解してきた。もちろん、契約した個人の責任もあるが、日本経済全体の構造問題として考えることが多いと思う。

大型店規制の隙間をぬってコンビニは出店してきて、今や五万店といわれるが、その本部のほとんどはダイエー、セイユー、セゾン、ユニーなど大資本の流通企業である。

結局、大型店が出店しなくても、大資本によるコンビニが日本中を制覇していて、昔からの商店街の店は無くなっていく状況、しかし反面で、そのコンビニの実態は加盟店にとっては過酷な労働で行くも辞めるも地獄という、結局は弱いものいじめでしかない。大資本による素人、弱者、零細業者いじめである。この実態は異常である。

もちろん、コンビニは消費者の要求に沿ってどんどん営業を広げ、いまや無視できない存在であるが、反面、いろんな矛盾も生んでいる。ただ、わがままな消費者の欲望に無節操に応えるということで、ますます消費者をわがままに、そして愚かに堕落させていくという側面があるように私は思う。その結果は、日本人のますますの愚民化と、大資本の増長でしかない。本当に、消費者は二四時間営業が必要なのか、添加物だらけの食品で良いのか、食品に割り箸までタダでつけて（加盟店負担）よいのか、こんなに新商品の回転が早くてよいのか、などと考えさせられることが多い。

保育団体で、三年前に北欧に視察したときに思った。商店は夕方四時頃に閉める。過酷な自然の中で共存しながら質素に生きている北欧の人たちをみて、日本はおかしいと思った。無駄な税金を使って自然をこわしてる日本、異常である。金、かねの日本人は異常である。質素でもよいから、人間らしく、自分の仕事に誇りを持って生きたい、と思って第二の人生を歩んだつもりが、私の人生は、コンビニシステムにより大きく歪んでしまった。

いま、そんな人たちが、全国にたくさんいる。全国に、五万店あればその半分いや、ほとんどがそうではないだろうか。コンビニを全面否定はしないが、システムに欠陥があるのは明らかである。早急に、改革する必要がある。そうでないと、被害者が絶えない。すでに、過労死や自殺者まで出ている。当事者や連帯保証人の自己破産などは多いと聞いている。

米国からフランチィズシステムが導入されるときに、本部に有利なようにシステムを勝手に変えてしまったことが既に専門家の中からは問題指摘されていたのだから、政府（通産省）が知らないはずはない。それを、「メリットあるシステム」などと、中小企業庁は言ったりしている。もちろん、本部には滅茶苦茶にメリットあるシステムである。

私の加盟しているコンビニ本部の初代社長は国税局からの天下りであった。何故なのか、未だに不思議だ。しかし、ようやく、問題が表面化してきて、「コンビニ・FC加盟店全国協議会」も旗揚げした。まさに、かつて、過酷な労働に耐えられず労働者が立ち上がって労組を結成しようという状況に似ている。

だが、歴史から学ぼうとしないモラル無き本部側は、力で暴力的に一方的に弾圧するのだ。サークルK宇治田原店の例は典型的である。サークルK本部の役員は、何故、あのような暴挙に出たのか、未だに理解できない。例え、百歩譲って本部側に事情があっても社会的存在である企業にとって許される行為ではない。でも、これがコンビニ本部のリアルな姿なのだ。正にコンビニ本部独善独裁の正直な姿である。これは、全てのコンビニ本部がもっている体質だと私は思う。なぜなら、各本部とも基本的には同じシステムで運営しているのだから。

あの事件で、どれだけ私たち多くの加盟店の誇りを傷つけたことだろうか。しかし、そのことに関して、本部は一言のお詫びも私たち加盟店にはない。共存共栄とは全くほど遠い精神状況だ。モラルの皆無もよいとこだ。

何故、コンビニ本部のモラルは無いのかと、いろいろ考えてみた。その結果、私なりの結論は、「コンビニ本部は楽して儲かるから、加盟店との間や消費者と切磋琢磨するシステムでは無いから」ということである。

普通、商売は必死に営業努力や改善をしなければ儲からない。しかし、コンビニだけは契約さえすれば、本部は自動的に儲かるようになっているのだ。契約したら、高い違約金で縛り、二四時間年中無休の奴隷的契約で強制的に営業を行なわせる。二四時間年中無休営業は大変なものがある。店主はカゼなどひいても休めない。もちろん、カレンダーの祝祭日など関係なく、毎日長時間労働をしているので、ましてや深夜勤務が圧倒的に多い加盟店主は、「とにかく、眠りたい、寝る時間が欲しい」と訴えている。しかし、人間の生体リズムと逆行する深夜勤務の連続で自律神経の乱れと疲労の蓄積で健康破壊が進行していくのが実体だ。加盟店主が定期的な休みをとれることは現実には不可能である。そのためには、店主代行を設けなければできないのだが、人件費が増えるようなことは、今のシステムでは無理だ。コンビニ本部に、「休みたいから」と要請しても、「冠婚葬祭のみ」本部の応援があるくらいで、それも高額な人件費を請求されるし、そのためのシステム体制は無いのが現状だ。

日本国憲法で謳った、「健康で文化的な生活」の精神など、コンビニ業界では皆無である。加盟店は必死に努力をしなければ、儲かるどころか、経費やロスがふえるだけで赤字になり借金が自動的にたまるだけだ。一方で、コンビニ本部は加盟店が赤字でも、高額なロイヤリティを取るので、儲かるようになっている。この差はあまりにも大きすぎる。

コンビニ・FC加盟店全国協議会の結成、いまだに続く悲惨な実態

昨年の四月一五日にコンビニ・FC加盟店全国協議会を結成してから、マスコミの報道等で社会問題になり、業界三〇年にして初めて実態が明らかになり、本部に「このままではいかんだろう」という危機感は抱かせたのであろう。

少しずつだが、システム改善の動きはあるが、まだまだ大きな改革や改善は出ていないのが現状だ。まだまだ、他本部より不備な点や遅れているところの改良程度なのだ。それどころか、いまだに、売り上げ不振で辞める加盟店や店主の過労死など悲惨な現実は変わっていない。むしろ、不況の影響で売上げが伸びないので加盟店の深刻さは大変である。今まで、コンビニ業界は売上げ拡大を至上命題にしてきたところがある。本部は加盟店に対してはシステムの欠陥で加盟店には利益が出ないのを加盟店の売上げの低さの所為にして、「もっと売上げが上がれば儲かりますから」と幻想を抱かせてきたのだ。実際は、今のシステムでは仮に売上げが大きく伸びても加盟店の利益はそんなに増えないのだ。ところが、高度成長も終わり。世の中不況になって、むしろ、売上げは前年割れを生じている。多くの加盟店も売上げはもう伸びないのだと分かり始めてきた。やはり、加盟店がまともな生活をできるようになるには、大幅なロイヤリティ率の改善や棚卸しや廃棄ロスなどの本部負担等、早急に改善していかなければならない。

しかしながら、まだコンビニ本部にその動きはない。

私は、約二〇年間の会社員時代に、「企業は社会に貢献する存在でなければならない」「社会に必要な存在でなければならない」「社会に必要で無いものは栄えない」と創業社長に叩き込まれてきた。

今の、コンビニ加盟店が不幸になっている状況はどう考えても、上記の精神からはかけ離れている。一方で、

コンビニ本部どうしは生き残りをかけて、提携、合併、撤退が進行。しかし、その方向は、加盟店不在の現状からは変わっていない。そのためには、私たち、コンビニ加盟店は系列を越えて大同団結しなければならない。団結なくして、業界の大きな改革はあり得ないだろう。そう言う点では、労働運動の歴史に私たちは学ばなければならないだろう。

昨年の五月から、愛知県内でコンビニ加盟店の有志が集まり定期的に交流会を開催してきたが、みんなの思いは同じだ。「儲かるとか言うような商売では無い、生活できるかどうかという世界だ」ということだ。参加者の中には、コンビニ本部の親会社の元社員（脱サラ）でコンビニ加盟店を経営している方などもおられて、その方の「何十人も、脱サラしてコンビニを経営したいという希望者を思いとどまらせてきた……」という言葉からは、コンビニという一度彷徨い込んだら死ぬまで抜けだせないジャングルにはまってしまった者の絶望感が伝わってくる。

いま、何の権利も無い、コンビニ加盟店の状況を、「私たちも人間なんだ」と人間宣言することが大切である。一九九八年四月一五日、コンビニ・ＦＣ加盟店全国協議会結成の日は「コンビニ・ＦＣ加盟店人間宣言」日なのだ。いま、日本ではいろんな業種でフランチャイズシステムでの新規開業が目立つ。コンビニ業界のように、圧倒的に犠牲者が生まれるような業界を二度と造ってはいけないという思いで、コンビニ・ＦＣ加盟店全国協議会を昨年四月に旗揚げして活動を私たちはやっている。ぜひ、一人でも多くの加盟店の方が会員になられることを切に訴えるものである。加盟店の立場は加盟店自身が守り発展していくことが大切である。そのことが、業界の発展と改善につながり、犠牲者を出さないことになるものと確信している。全国の加盟店のみなさん立ち上がろう！

〈コンビニの問題点〉

一、契約に関して

＊情報開示がほとんど無い。

＊売上予測が詐欺まがいなど、誇大予測が多い（正直に出すと、赤字予測になる）。

＊契約書の内容を、きちんと説明していない。

＊解約の自由が無い、解約金（ロイヤリティの五カ月分等）が高すぎる、無くすこと。

＊拘束期間を無くすこと。

＊契約内容の変更、改善を加盟店側からできるようにすること。

二、出店等に付いて

＊出店規制は無く、本部同士は規模拡大競争で陣取りゲームのように出店し、店の売上は伸びず、既存店は売上低下を生じ、加盟店に多大の犠牲を与える。

＊開店してから、数年の採算ラインに達するまでに加盟店は赤字部分を本部に借金していく。逆にこの赤字部分が本部の利益。だから、開店してから数年間は、ロイヤリティの減額制や大幅な本部の経費負担などをすべき。

＊日本全体では、採算ラインといわれる人口三〇〇〇人に一店をすでに超えているので、これからの出店は規制すべき。

＊フランチャイズ協会のコンビニ部会等で、本部同士で自主規制を早急にすべき。

＊出店しても、赤字予測で将来的にも採算割れが予測される時は、即、撤退、移転等で加盟店の犠牲や負担を軽くするような、本部経営が望まれる。

三、システム＆運営に関して

＊ロイヤリティが高すぎる、大幅に下げるように改善すべき。

＊特に、投資額の大きいタイプのロイヤリティは大幅に下げること。

＊運営のリスクがあまりにも加盟店だけに掛かるシステムであり、加盟店負担が大きく、とても共存共栄では無い。

＊棚卸ロス、廃棄ロス（損失）などの本部負担をすべきである。

＊二四時間年中無休運営を契約で縛り、できないと契約違反で罰金などは、あまりにも加盟店に不利なシステムであり、奴隷契約と言われる所以であり、大幅な選択制と自由制に改善して、もっと本部は其のための援助をすべきである。

＊商品の仕入れ条件などの情報公開を全面的にすべき。現状は、メーカー仕入価格と加盟店卸し価格に大幅な差があり過ぎると言う不満が多い。

＊加盟店の意見を聞く場や、意見を経営に反映するルールをつくること。

＊加盟店オーナーが、人間らしく、年間を通じて、計画的な休みや、冠婚葬祭休日など、最低限の健康な生活ができるような条件整備をすべきである。

＊加盟店の経営維持、生活維持をもっと、経営の基本にすることなど、社会的使命感を本部経営は持つことが大

切である。
＊ロイヤリティの使途など、経営内容の情報開示を加盟店に一〇〇％すべき。
＊赤字経営で、本部に多額の借入金や他の借金を抱えて、解約や自己破産するような事態は絶対に無くすような、本部の経営努力を、行政は指導監督すべき。そもそも大幅な赤字が見込まれる地域への出店は本部の責任にすべき。
＊コンビニ本部栄えて、加盟店の屍が累々と枯れ木のごとく散らばると言う状況は、社会が真に必要としている二一世紀まで栄える企業の姿で無い。むしろ、公害とも言うべき弊害の部分が多すぎる。

四、労働条件に関して
＊従業員が社会保険等に加入している加盟店はほとんど無い、利益が出ないから入れないのである。
＊パート、バイトの賃金などの雇用条件は最低である。――低賃金、劣悪条件の再生産工場。
＊こんな状況を許して、本部は過去最高利益を出しているのはおかしい、許している政府・自治体もおかしい。
＊一方で、本部直営店にしたら「経費増で赤字」になるという状況はおかしい。マトモな労働条件で運営したら赤字になるということは、加盟店運営のシステムは搾取以外の何ものでも無い。
＊現状のコンビニシステムは二四時間営業が原則で、工場の機械を二四時間年中無休で運転する方が一番効率が良いという発想と同じで、一方的な本部側の効率のみ優先させた発想であり、現場で運営する加盟店側の意見や発想は全く考慮しない一方的な欠陥システムである。現場で働くのは機械やコンピューターでは無く、人間であるということを全く無視した、百害あって一理無しのシステムである。

＊人類が本来持っている、子孫繁栄に全く反するのが今のコンビニシステムだ。なぜなら、コンビニを経営したら、子どもが生めない、夫婦の離婚、家族崩壊、健康破壊等など、人間の不幸せを代表するような現実ばかりである。正に、少子化を推進する人類滅亡に向かうシステムがコンビニであると言っても過言では無い。

五、地域との関連

＊上記のように、「加盟店の利益は出ない、労働条件は最低」では、幾ら消費者が買っても、其の金は一部の本部資本に吸い上げられるだけで、地域には還元しない。これでは、地域の活性化にはならず、疲弊化だけである。

＊一方で、昔からの商店街や、商店のお客を取っているのは事実で、この点では悪影響である。

＊したがって、現状のコンビニは地域には貢献する循環型では無いので、日本経済の活性化にはならない。

＊今までは、コンビニシステムの欠陥とは気付かず、本部の「売り上げが上がれば楽になります」という、言葉に騙されて各加盟店は必死に売り上げ向上に努力したが、結果はちっとも楽になっていない。売り上げが上がっても、本部だけが儲かるだけで加盟店は儲からないことに加盟店は気が付いたし、本部同士の過当競争の結果、過剰出店になり売り上げもむしろ下がりはじめた。

＊もっと低い売り上げでも加盟店に利益が上がり、生活ができるようなシステムに改革すれば、地域で各商店と共存できると思う。

六、その他

＊加盟店オーナーの自殺・過労死、兄弟の自殺、家族崩壊、家庭破壊、離婚、自己破産、保証人の自己破産等々全国的に犠牲は増えている。

＊なぜ、そこまで加盟店は追い込まれなければならないのか、本来商売は開店も閉店も自由のはず、明らかにシステム及び契約書の欠陥だし、正常な企業活動とは言えない。犠牲者を出すのはまもとな企業のやることではない。社会的に必要な存在とは言えない。

＊その、現実を無視して、最高利益を更新するのは異常、社会的に存在が問われる。

(二) 外道商売

ローソン・元オーナー　高橋　登

「高橋さん、あなたの人生これで終わっていいんですか！」

ローソン近畿第三ディビジョンマネージャー・Yは私を睨み据えると、こう吐き捨てた。

「えっ……!?」

――九八年二月二五日店舗内バックルームでの事である。加盟店主など本部の胸先三寸でどうとでも出来ると言わんばかり。あまりの言い草に私は言葉を失い、居合わせた小山潤一氏（元サークルK京都宇治田原店主）も「なんでそこまで言える権利があるんや」と発したあとは、首を左右に振りただただ苦笑するばかり。冒頭にこのエピソードを紹介したのは、一つにはコンビニエンスストア本部とFC加盟店の立場を如実に語っているのではないかと思えたこと。いま一つには、事実その言葉どおり契約書を盾に横暴の限りを尽くされ、塗炭の苦しみにあえぐ加盟店主が現在も後を絶たないからだ。

本稿では、私自身が目の当たりにしてきた事件を、未公開部分を中心に話を進める（以下の事実から、いかに非人道的なことがコンビニFC業界で行われているか。なぜ罷り通るのか、問題点、改善を急務とすべき点を論証してみたい)。二一世紀を担う産業と持て囃される一方で、前時代的な「外道商売」が間違いなく、ここに存在する。

生命と契約書

九七年から九八年に、私が電話や面談で受けた加盟店からの相談は、八八件にも及ぶ。地域は近畿二府四県を中心に北海道を除く、ほぼ日本全域。ローソン、ヤマザキデイリーストア、サンエブリー、ホットスパー、ファミリーマート、セブンイレブン、サークルK、エーエムピーエム、ミニストップ、スリーエフ、新鮮組、ポプラ、ニコマート、サンクスの一四系列。コンビニ以外にも酒のディスカウントストアや珈琲チェーンオーナーからの相談もあった。

その内容の多い順から、儲からない、騙された、疲れ果てた、辞めたいが借金や違約金が怖い、解約を迫られている、訴えたいので資料が欲しい、弁護士を紹介してくれないか等々。なかには契約書や精算書が難しく理解できないという人もいた。どの加盟店主も一度喋り始めると小一時間は止まらない。鬱積していたモノをこの機に全部吐き出してしまいたいようでもあった。分かる。こと左様にコンビニという仕事はストレスが溜まるのだ。

しかし、相談相手や機会を得た人はまだ幸いだろう。多くは、二四時間年中無休の業務に忙殺されそんな事を思いつく余裕すら無い。家族とはスレ違いの毎日、借金は増える一方、辞めるに辞められない。

「なんでこんなモノに手を出したんだろう」

と自責の念にかられてしまい、その挙げ句が、ノイローゼ・過労死・自殺という悲劇的結末を迎える事もしばしばである。

長岡市・松田征吉氏ご一家（ヤマザキデイリーストア）の事件（本書二章(三)参照）は新聞・雑誌でも報道されており、ご記憶の方も多いと思う。が、これはコレまで本部側がひた隠しにしてきた事が表面に出たほんの一例に過ぎない。実態は相当の犠牲者が出ている。松田氏の事件以降、私が確認できただけでも、九七年山梨県で過労死、同福岡県で過労死、同福岡県で過労運転で事故死、九八年大阪府で過労死、同大阪府で夫婦ともノイローゼ通院、同福岡県でノイローゼ入院、九九年京都府で自殺未遂と計七件もの悲劇が起きている。うち二件は、私もその交渉の場に立ち会っている。ともに同系列で、一件目は夫婦揃ってノイローゼ状態になり、加盟金プラス諸費用を本部側が返還することで示談となった。二件目は過労死である。当件には少し説明を加えておこう。

――一〇年契約の七年目の秋。夜勤明けで帰宅、入浴中に倒れ入院。容体は戻らず死亡。死因は過労などによる急性心不全と診断。享年六五歳。遺族は、妻と中学生になる長男。ちなみに前出の京都府自殺未遂事件もこの系列であり、過労死事件も二年連続である。この本部では契約前に健康診断書の提出を義務付けている。つまり、契約前は健康体であり、コンビニを経営したが為に過労死に至ったことは明白。しかし、夫人が相談した弁護士の反応は意外に冷たく、過労死の認定はハードルが幾重もあり、裁定するのはなかなか困難である。要は過労死で争うのは諦めたほうがいいと言われたそうだ。「主人は犬死なんですか」と夫人は肩を落とした。

本部の代表取締役社長名で葬儀への献花はあったそうだ。ところが、その花代さえ払われていない。困った葬儀社は仕方なく遺族へ請求し、夫人が支払っている。さらに葬儀の後始末も終えないうちに遺族宅を訪れ、執拗に解約手続きを迫っている。その時の録音テープを再生してみよう。

「いい所（マンション）に住んでますねぇ、高いでしょ？　……亡くなったご主人はお気の毒だとは思いますが、別段毎日働けとか、一日何時間働けとか言ったこともないわけで、補償しろ賠償しろの話になっても、当社《うち》も前例の無いことだしねぇ」――常務取締役の肩書を持つ男の弁である。もう一人、マネージャーを名乗る男も尻馬に乗る勢いで、早く合意書に印《ハン》をつかないと本部勘定（借金）が増えると盛んにまくし立てている。七年間も高いロイヤリティを搾っておいて、この上どんな借金があるというのか？　一刻も早く事件の始末をつけたい。会社からの金は払いたくない、そんな様子がありありと伺える。

　判断に窮した夫人が地元商工団体を経由して私に相談してきたのは、その直後だった。遺族側（夫人と親族）の主張はこうだ。先ず自社のシステムで死亡させたことを霊前で社長自ら謝罪しろ。その上で、金銭的な話、解約手続の交渉に入るのが筋道、踏むべき礼儀ではないのか。それを、自社には責任はない、当然賠償する義務もないとは何事か、人ひとりの命をどう考えてるんだ！――この怒り、主張の何処に無理があるだろう？　当たり前過ぎるほど当たり前ではないか。

　この原稿を進める現時点（九九年四月）では、店舗の明け渡し（ＦＣ店から直営店化）には応じたものの本部との合意には至っていない。夫人は大黒柱を失った痛みをおして働きに出ているそうだ。私自身の力不足を少なからず感じている。

　どの系列も、ロイヤリティ徴収の対価として経営指導料を掲げているが、これら現実を見る限り、それを請求する資格などない。削除すべきである。借金漬け、果てには死に至るモノをどうして経営指導と呼べようか。いっそ「生命も保証の限りではない」と契約書に入れてくれた方がスッキリするのだが。

昔も今も

　こうした悲劇を生む元凶は何処にあるか？　一体誰の責任か？　どう改善すべきか？

答えは、コンビニFCの原点に遡ることで意外なほど簡単に見出すことができる。その前に、少し問題を整理しておこう。

問題を大別すると、事前・事中・事後の三通りに分類できる。

〔事前〕肝心なことを説明せず嘘八百を並べて契約させなかったか（ぎまん的顧客誘引や開示義務違反）。

〔事中〕契約を盾に本部のやりたい放題、搾りたい放題ではないのか（抱き合わせ販売、排他条件付取引、拘束条件付取引、優越的地位の濫用）。

〔事後〕法外な違約金や未清算金等を吹っ掛けたり、都合が悪くなると強引に契約解除とするやり方が許されるのか（優越的地位の濫用、一部刑事法の窃盗行為）。

〔事前〕を契約に至るまでのプロセス、〔事中〕を契約期間内、〔事後〕をトラブル発生から閉店に追い込まれるまでと補足すれば分かり良いだろうか。

ここ数年の加盟店ＶＳ本部の係争を見てみると、加盟店側は契約時の本部が示した売上予測や情報開示のあり方に違法行為があったとし、赤字の損害賠償責任もしくは違約金等の債務不存在を主張している。対する本部側は、必要に足る説明をした上での合意契約であり、以降の赤字経営は当人の経営努力不足に起因するとし、賠償責任の回避もしくは違約金等の支払いを主張している。常に争点となるのが中小小売商業振興法第一一条の「開示事項」であった。つまり、入口論争〔事前〕で展開されてきたと言える。現行法では、加盟店が本部に斬り込む術はこの一点しかないのが現実ではあるが、しかし、これは裁判上であって、現役加盟店主の抱える問題解決には直接繋がり難い。極論を言えば、入口はソコソコでも要は悲劇を生み出す中身の改善こそが急務だと、私は考える。やはり事中・事後にこそ本格的なメスが入るべきだろう。

――七〇年代初頭、大店法施行の気運が高まる。中小企業庁経由で米国のコンビニFC資料がダイエーの手に渡る。サウスランド社（セブンイレブンの元親会社）との提携話が伊藤忠の仲介で進むが条件面で断念。裏常識である。七三年、イトーヨーカ堂とサウスランド社が提携。中小小売商業振興法制定。七四年五月、セブンイレブン一号店開店。一二月ダイエーがローソンミルク社と提携しコンビニのノウハウを導入。七五年ローソン一号店開店。八〇年前後から小僧寿しチェーンを始めFC加盟店主の脱退が相次ぐ。セブンイレブンでも千葉県松戸市で七店の集団脱退が起こる。

八一年元加盟店主、セブンイレブンを相手取り損害賠償請求訴訟を起こす（東京地裁）。同事件を重く見た公取委では、調査後に、FC加盟店と本部にアンケートを実施。八三年公取委がFC契約に独禁法指針（ガイドライン）を発表。――九五年加盟店主がホットスパー本部（茨城県つくば市）を告訴。九六年同集団化。九七年加盟店と本部のトラブルが多発。一一月衆参両商工委員会にて日本共産党議員より質問が出される。九八年一月サークルK本部の暴挙（京都府宇治田原事件）が発覚。四月業界初加盟店主らによる「コンビニ・FC加盟店全国協議会」が発足。

着目する点は三つある。一点目は、コンビニの導入に行政が介在していたことだ。背後には、目前に迫った大店法に立往生している大手流通の姿があり、中小小売商業振興法も絶妙のタイミングで施行されている。特に「特定連鎖化事業の運営の適正化」の下りで、FC事業とは本部事業者が加盟店との契約で、自己の商号・商標等を使用させて同一のイメージの下に権利を与え……云々、と同一イメージを定義付けている。本来なら独禁法に触れる問題でも、この同一イメージの名目で「問題外」とされるケースが多い。契約書の伝家の宝刀である。明らかにザル法だ。

二点目は、コンビニＦＣ導入から僅か五年足らず（当時セブンイレブンの契約期間は一五年。他の大手は平均七年）で、集団脱退や訴訟まで起きていること。当時の『週刊ダイヤモンド』誌を読むと、窮状を訴える加盟店主の声は現在とまるで同じ。今週号かと思えるほどだ。事件から二〇年間、何ら改善がされていなかったことになる。

三点目は、八一年の事件を機に『ガイドライン』まで定めながら、なぜあと一歩、法の強化・改正まで至らなかったか、である。指摘事項はすべて今日的な問題でもある。他方、社団法人・日本フランチャイズチェーン協会でもガイドラインに即応し、八二年『ＦＣシステム経営の近代化について』と題した指針を発表している。見出し、項目のみを紹介しておく。

〔ＦＣシステムの役割と課題〕

ザーの経営方針とジーのシステムに対する期待の乖離／ＦＣ契約の不明確さとザーの一方的有利性／ザーとジーとの間のコミュニケーションの欠如／不十分な情報提供及び紛争に係わる専門処理体制の不備／中小小売商業振興法による開示義務の遵守

〔ＦＣシステム経営の近代化の基本的方向〕

本部機能の充実／適切な契約の推進／ザーとジーの間のコミュニケーションの緊密化／ＦＣチェーン業界に対する適切な指導／中小小売商業振興法の積極的活用

――やるべき答えは、とっくの昔に出していたんだろ？「経営努力が足りない」加盟店主に吐いた言葉を、ソックリお返しする。

狂気と凶器

もう一度「中小小売商業振興法――連鎖化事業……」の下りを引用してみたい。前出のあとに、「同時に継続的にフランチャイジーに商品を供給し、かつ経営指導を行い、これらの対価等として、フランチャイジーから加入金・保証金等を徴収する事業である」と続く。ところが「我々はノウハウを売っているのではなく、システムを売っている」（鈴木敏文氏談・八一年六月『週刊ダイヤモンド』）。「阪神大震災のときダイエーの救援ぶりが話題になりましたが、ローソンのほとんどの店には商品がまったくといっていいほど入ってきませんでした」（有永篤氏談・『カリスマ』日経ＰＢ社刊）。連鎖化事業の定義から、経営指導（ノウハウ）と継続的な商品供給を除いた、この本部とは一体全体ナニ屋さんなのだろう？

私がローソン本部への抗議の柱とし、九七年八月公取委へ独禁法違反の調査申請をしたのも、この震災時の未納品事件である。九五年一月一七日から四月初旬まで、未納品や欠品状態が続いた。この間に、社長・藤原謙次名でベルギービール一〇ケースが何の説明なしに自宅に届く。未だこの意味が分からない。開店から三カ月目、当時は本部を全幅信頼しており、自店のことより本部の供給体制が一刻も早く戻ることを願い、連絡不通となった担当者（神戸市長長田区在住）の消息を心底心配した。弁当やパンをあてにしてくれていたお客さんのために身銭を切り、弁当やおでん種を買いに奔走もした。この際の領収書は未精算のまま保管している。いまにして思うと笑い話だ。悪運の強いことに、毎日の集金ルートだけは被災の影響もなく生きていて、身銭を切った売上げまでソックリ本部に持っていかれている。

こうした思いは見事に裏切られ、ローソン本部は以後露骨にその正体を現す。レジの保守料はこれまでの二・五倍、レシートも一本一〇円から一〇〇円に、セットにしてあったギフト用の袋、中華まんの袋まで別売りにする始末。未納品問題は、不可抗力である。身銭の売上げは、チャージ（ロイヤリティ）の構成上何ら問題はない、で片付けられてしまった。

究極は翌九六年一月、「ローソンはどこよりも早く、被災地の方に商品をお届けしました」のポスターを貼れというのだ。我慢の糸はプッツリ切れた。悲しいほど口惜しかった。私のコンビニＦＣ加盟店への呼び掛けは、この日から始まっている。

——八〇年代の教訓を本部は対加盟店にどう生かしたのだろうか。業界通の元雑誌編集長は、「反乱分子に対しては、それまで武力鎮圧中心であったが、事件を境に、武力と法律の使い分け、現在は法的鎮圧一本に移っている」と説明する。なるほどセブンイレブン事件にも「暴力団の恐喝をはじめ、いやなことは山ほどあった」（九八年六月『ダイヤモンド』）とある。同様の事件は他系列でもあったと聞いているし、さしずめサークルＫ京都宇治田原事件は、武力と法律の二本立てだろう。意外と知られていないが、九四年横浜市緑区でエーエムピーエムが棚卸しの名目で来店し、横付けしたトラックに商品や備品に至るまで根こそぎ搬出した事件があった。写真が数点残されており、手口も酷似、偶然とは思えない。

ここに、サークルＫ本部の『法務レポート』がある。店舗指導員以上を対象に配布されたものだろう。社外秘の角印があり、内容は想定問答スタイルになっている。主だったところを拾ってみよう。

『クレーム処理・トラブル処理』編

店舗施設、お客様、従業員、契約関係、店舗近隣、売上不審（振？）、システム、店舗施設、二四時間営業、オーナー加盟交渉

『法的対応の種類と方法について』編

仮差押、仮処分、調停、訴訟、和解（その具体的対処方法を説明）

『内容証明郵便の文例について』編

表題、通知先、送付先の住所、文面のテクニック、文例、発信者、手数料、売上未送金の通知文書の作成ポイント

――『クレーム』編では、説得、納得、解約も辞せず交渉しろと指示。『法的対応』編では、複数対応しろ、テープ録音しろと有利な証拠固めを指示。『内容証明』編では、連帯保証人を巻き込めと指示がなされている。一例を原文のまま紹介しておく。

「契約違反行為の内容によっては、FCオーナーのみならず、連帯保証人に対しても通知することにより、大きな効果が上がる場合があります。特に重大な違反行為（売上未送金や不正仮扱い等、金銭が絡むもの）を保証人に通知されるということは、オーナーにとって一番のウイークポイント（無理を言って保証人を頼んだ経緯がある等）になります。

また、実際に契約解除に至った場合、連帯保証人からは大抵（契約解除という事態が発生する前に、なぜ連絡をくれなかったか」という主張（抗弁）がありますが、事前通知によってこの抗弁を防ぐことができ、保証人に対する契約解除精算金を請求しやすくなるという、一石二鳥の効果があります。」

ちなみに、京都宇治田原事件の小山氏に同本部K弁護士が宛てた通知書は、「新聞報道を店内に貼り出し、統

一イメージを傷つけた」であった。同じく、ローソン本部〇弁護士が私に宛てた通知書には、「MMS機器の受入れ拒否は、チェーンの統一イメージの遵守に反する重大な違反行為である」とある。ご丁寧に前文に保証人名を掲げ、一通を自宅に投函し、もう一通を担当者が冒頭のセリフを前置きした上で読み上げた。さすが、専門家の指示は念が入っている。どの世界にも、外道はいるものだ。弁護士法第一条など念頭にないのだろう。

――法律をねじ曲げ凶器に変えた。これが八〇年代の教訓を生かした結論だ。八八年四月「一円納品強要」で公取委の警告を受けにローソン本部は、藤原謙次社長のお詫び会見を開いた。が、その翌日には全店に「公取委の問題は終わった。こちらにも言い分があるがいまさら言っても仕方がない」と、最高顧問・中内功氏直筆サイン入りメールを配布。九九年四月消費税還元セールの表示価格（五％還元する以前の価格に?）で二度に渡り公取委からイトーヨカ堂が警告を受けている。同社社長でもある鈴木敏文氏は記者団に、「あれは業界の常識。独禁法が業界の実態に即してない」法律無視ともとれる発言をしている。両氏とも流通業界の雄で、しかもコンビニ本部のトップでもある。「独禁法怖るに足らず、我こそが業界のルール」との驕りに感じられてならない。

逆の意味で、鈴木氏の意見に賛成だ。本部側では、独禁法も中小小売商業振興法も、プロレスのルール並みになっている。営業停止処分くらいの厳罰を持って望むべきだ。でなければ今日までの犠牲者は浮かばれない。

絶滅か存続か

「当社（うち）が本物。他は当社の模倣に過ぎない」。セブンイレブン会長・鈴木敏文氏は、こう公言してはばからない。「本物」かどうかは問題だが、「模倣」は事実だろう。八〇年代の事件は、公取委がガイドラインの指針を発表しただけで、事実上、終結している。後発のコンビニ本部は「あれだけの事をやって、お咎め無しなら店を出さなきゃ損」と思ったに違いあるまい。以後に見る新規参入、出店競争がそれを物語る。

今にして思えば、八〇年代の事件は、コンビニを含むＦＣ業界正常化への分岐点であった。行政も司法も、勿論、本部も誤った方向を選択したといえる。

作家・佐野真一氏の取材に、業界の現状をこう形容したことがある。

「まるで野牛の暴走ですよ。このままでは全体が谷底に落ちて絶滅する。それが分かっていながら誰も止めようがないんです。悲しいかな、コンビニＦＣでは、加盟店から先に谷底に落ちなければいけなくなっている。」

九九年二月期決算を見ると、店舗数増加ペースは各社とも明らかに落ちている。これには諸説あろうが、新規加盟店の激減と現加盟店の再契約拒否が原因と、私は見る。

他方、ＪＦＣ（日本フランチャイズチェーン協会・後藤茂会長）では九九年二月、情報公開に力を注ぎ、ザーとジーの問題処理に第三者を含めた委員会を協会内に設けると発表した。加盟店減少対策だ。この協会には、一七年前、自ら提案した宿題が未解決のまま残されており、昔の二の舞にならねば良いがと願うばかり。具体的な成果が現れて評価すべきだろう。

前項で、「事中・事後」にこそメスをいれるべきだと述べた。換言すれば、不透明な本部の利益構造にメスを入れろということだ。

例えば、ロイヤリティ、店舗建設費、商品仕入れの際のリベート、加盟店への納入価格、ＰＯＳ等効率化の実費など。本部が秘匿することで、利益を上乗せすることも可能であり、いくらでも儲けることができる仕組みになっている。このコンビニＦＣの被害者は、加盟店のみに留まらない。店舗をめぐるあらゆる処まで波及する。本部社員に至るまでである。ここでは枚数の制限で書ききれない。次の機会で、詳しく述べたいと思う。

ともかく暴走してきた野牛は、今は止まった。企業三〇年説に測れば、現在が存亡の危機を抱えた第二の分岐点だといえる。第三の分岐点は無い。外道を本道に戻す、おそらく最後の機会だろう。その第一歩として、ロイヤリティの適正化と算出方法の一本化から始めろと、私は提言する。

正直私は、コンビニ本部等どうなってもいい。いっそ木っ端微塵に吹っ飛んでくれたほうがせいせいすると思っている。しかし、消費者が最寄りのコンビニ店を必要とし、コンビニ店主が商品供給などを本部に依存する以上、ザーとジーの関係修復しか手立てがない。だからこそ、協議会の代表世話人も引き受けている。

変えなければ、変わらない本部から、言われなくともこう変えたと、見せて欲しいものだ。それでこそ、本物。先頭を走る者の宿題である。

結びに一つだけ言っておく。コンビニ業界二五年間、消費者に明るく便利なイメージを与え続けてきたのは、本部ではない。涙を押し殺して店頭に立ち続けた、加盟店主たちである。

(三)　誇大宣伝に乗せられ、家庭崩壊

ヤマザキデイリーストア・元オーナー　松田　征吉

コンビニから執拗な勧誘

セブンイレブンが新潟県に上陸する。

噂は昭和六一年頃に流れた。コンビニについては柏崎市にヤマザキデイリーのある事は以前から知っていたが一度も立ち寄った事が無く、ミニスーパーくらいのイメージしか無かった。

昭和四二年に長岡へ転勤し、後に新潟への転勤の話があり、子どものために良くないと考え退職。職を転々と変えたあげく、炊きたて弁当店とゲームセンターを営み平穏な日々を送って来た。しかし、セブンイレブン、サンショップヤマザキ、ローソンと相次いで勧誘に来られ、他にも大手ゲーム機メーカーのタイトーからタイトーの予算で店舗の内外装をしてくれるとの話しも噴出。悪い話ではない。セブンイレブンには資金が無いと一旦は断るのだが何とかなるからと日参され話を聞く。この地では年商一億八〇〇〇万、月商一五〇〇万、客数七〇〇以上、客単価六〇〇以上と説明され、本当にそんなに売れるのだろうかと半信半疑で話を聞く。新規開店費用は二八〇〇万、数字が本当なら借金しても元を取るのに数年で可能ということになる。眉唾としか思えなかった。

現在の自分には二八〇〇万の金の調達は不可能と話すと、なれば店舗の改築ではどうかと本部に調査を依頼。回答は建物が古く駄目だとの事。地主と相談した所、新築してくれると言う。ただし内外装費は当方負担で見積予算を出し家賃を決めようと言われるが、セブンイレブンから建物も内外装も全部地主にして貰い、家賃の上限は三五万で決め、保証金を三〇〇万払うと言う条件で交渉するよう言われる。

地主の依頼予定の業者に工事見積を出させるため、セブンイレブンに図面を求めた所、当方がセブンイレブンと契約もしていないのに建物のノウハウは見せられないと拒否され、地主は憤慨、話は白紙となった。

セブンイレブンはこの地に執着し、地主が土地を売ってくれれば新潟県の統括センターにし、店は我々に任せるとまで言ったが話は進展しなかった。

ローソンはセブンイレブンとは違って改築でも良く、月商一二〇〇〜一五〇〇万の売り上げ見込み、条件はセブンイレブンより良いのだが物流の問題があり、秋まで待って欲しいという。秋まで待ってくれればローソン長岡一号店としてやりたい。ローソンいわく、待てなかった場合セブンイレブンにしなさい。ヤマザキは色々問題があるので止めた方が良い、とアドバイスして帰る。

サンショップヤマザキは、セブンイレブンより条件が良いと口が酸っぱくなる程執拗に説明するが、セブンイレブンとは力の差があり過ぎるように思えてならない。毎日のように日参され、一〇日後に九五〇万の改築工事見積を持って来る。ヤマザキの見解は月商一二〇〇万、条件はローソンとほぼ同じ。セブンイレブンの話しが白紙になると、タイトーが新たな条件を持って来る。店舗を新築して欲しい。地主には一〇〇〇万の保証金を支払うと言う。地主に話せば即やって貰えると思うが、頭の中がパニックで判断に苦慮する始末。

大きな借金をしてまでコンビニをやるか否か？　三社の売り上げ予測はどれも一二〇〇万以上。三社の言い分を信用すれば、元金の回収はいずれも数年で出来ることになる。秋まで待ってローソンにしても良いような気分になったのだが!!

苦悩の日々

昭和六二年

〈一月一〇日〉次男康洋より電話があった時、コンビニをやるかもしれないと話した所、突然成田より帰省し、深夜は自分がやるからと気の早い事!!

〈一月一九日〉金策がうまく行かない。引き返すなら今の内。コンビニは止めた方がよさそうだ!!

〈一月二二日〉ヤマザキは自店の良さを相も変わらず強調。現状より生活が良くなるのなら加盟店になっても良いので資金借入に必要な試算表を求める。

〈一月三〇日〉ヤマザキ、土地や金が有っても立地条件の悪い者は加盟店にはしないと過剰な自信だが、金の話しになると先へは進まない。無理してまでコンビニをやる必要は毛頭ない。無理させてまで加盟店にさせるからには、万に一つの保証が無ければ誰しも納得するはずが無い。毎日がこの繰り返しで仕事が出来ない。

〈二月九日〉ヤマザキより電話で、担保を出せる保証人が見つかったかと言ってくる。どうしても金策をさせるつもりらしい。

〈三月四日〉ヤマザキの田口、半日座り込む、彼の実家も群馬でデイリーをやっていると言って旨い話しばかりする。多少信用する気になった。

〈四月八日〉長男宏司、二男康洋とヤマザキの佐久間を交え、計画に就いて話し合う。佐久間いわく、この場所は立地条件に恵まれており、現在も夜遅くまで商いをしている事が世間に知られているために、立ち上がりが早く三カ月で一〇〇〇万の売り上げが見込まれると言う。我々はこの道のプロであり我々の調査で万に一つの狂いが有っても良い方に数％狂うだけと明言する。

〈五月二日〉ヤマザキが作成した損益試算表によれば、開店直後の損益は減価償却費を除けば問題なく充分やって行ける数字だと銀行に説明し融資の話が進む。佐久間は実際にはもっと売れる筈だと嬉しがらせる事を言う。心なしか彼の言葉を信じ、コンビニ一辺倒の気持ちになる。

〈五月八日〉工事は二〇日頃よりかかると言う。

〈五月一二日〉宏司に会社に辞表を出すようにと佐久間に指示される。

〈五月一二日〉ヤマザキの佐久間は六月一八日をメドに開店させると言う。

〈五月二七日〉工事業者はヤマザキが推せんするタキザワ一本にすると言う。話しが違う!! 当方の仲間の出した見積の倍の金額になる。これでは本部が工事代金のピンハネをしているとしか考えられない。

だんだん泥沼にはまって行くような気がしてならない。

〈六月二日〉佐久間は七月一〇日に開店したいと言うがいい加減にして欲しい。六月一八日が開店メドと言っておきながら今度は七月一〇日、どんどん遅れている事に腹が立つ。

〈六月七日〉保証人の謄本を貰いに行き進行状況を話した所、皆呆れ、担当者がいい加減でも天下のヤマザキが相手だから心配は無いだろうと言われ、最悪の結果が出たとしても無責任な行為はしないだろうと安易に考える。

〈六月八日〉地主から、工事は何時になるか、早く工事にかからないと忙しいので迷惑だと言われる。立ち退き料と保証金を数千万払うから我々を立ち退かせて貸して欲しいと言って来ている業者のある事も聞かされる。

〈六月一一日〉もう工事が始まっていると思ったと白々しく佐久間が来る。ヤマザキの小池から資金繰りに二四〇〇万都合するよう言われる。どうしてこうも話しが変わるのか？ 詐欺にあっているようで投げだしたくなる。

〈六月一五日〉長男宏司、会社を退職して来たが開店の見通しが無く頭が痛い。生活保証をしてやらねば。

〈六月一七日〉佐久間に、六月二四日頃に市川へ研修に言ってもらうので一カ月前に辞表を出し会社を辞めるよう指示され、その通りにしたのにどうしてくれると詰め寄ったら、居直り、会社を辞め、開店できなくても生活の保証をするとは言っていないし、その事に就いて一筆書いた訳でも無く、佐久間には一切責任が無いと開き直る始末。まったく無責任な言葉の暴力だとしか考えられない。訴えた場合、法的にどうなるものなのだろうか。

〈六月二四日〉姉より電話があり、身内全員がイライラしている。ヤマザキにハメられたのではないかと心配していると言う。最悪の場合裁判に持ち込まねばならないだろうとも言う。

〈六月二五日〉契約は七月八日、開店予定日は七月二五日と小池より電話で連絡があった。今度は本当らしい。

〈六月三〇日〉誕生日にタキザワと工事行程の打ち合わせ。

〈七月八日〉長男宏司と亀田サンショップヤマザキに出向く。一通の契約書を渡され、亀井課長がそれを読み、これで良かったら捺印して下さいと言われ捺印し契約が成立。今日初めて契約書を見た。契約内容等を契約段階まで教えて貰えなかった事に疑問と不信感を抱きながら契約は終了したが、内容に就いて考える猶予はまったく無くあとで後悔する。小池も同行し、保証人の印を貰いに行く。姉夫婦に色々質問された小池は、我々開発担当のプロの目で見て、あの場所は最高に良い場所で競合店が出ても心配なく成功する場所だと断言する。

〈七月一一日〉小池と同行し小千谷、横山氏に保証人の印を貰いに行く。横山氏は、「一度は止めようと思った保証人を貴殿等に説得され、その言葉を信じ保証人になるのだから、もし商売がうまく行かなかった場合どうしてくれるのか」と小池に質問。小池は「その様な事はあってはならない事だが、万に一つ、そうなった場合、本部としては良くなる方向へ相談します」と回答したが、色々詰めた話となると横山氏と口論となり、裁判云々の話となったが、小池は「我々の市場調査ではまず狂った事は皆無であり、特にあの場所では絶対に考えられない事だ」と、以前に当方を説得し説明した時の話を何度も繰り返し説明し、己の調査の的確性を強調し、横山氏を納得させるが、横山氏にはヤマザキに対しての不信感は拭い去れないように感じた。

〈七月二四日〉朝七時オープン。売り上げ予想は七〇万のところ四〇万四〇〇〇円。

〈七月二五日〉予想の半分以下三〇万二〇〇〇円。〈二六日〉二五万一〇〇〇円。〈二七日〉一六万七〇〇〇円。

〈二八日〉一五万四〇〇〇円。〈二九日〉一四万九〇〇〇円。〈三〇日〉一五万七〇〇〇円。

やはりヤマザキに騙されたと確信する。彼等の見込みがこうも大きく狂うはずはない。加盟店にしたいが故の口車に巧く乗せられたとしか考えられない。コンビニをしたが故に苦しみが増し悔やみ切れない思いで一杯だ!!

〈八月一一日〉以前に佐久間は立ち上がりの早い店だと言っておきながら、今日は立ち上がりの遅い店だと言う。己れ等の都合で話をすり替える。詐欺師そのものに見えてきたことは自分だけだろうか？

〈八月一二日〉一三万台の売り上げは、今日で五日目だ。開発担当の見込み違いでは済まされない問題だ。責任はヤマザキ本部にある。

〈八月二三日〉我々のことを心配して、姉夫婦様子を見に来る。我々のことを考えると、夜もろくに眠れないと言う。やるべきでは無かった。ヤマザキの巧みな話術に乗せられやってはみたが、以前とは比較にならない苦しみで頭の休まる暇もない。

〈八月二八日〉タキザワより三一日に集金に来ると電話がある。佐久間より連絡が無いかと聞くと何も無いとの答え。タキザワの工事代金は遅らせるよう頼んでおくと約束したのに何もしていない。この件も騙されたのだ。

〈八月三一日〉タキザワに九五〇万支払ったら通帳残は二〇万しかない。厨房代金の催促もされているが支払いができない。ヤマザキを訴えたくとも総てに余裕が無く苛立つだけ。

〈九月一日〉朝まで仕事をし三時間ほど寝、又品出し値付け作業、飯もろくに喉を通らない、精神的・肉体的にも疲れた。加盟店になる以前は金は無かったが、生活は楽で自由があった。出来ることなら元の生活に戻りたい。

〈九月一〇日〉ヤマザキのOFC夏井に、売上げの悪さを訴えた所、何処の店も最初は悪く一〇万を割る店もあり、その悪い時期を如何に乗り越えるかで勝負は決まると言われる。この話を最初に聞いていれば絶対にしなかった。いや出来なかっただろう。佐久間や小池はこのような話は一切口にしなかった。良い話ばかりを加盟店にしたくせに、試算表より極端にかけ離れた売上げ数字をつめると、商いはやってみなければ分からないと無責任な言葉で逃げる。はらわたが煮えくりかえる始末。言葉の責任は無いのか!!

〈九月一六日〉亀井課長、夏井が来て話し合うが、良い方向には進展せず。

〈九月三〇日〉三〇〇万請求の所、何とか一〇〇万送金すると小池、佐久間がどうなったのだと言ってくる。どうもこうも無い。弁当とゲームの売り上げを注ぎ込んでも金が足りなくなったまでの事。当初より金の無いのを承知で加盟店にさせておきながら、今更金に余力が無ければ駄目だとくどくど言われてもどうにもならず、明日保証人に相談に行くと言って帰ってもらう。腹が立つ、弱い者いじめだ。

〈一〇月五日〉小池が来て、期限は今日限り、残金を支払わねば支払い代行を止めると威し、その他に三〇〇万円用意するよう言われる。保証人横山氏の前で言ったきれい事をもう一度横山氏の前で言って、その時の話のように実行してほしいと反論。小池は横山氏に会う必要は無い。契約書に捺印したのだから横山氏と一蓮托生だと言って、当方の言葉を阻む。言葉の道義を無視し、契約書類だけを重視した詐欺行為に値すると考える。

〈一〇月六日〉本部にはゲーム場に三〇〇万使ってショートしたのだと報告しておいたから、今度はショートしないようにしてほしい。我々も言い訳が大変だからと言って、佐久間はヤマザキは支払いが遅れたくらいで加盟店を潰すようなことはしない。それだけ心が大きいんですよと言う。全く調子の良い男だが、昨日の小池の話とは大分食い違いがあり信用できない。ゲーム場の三〇〇万はタイトーに援助してもらっているので、本当のことを本部に報告してほしいと言ったが、相手にされなかった。店を手放しても良いと考えるようになったが、二人の息子のことが心配だ。娘も店に入れるよう指示されたが拒んできた事が正解だったと思う。

〈一〇月一四日〉夏井に本部にもっと面倒をみてほしいと頼むと、夜、佐久間が電話で、うちの夏井を苛めないで下さい、一体どうなったのかと言う。お前のお陰で貧乏して弱っているんだと言ってやりたかったが堪える。この店を作るまでのいきさつを何故はっきりと本部に報告しないのか疑問に思う。事情説明をすれば本部にも話の分かる人もいると思う。如何に当方が騙されてきたかを‼　血の通っていない奴等が憎い。

〈一〇月一八日〉〇〇店が相談したいという。詳しく聞かねば答えようが無いが、当方と同じ苦しみらしい。同じ苦しみを持つ者が全国に相当数いると思われ、その人たちに呼び掛け一丸となって対抗せねばならない。このような話が公になれば、豊田商事と同じような運命になるかも。

〈一〇月二一日〉売り上げが伸びるような指導は全くなく、金の催促だけ。明日来るので妻と二人で待てと言う。昨夜も保証人の横山氏が彼等の言うことは嘘の固まりで詐欺に等しい行為だと言って帰る。

〈一〇月二二日〉親族会議の結論が出た。金の都合は出来るが、返す当の無い金の都合は出来ない。細々と生活してきた者に波紋を投げてきたのはヤマザキであり、ヤマザキは当方に何をしてくれたのか。言葉で示した数字の補償をしてもらわねばならない。追及されると一筆書いた覚えはないので責任は無いと逃げる。天下のヤマザキの調査で数％の狂いしかないと自負された言葉を信用して加盟店になったのだから責任は無いでは済まされない大きな問題だ。確かに補償云々の契約は交わしていないが、言葉に対しての責任が発生すると考える。この言葉が当方を奈落の底へ導いたのだから。

〈一〇月二四日〉開店してから今日で三ヵ月、ミミズが這うように売り上げは伸びてはいるが、本部の言う三ヵ月後は一〇〇〇万売れると推測した数字の約半分の五〇〇万、誰もが詐欺だと言っても過言ではないはず、勧誘時の言葉に責任を持つのが道義だと考える。姉夫婦と佐久間とで話し合ったところ、話は一八〇度転換し、今回の請求分を支払ってくれれば当店を本社の予算で良くなるよう宣伝し協力し、次にショートしても強い催促は一切しないと答え、ヤマザキは加盟店を育てる為の努力もしているというが、当方としては信用しかねる。

この場で店を投げ清算したかったが、佐久間は日本のビッグスリーの三社が見込んだ場所なので間違いないと言って、姉夫婦に一五〇万出すように説得するが、次にショートしたときのことを考えると心配だ。きっと又納得してやったんだから関係ない。書類も交わしていないなどと、自分の言葉の責任は負わないだろうと思う。この話を子どもたちとしたところ、ここで白黒を付けるべきだとの意見。

〈一〇月二五日〉姉夫婦が来て、佐久間の言葉が本当かどうか一筆書くことを要求するというが、彼は書かないだろうと思う。当方は保証人になってもらった外に金まで借りてやる必要はないので、この辺りで決着を付けた方が良いと言ったら、姉は「それは違う。二度騙されてこそ最初から騙されたことが一筆なくとも証明できるので無駄な投資では無い」と言う。

〈一〇月三一日〉ヤマザキへ送金。初めて佐久間の本音を聞く。普通立ち上がりに、半年から一年くらいはかかると言う。最初からこれを聞いていれば、加盟店にならなかったと言うと、当方には金が無く、ヤマザキにも誤算があったので悪いのは五分と五分と言う。ふざけるなと言いたい。責任は必ず取ってもらわねばならない。

昭和六三年

〈三月三一日〉売り上げは六一〇万。半年経過後の売り上げがこの数字では問題にならない。

〈六月一〇日〉セブンイレブンが当店を潰すと豪語して、本日開店するが客の入りは悪い。

〈七月一六日〉連日金の催促で明け暮れ、子どもたちより借りて送金する。約四〇〇万の赤字だ。

〈八月一八日〉本部より、栗林、坂井マネージャーが来て、このままでは負債が増える一方なので検討するように迫られる。

〈九月一六日〉負債が四二〇万になったので、五〇〇万になったら商品を止めると警告されるが打つ手はない。

〈九月一九日〉銀行に相談、ヤマザキの勧誘責任をもっと強く指摘する必要がある。契約書の内容は別問題だ。すなわち大手有名企業が勧誘する言葉に責任問題があるからだと言われ、その通りだと思った。

平成元年

〈三月六日〉ヤマザキのＯＦＣの星に、経営委託を進められる。

〈三月二一日〉星に負債が六三〇万になったと言われ、再度経営委託を進められる。

〈三月二二日〉星と亀井課長に経営委託の説明を聞く。経営委託とは、店舗を本部に買い取ってもらい、経営を任されるというもの。資金繰りは本部がし、利益補償があり、利益があれば配分されると言われるが、やって良いのか悪いのか分からない。

〈四月一七日〉負債額七〇〇万、生きる道は経営委託しか無いようだ。やむなく経営委託の道を選ぶ。

〈五月五日〉星が来て、経営委託をするには土地建物の賃貸契約をヤマザキに名義変更しなければ出来ないので、建前として地主に話してほしい。あくまで建前の話で将来松田さんがＹＤＳを辞めても弁当店とゲームセンターは継続しても良いとの条件なので地主に話したところ、松田さんが良くなるのならと了解してもらう。

〈七月二一日〉亀井、星、管理部星野が来て、経営委託の経費等の説明をする。人件費については売上高の四％を限度と契約書には謳われているが、総売上の一割くらいに抑えてほしいと言われるが、はたしてできるだろか（約五一〇万）。一人シフトでなければできそうもない。

〈八月一日〉本日より、経営委託としてスタート。店舗等を買い取られた上の清算で、七〇万ほど不足。一一月に、職安より地域雇用振興助成金が二〇〇万貰えるので、運転資金として二〇〇万借りることで本部と話が付く。

以上が勧誘されてから経営委託に切り替えるまでの苦悩する日々の経過を日記より一部抜粋して記したものだが、苦しみは始まったばかりだった。一年経過後、売り上げは悪く、六〇〇万台は三ヵ月あったのみ!!

二男の自殺

平成二年

〈七月一二日〉たばこ販売の許可が下りたとの知らせ有り。

〈七月二七日〉たばこ販売開始。

八月度の売り上げは七八〇万、内たばこは一一〇万、たばこ販売により一挙に売り上げが伸びた。

平成三年

〈七月七日〉二男康洋、当方に小遣いだと言って三万置いて、長男と話し込み夜一〇時頃に家を出る。長男との話の内容は家の内情を長男に問い質し、僕が死んだら本当に保険金が出るだろうかとのこと。馬鹿な考えは止めろと長男は注意したという。翌日になっても、二男からは連絡が無い。胸騒ぎがしてならない。

〈七月九日〉二男の事が心配で、妻は実家の墓参りに行く。ただ無事を祈るしか方法が無い。寝る前に陰膳を供え、香を焚き、祈る妻の姿が痛々しく胸が締め付けられる思いで、悶々として夜を明かす。朝、電話のベルがなる。妻と顔を見合わせ、互いにうなずき、受話器を取る。新井警察署からだった。妙高高原山麓、中郷村サンシャインバレー付近で排気ガス自殺をしたという。推定死亡時刻は昨夜の一一時頃、妻が陰膳を供え祈っている時刻だった。胸騒ぎを覚えた予感は的中していた。早速二人で遺体を引き取りに新井署へ駆けつける。遺体は新井署のガレージに安置されていた。妻は涙も無く、ただただ茫然と立ちすくむばかり。死亡現場に案内された後、現場写真を見せてもらったら、助手席で首をうなだれ眠るような姿だった。一年前に一〇〇〇万の保険を四〇〇〇万に更新し、時期を待っていたように考えられる。遺書には、困っている人に僕の角膜その他をあげて下さいと書いてあり、最後にはバカヤローと書いてあった。この最後の言葉は、我が家を破滅させたサンショップヤマザキに向けた言葉と解釈するしか思い当たらない。率先して家の手伝いをするために成田空港食堂を辞めて帰らなければ、このような結果にはならなかったことが悔やまれる。美男薄命と言って泣き崩れる義姉。葬儀は滞り無く終わったあとは、妻はいっぺんに気が抜け寂しそうだ。無理もない、末っ子の二男は母親っ子だった。二男を思い出し、精神が苛立ちカリカリしている様子が気に掛かる。妻は離婚したいと言うが、妻の姉に夫婦一緒に二男の供養をしてやらねば二男は浮かばれないと諭され思い止まったようだ。ＹＤＳを始めて丸四年目の、忘れられない痛恨の日であった。この月は、九一〇万を売り上げた。八月度は過去最高の九九〇万の売り上げ、利益が出ているのに、負債はどんどん増え三五五万。

平成四年

平成四年一月には、負債は四七〇万と膨れ上がる。昨年本部に不満を述べたとき、月商九〇〇万になれば自ら月々減っていくと説明されたのに、納得できない。詳しく調べるだけの時間の余裕が無い。何故か、数字のトリックに躍らされているように思えてならない。売り上げの約一割のロイヤリティに税理士も驚く。

〈一月二八日〉これ以上負債が増えるのならば、上限五〇〇万で辞めたいと申し出る。約五〇〇万の在庫品との相殺で、被害は最小限に抑えられる。過去一年間の利益は赤字の為、違約金も不要と考えての決断でもある。

〈二月七日〉先日述べた当方の不満について、大谷マネージャーと話し合う。本部の清算書が分かりにくいこと、利益補償があるのに、負債金が増え続けるのは何故か？　コピー機のリース代金を自己負担してる他に、当方が出費している諸々の問題などなど。結局、回答は得られず解決には至らなかった。

〈二月二三日〉過去一年分の清算書によると、約一〇〇万負債が増えている。ロイヤリティは九〇〇万取られているのに、加盟店が理解に苦しむ指導方法は、本部に責任がある。契約書の内容云々で割り切れるものではない。

平成五年

平成五年六月末現在の負債額は五五〇万。本部に問題を提言しても、何も解決はしてくれない。半月前に申し入れた件についても、何等対応する気配無し。

〈七月一五日〉五年間競合してきたセブンイレブンが閉店したことを、セブンイレブンに勝ったと本部では大喜びとのこと。売り上げも三割伸び、一二〇〇万弱。しかし、これと平行して負債も増え続ける。一二〇〇万売れば必ず負債は減るという星の言葉を信じて頑張ってきたのに、一向に減る気配が無く身動きできない。

第二の悲劇

平成六年

〈三月三〇日〉コンビニをしたが故に、第二の悲劇が起こった。長男夫婦の離婚。長男は夜勤、嫁は昼勤で完全なすれ違い夫婦。別れる理由は当事者にしか分からない。孫の親権のことになると、互いに譲らないと主張。当方の養子にすることで決着。

〈四月一五日〉孫の荷物が届く。夕方嫁が書類を持ってくる。明るく振る舞おうとする嫁の姿が痛々しい。縁あり一緒になりそして別離。この歳月は何だったのか。届けられた荷物には、孫のおしめ、産着、オモチャ、アルバム等の思い出の歴史がぎっしりと刻まれている。孫達も必死に堪えようとしている。淋しく切ない一日だった。

〈五月二一日〉一月の棚卸しに引き続き、四月の棚卸しでもタバコが三三万不足していると言ってくる。毎日管理表を付けているため、一個不足しても分かるのに、六ヵ月で七〇万も不足している道理が無い。タバコ管理表を見せて反論したところ、後日棚卸し業者の間違いだったと詫びてくるが、おかしい、何かがある。指摘しなければそのままだったろう。本部に負債が増え続けるのはこのようにごまかしているのではないだろうか。売り上げが一二〇〇万あるのに、負債は六一九万。減る気配が無く、増える一方だ。高いロイヤリティを取り、当方の要望には耳を貸さず、一方通行の運営。現代の子どもいじめ問題の原点がここにあるような気がする。

〈六月二五日〉ヤマザキと話し合う。星の示した売り上げ数字になっても、負債が減らない理由を問う。今回は税金の月で赤となったが、今の売り上げでは必ず減るはずだと断言されるが疑問が残る。

〈六月末〉負債七一一万。やはり、星の話は嘘だった。

〈七月二二日〉ＯＦＣ大沢に再契約に異議のあることを告げる。

〈九月九日〉本部、話し合いに来るが埒が明かず。

〈九月末〉負債七三五万。星に再度理由を問う。在庫が多すぎるためと言う。在庫が多い分負債となっているという。馬鹿馬鹿しくなった。再契約はせず辞めることを告げると、星は開き直り、この場所はサンショップヤマザキが借りているので清算して立ち退けと言う。平成元年に、経営委託を進めてくれたときの言葉とは裏腹で己等の言葉の責任を全うせず、あくまでも書類に頼るきたない詐欺師野郎だ。

〈一〇月二三日〉保証人を交え話し合う。保証人の長男がマネージャーに出世した星に「貴方なら経営委託をやりますか」と質問。「やりません」と答える。経営委託は数字のトリックに等しく、かなりの売り上げがないと益が無く、現状では苦労しただけ損。星は総てを知りながら、会社のために当方を利用するだけ利用した優秀な企業戦士だと思う。生きるためにやむなく店舗買い戻しの方向に進むしか道はないようだ。

〈一一月七日〉銀行に相談。一五〇〇万融資してくれるという。

〈一一月一八日〉ＯＦＣ大沢が、ＦＣ契約は平成七年一月一日からにしてくれと言う。買い戻し額は一八〇〇万だが、一五〇〇万しか都合出来ないと話すと、一二月三日に亀井課長が本部と交渉し一五〇〇万で話が決まる。

〈一二月一四日〉ＯＦＣ大沢より電話で、店舗買い戻しをする場合、総ての財産を明確にし自宅を担保に入れるよう言われる。先日星は、財産があるとまずいので隠すようにと指示してきたのに!!　馬鹿馬鹿しい。一体、誰が指図をしているのか？

〈一二月一五日〉銀行が来て、本部の清算書に疑問があると言って電話で税理士に色々質問し、本部はかなりのカラクリをしているのではないかと言う。

平成七年
〈一月九日〉資金繰りや何かで忙しく弁当店の手伝いが出来ず、妻に負担が掛かり妻は倒れ、入院手術をすることになった。ヤマザキの口車に乗せられたお陰で、大切な物を次々に失っていく。何かある毎に失った物の尊さを考え、返してほしい思いで胸が一杯になる。
約一五〇〇万で店舗買い戻しが終わり、平成七年一月一日より、ＦＣ店として再スタートしたつもりでいたのだが、一月一八日に予期せぬ追加請求がくる。営業譲渡契約書は平成六年一二月三一日付けで作成され、譲渡代金は七〇七万となっており、残りの七〇〇数十万は一二月末現在の推定見込み商品代金と保証人共々判断し、清算した積もりでいたのだが、本部の言い分は違う。譲渡金額は一一月三〇日現在の清算書を基に作成したのであり、一二月一日〜三一日分の商品代金は含まれていないと言って、一二月分の清算書を突き付けられる。当方は、あくまでも一五〇〇万の枠内で話を進めてきた。本部も、それを了解してくれたと解釈してきた。それなのに追加請求約三一〇万があるのなら何故事前に説明してくれなかったのか？　清算の段階でも一言も無かった。

説明が有ると無いとでは、計画に大きな変更があった筈。後日、本部との話し合いの席で、ＯＦＣ大沢が説明しなかったことを認める発言をしたが（録音済み）、本部本宮経理課長は大沢の話を遮った。口調は柔らかいが能面のような冷ややかな眼差しで、一二月分清算書の正当性を強調する声は、情け容赦のない地獄の使者の声に聞いた。理不尽な請求に腹が立つ。会社はでかいが、やることは餓鬼と一緒で滅茶苦茶だ。支払わねば商品を止めるの脅し文句。生命保険等の解約で何とか凌ぐが、五月以降、タイムスマート、ローソン等が競合する為、二割強の売り上げダウン。運転資金が回らず、本部に先付小切手を切るようになった。本部は親、加盟店は子。親が子の面倒をみるのは常識の枠の中。しかし本部は、競合店出店に際し何等対策はしてくれない。因にタイムスマートの経営者はＹＤＳの経営者でもある。契約第三七条秘密保持義務の違反を指摘すると、本部は話し合いに行ったが、ＹＤＳもタイムスマートに乗り替えると反論され、引き下がる始末。まったく情の無い話。

平成八年

〈二月一五日〉毎回先付小切手で支払いをする当方に対し、本部は念書を要求。

〈二月二三日〉現在に至るまでの事情説明と要望を提出する。内容を読みすんなり受け取れないらしく、再度求められるが断る。身内を庇う為に要望の矛先を変えさせることに専念しているように思えてならない。

〈三月二〇日〉再度要望書を求められたので、八八ページ分の経過を綴った日記のコピーを提出する。

〈六月二一日〉河村部長宛に嘆願書を出すが、回答は得られなかった代わりに、六月二五日に、本部より五人の者が来て、話し合うが結論は出ない。独自でやるよう進められる。要はFCを辞めろと言うことである。

〈九月四日〉銀行支店長と銀行の顧問弁護士宅へ契約書、日記等を持参し、相談する。弁護士から、儲かると言って儲けさせないことは悪く言うと詐欺罪となり、少なくとも不法行為に当たるため、過去の損害は要求出来る、マイナス要因は数回契約している点にあり、この点の事情説明を明確にする必要があると言われる。六月より本部との話し合いが増え、九月一二日まで続く。特別な店なので良い条件を出すという。YDSのポール看板と帯看板の撤去だけで良い。ポール看板は再利用してくれ。撤去費用の負担金として二五万援助する。店内外のイメージカラーもそのまま使用して良い。リース残金、コンピューターの撤去費用は一切いらない。取引業者も斡旋する等等。話が巧すぎる。穏便に早く手を切るための策としか思えない。残金の一三三万の返済方法は、無利息で毎月一〇万と強引に約束させられる。三一〇万の追加請求分は業者斡旋の手前諦めねばならないのか!!

〈九月一七日〉ＣＶＳ・ＭＡ・ＴＳＵＤＡの看板が上がる。

〈九月一九日〉店内は商品が無く空々。入店客が笑って帰る。各業者に問い合わせたら話は一切なかったと言う。本部に問い合わせたところ、業者の意見だと逃げの一手、完全にヤマザキにはめられた。山崎製パンの斡旋で商品が入ってきたが、完璧ではなく値入率も悪い。八割の品揃えをするのに約一ヵ月掛かり、客の信用もガタ落ちで売り上げも一五万台に落ち込み、先が見えてきた。

〈一二月一二日〉世界の山崎製パン、知らぬ者はないネーミングを盾にした企業戦士の勧誘に乗せられ、家庭崩壊、苦しみ生きながらえた一〇年間の無意味な人生の痕跡を克明に記し、世間に公表するための原稿を書き、マスコミに送る準備をする。生きるということは難しい。親の為に命を懸けた息子の命は尊く、粗末には出来ない。我々に仕掛けてきたのはヤマザキだ。半年間執拗に勧誘を受け、その気にさせられ、約七〇〇〇万のロイヤリティを取られ、旨味が無くなると、勧誘時とは裏腹に加盟店の要望は簡単に一切無視し、言葉巧みに切り離す。不利な点については決して文章にはしない。言葉は立証しにくい。法は契約書等の書類を優先する。怨念を持ち、あらゆる方法で世間に公表したい。被害を最小限にするには、辞める意外に手は無い。自分にしてもらいたくないことは、他人にもしてはならない。今なら在庫処分をすれば何とかなる。各業者に年内中に辞めることを告げ、年明けに一週間在庫処分セールをするが、かなりの商品が残る。本部に処分依頼をしたが、一品なりとも処分してもらえなかったことに、改めて期待してはならない相手だと分かった。ヤマザキとの争いは、一月二一日より再燃。残金一〇三万を払えと言うヤマザキ。不当に支払った三一〇万、一〇三万を差し引き、二〇七万の戻し金を要求する当方だが、埒が明かない。二〇七万では事は納まらない。一からいきなり九の話をしても相手に理解されないことと同じで、物事には順序がある。順序を辿り話をするが、本部には聞く耳が無いようだ。

〈二月二五日〉本部四名、保証人家族三名、当方家族と立会人として民商二名で話し合うが、物別れとなる。

〈三月八日〉二五日の話し合いの回答書が送付されたが、重要な部分には一切触れず己等の説明不足分を有利にするような文面でしかない。

〈四月一七日〉持田部長宛に要望文を出す。

持田運営本部長様、各方面との折衝、生活費の調達の合間に文章を書いておりましたので、ご連絡が遅くなり申し訳ありませんでした。今年二月二五日に話し合いをさせていただき、ありがとうございました。その話し合いの後の三月八日、貴社からの回答書確かに受け取りました。しかし、話し合いの後の前進的な回答をと考えた当方には期待外れの内容でした。貴社の説明書の第三項譲渡代金の欄の九〇〇万円余の提示額は平成六年一一月二四日作成しているとありますが、この金額は当方には示されておりません。店舗と品代と買掛金の合計が一八〇〇万円になるが、どうかという合計金額の提示に当方がとても買い戻せないと難色を示し、減額に至ったものです。あくまで店舗買い戻し時の譲渡代金および精算額は、一五〇〇万円以内と貴社の担当者から説明を受け、保証人とともに理解し、決断を下したものです。貴社の示す平成六年一二月度の精算分は、貴社の結果を調整する帳簿上の問題と受け止めております。当初より、譲渡額は一八〇〇万円とご説明いただくか、または一五〇〇万円に精算分の上乗せでなければ譲渡できないと説明を受ければそれなりの結論を出していました。一五〇〇万円以上の借入は、不可能であることは買い戻し交渉時には分かっており、双方その理解の上での交渉でありました。一五〇〇万円以上の数字を提示されれば買い戻しはできなかったのです。保証人も一五〇〇万円以上で金額の定まらないものの保証人にはならなかったと断言しております。現実に大沢氏が説明不足を認めた発言をしていることも歴然とした事実です。不十分な説明で保証人にさせられ、代位弁済させられていることに対し、大手企業のなす行為ではないと怒っております。道理のないことで保証人に負担をかけることを思うと胸が痛みます。平成七年一月九日の送金依頼分は、一二月度の仕入れ及び人件費で当方が代払いした分で、当然一五〇〇万円の買い戻し額には含まれないものと理解してのものです。貴社の担当が、絶対に儲かると言って半年間足繁くこちらに通われました。当方は最初は疑心暗鬼でしたが、「プロの話を信用しなさい」とのくりかえしに次第に信用せざるを得ない状況に持ち込まれ、加盟店となりました。しかし結果はまったくの大赤字で、二男が自殺に追い込まれるなど、家庭が崩壊し諸々の問題が山積しています。現在はその困難な問題の解決のために奔走している毎日です。誇大宣伝の勧誘に乗せられどん底に転落した私にも責任が無いとは言いませんが、貴社の責任は無いのか是非お考えいただきたいと思います。借金に借金を重ねて努力しても行き詰まってしまったら、手を引くときは金の切れ目が縁の切れ目で勧誘時の執拗さとは裏腹で、在庫品の一品たりとも処分に協力はしてくれず債権を一貫して主張するでは、どうしても納得できません。部長様、現在私は無一文どころか数千万円の債務から再出発をしてなんとか立ち直ろうとして頑張っております。私からのお願いです。一つは即保証人の所に取り立てに行くことなく、私と是非話し合いを続けて下さい。期日を指定していただければ時間を空けるのに努力します。解決にも努力します。二つ目は在庫の引き取りも含め、これ以上の出費をしなくてもいいように暖かいご協力をお願い致します。現在も全国に店舗を拡張されている最中と思いますが、私のように、一～二年のうちに数千万円の大赤字をつくり路頭に迷っているものもいるのだというところを社長さんにもお伝えいただき、私のお願いを受け止めていただけるよう宜しくご配慮のほどお願い致します。

平成九年四月一八日

千葉県市川市市川一丁目九番二号サンプラザ三五ビル

（株）サンショップヤマザキ運営本部部長　持田隆一様

〈五月七日〉部長宛に出した要望書の内容には一切触れる事は無く、一方的に強硬な態度を取り続ける本部に業を煮やし、公正取引委員会に告発する決心をする。

〈六月二〇日〉公正取引委員会に告発。審査専門官が便宜をはかり時間延長で話を聞いてくれるが、結果はまだ出ていない。

(四) コンビニ訴訟に立ちあがる

セーブオン・元オーナー　塩川　心一

契約の気持ちを掻きたてられる

コンビニ業界は、右方上がりで業績を伸ばしてきた。私も、九五年秋頃車にて東部町を通行中、セーブオンの店舗とそこに張られた、経営者募集の文字に目を引かれた。

当時、今勤めている会社より、リストラの話を持ちかけられ、三人の子と妻そして人工透析をしている母を抱え、万が一の時はという思いと、将来子供にも人に使われる事の苦労よりは、という思いから加盟しようと思い電話をし佐久地区本部に出かけた。

そこで、東部の店はもう決まったが、小諸インターに予定があり進めているとの話であった。工業団地、インターという好立地であり、売上げも見込めるでしょうという話であった。当時、説明を担当したのは開発の畑山であった。説明によるとセーブオンはいせやグループに属し売り上げ業績も伸びている。当時五〇〇店舗以上あり年商も七〇〇億以上あるとの説明であった。そして、今後長野県下においても三〇店舗を計画している、との話であった。まだ県下数店の時であった。

まず、この話の中で年商七〇〇億以上の企業であり、いせやというグループに属していると言われれば誰もが疑いは先ず持たないだろう。そして、三〇〇万の出資で加盟店主になれると言われ、契約の気持ちを掻き立てられたのだ。そして、一店舗当たり一日三〇万円以上を売上げ、月一〇〇〇万以上の売上げと聞くと驚かされ、さらに立地も良いので四〇万、五〇万と見込めるとの話から、私もまず一〇〇〇万売り上げてみたいという気持ちにかられた。気持ちは契約へと進んで行き、そして損益試算表を見せられ具体的な話に入って行く。売上げ一〇〇〇万、平均粗利益二八％二八〇万円、そのうちパートナー収入四九％一三七万円、およそ利益の折半です、との話を聞くと、なんと良心的で共存共栄の精神にのっとった企業だろうと思った。そこに、まず一つ目の巧妙な手口による落とし穴があったのだ。おそらく折半と聞き、疑いを持つものはいないと思う。

営業経費の試算等には人件費が入っていなかった

次に、営業経費の試算表による説明に入る。もう気持ちは共存共栄の信頼関係をもって説明を前向きに聞いていく。内訳として水道光熱一六万、廃棄ロス原価二八万、包装費三万、消耗品備品二万、ビル管理費五万、業務委託料五万、通信費一万、保険一万、雑費二万、合計六三万　差引利益七四万、との話であった。

まずここで、発生する問題は支払い人件費が入っていないことだ。どんな企業でも人件費のウエート高による倒産が増えつつあることは私なりに知っていたつもりだった。ただ、このときは人件費がその後大きな負債に発展するとは思わなかった。疑問に思い損益試算表に人件費が入っていないけど、と聞くと昼一人、夜一人でできますとのことであった。夫婦二人でできるので人件費は入っていない。必要ならば入れることは結構ですとの話であった。再度、人件費は本当に掛からないんですねと確認するが同じ答えであった。他のコンビニを見るに、店員が二、三人居るのを普段見ているので疑問に持ちつつも売上げ四〇、五〇万と当然の如く高い店なんだろうと私なりに理解した。まず誰もがそう考えると思う。当時、セブンイレブンの平均日販は七〇～七五万と聞いたような記憶があった。また、コンビニは夢の産業としてマスコミも取り上げていた。

説明を元に私なりに試算表を作成した。試算表では充分利益が出る予定であった。ところが、売上げの七～八%の支払い人件費が本来必要不可欠であり、大手FC協会加盟本部は六～七%の支払い人件費の開示がされていることを開業三年目になり、やっと知りうることとなる。

不当な高金利八%のオープンアカウント（取引金利）

そして、オープンアカウント（取引金利）である。商法の上限規制をはるかに上回る金利を取られる。他のコンビニ本部は、五～六%なのに対し不当な高金利八%を取られる。まさかこの金利が月一〇万以上になっていくとは、契約当時は夢にも思わなかった。まさに、サラ金地獄のようなものなのだ。

それも利益が取れればすぐに金利が掛からなくなるようなニュアンスの話であった。

さらに、資本一五〇万が開店数ヵ月で最低資本五〇万になるとは考えもしなかった。その最大の原因は当時の本部の担当バイザー（相川）の売上げも上がっているので商品をもっと入れてください、との指導により、弁当などを数多く取り、廃棄を出しながらも仕入れを増加させたことにある。資本がパンクすることはないでしょうか、と聞くが、売上げも上がっているのでそのようなことはない、との指導を信じ、これを数カ月くり返した結果である。また他にも、この店は売上げも伸びているのでホットウォーマー（缶コーヒーなどを温める機械）を二台入れるようにとの指導ですといわれ、気を良くし販売に力を入れたところ突然、資本金が五〇万になりました、という話であった。このように巧妙に素人には分からないように仕組まれ指導していくわけである。ホットウォーマーは他の店にも二台入れてあったのだ。

話は説明後の契約に入っていく。気持ちは契約をしオープンへと心急いで夢を持っている。一週間前に契約書を渡され開店に向けウキウキした気持ちで契約書を読む。決して普通に販売をしていれば違約金などの問題トラブルなどまずないと疑いなど持たないであろう。一週間後、現金三〇〇万をもって契約に本部へ行く。

これも本部契約指導マニュアルの中に一週間以上、間をおき契約せよと指導されているわけだ。つまり、クーリングオフの最低日数は当初から計画の上、仕組まれているわけだ。

一国一城の主への夢

さて本部に入ると、一〇〇名近い社員の机が並んでいるところを通り、奥の部屋に入る。気持ちは、こんな大きな本部と契約し一国一城の主になれればという気持ちでいっぱいであった。契約書を読み合わせし契約を交わし現金を渡し、共に昼食を食べ夢を語って帰ってきた。

のち二週間の研修期間を終え開店準備へとなる。開店前、二週間ほどになって、開店記念品どうしますか、また開店時は混みますのでパートさんを二、三人雇って下さい。開店三日前になったらクローバーも行って下さい、との指導であった。

私も、妻一人では三六五日昼間は大変だろうと思い一人パートを時々入れることは考えていた。

しかし、三人とは考えておらずそれでも売上げが上がればという安易な考えと一時的な採用ならとの考えから疑いもしなかった。

これも、のちになって考えれば計画的に巧妙に仕組まれた詐欺的行為と考えられる。この時点では、もう契約は成立しているわけだ。

オープン日より三日間は売上げもよく驚くほどだった。これではという大きな気持ちになった。ところが、平常に帰ると日販二七、八万円程であった。ところが、人手は毎日二人は必要という状態であった。しばらくは、慣れないからだろうと思いながら数ヵ月がたった。

しかし、売上げは上がらず日々仕事は慣れても人数を減らすことはできなかった。行楽地でもあり、土日祝日は夜中三時頃から三人という時もしばしばであった。

人件費を何とか稼ぎ出すしかないと考え個人的に販促キャンペーンをし金もかけた。その間本部はコマーシャルもないし個店努力ではまず日販四〇万、五〇万の売上げは無理であった。そのような中支払い人件費七五万でほとんど終わってしまい、月末の賃金すら払えずトイレットペーパー、洗剤、労災保険、区費など諸経費なども毎月貯金より引き出して払う状態であった。無賃金無報酬で夫婦二人毎日帰るのは一〇時、一一時、床に就くのは一二時、一時といった日々が一年ほど続いた。

本部への実状の訴え

九七年四月、本部に実状と改善に向けての訴えを致した。本部に私と佐久の店主星野氏と申し込んだ。一年経営をしてきたが、日々人件費のみで終わり、私ども家庭の収入には一切ならない実状と、また諸雑費に掛かり、持ち出しになってしまう実態を話し、これは単に私どもの責任なのかそれとも本部の責任なのかを問い、改善を申し込んだ。そのやり取りをテープに録音しておいた。内容は、売上げ一〇〇〇万に対しロイヤリティ五一％では経営が成り立たない実状、テレビコマーシャルなど外部に対しほとんど宣伝が行われていない実態、そのため売上げの上がらない実状を訴えた。当時、佐久の店は月販六〇〇万ほど、私の店は月販九〇〇万ほどの状態であった。

私どもの調べでは売上げ一〇〇〇万円が本部の平均売上げ実態で、とても当初の四〇万、五〇万の売上げ（月売上げ一二〇〇から一五〇〇万）など不可能な状態であること、長野県内では平均七〇〇万以下と思われる状態、どの店に行っても弁当がほとんど他の大手チェーンなみに入れられない実態を申し上げた。が話しの中で本部側の回答はあまりにも誠意のない馬鹿にした回答であった。

一　コマーシャルを行わないのは会社の方針です。

一　ロイヤリティについて高いの低いの言われることはありません。

一　月一〇〇〇万で、七五万の利益では経営が成り立たないことは存じてます。ですからあなたの店はいくらほしいんですか、いくらあったら生活できるんですか、といった家庭の生活に踏み込んで対応させていただく時もあります。

との回答であった。

商売ですから、失敗もあるでしょう、との回答であった。我々はＦＣ契約上での問題解決を望み、乞食商売を望んでいるわけではない。と申し上げ改善に向けての試算表を出して、再度申し込んだが、子どもだましのような対応で、売り上げＵＰに向け三日間おにぎりを半額にて収めましょう、といったことだけだった。再度、ロイヤリティ改善とコマーシャルなど前向きな取り組みを契約書通り対応するよう申し入れた。このようなやり取りであったが、ただその中での疑問はセブンが変えればＦＣシステムは変わる、このシステムは何人も手をつけることができないものである、との話であった。ならばFCシステムはコンビニチェーンごとに作られている物ではなく、独禁法に当たるものではないかとの疑問も考えられた（本部側渋川は、前坂ほか一名同席）。すべて本部の都合による利益優先のFCではないか。

九七年六月、長野県セーブオンオーナー会を設立し六店が改めて改善申し込みを行った。

だが、本部（渋川）は聞く耳もたずで契約書を盾に個店の契約であり、あなたは代表でもない、やりたかったらマスコミでも裁判でも行ったらどうですか、まさに契約当時の対等、共存共栄はないものと確信した。後、数ヵ月後佐久の店主（星野）がやめるについて清算書を求めると売上げも低く本部の開発責任もあるし、また反則行為がないので違約金はありません、ということのみで本部側の保証支払いの言葉は一言も記されてない。

全て本部に都合よく計算されているのである。本部には一円たりともペナルティは掛けられていないのである。これが日本のFCなのだろうか。つまり、本部側の予想売上げを一度でもクリアーすると加盟者側に責任を押し付け解約違約金の対象とし本部に逆らうと違約金の対象となる。まさに奴隷制度であり主従による優越的地位の乱用ではないか（九七年一二月一一日付け仮清算書より）。

九七年一二月一五日、長野県商工団体連合会、群馬県商工団体連合会にて改善要望書を提出に行くが、入り口フロアーにて受取拒否、名刺すら受け取らず部外者であり関係なしとの逃げの対応であり、前向きに考える姿勢すらない状態であった。

九七年一二月二六日付けにて送金不足分五八万四二九四円、従業員給与流用は第一六条二項に反し重要な義務違反との内容証明を本部土屋社長より受け取る。

すでにこの時点では加盟金および人件費、反則費、諸費用含め八〇〇万近い持ち出しとなっていた。

九八年一月、セーブオン被害者の会設立（小諸インター、佐久三河田、西軽井沢、小諸西原）が記者会見を行う。前日より本部側は圧力をかけ行動阻止にまわったため二店欠席によって四店のみであった。

要望事項として、不当なロイヤリティの改善、違約金の無効、などである。

九八年二月、再度、本部土屋社長より、送金が途絶えている、そして相応の手段を取るとの内容説明、賢明かつ誠実に対処するようにとのことであった。資金繰りをしつつ持ち堪えてきたが、毎月膨れ上がる不足金と、月三万円以上になる金利を課せられ、日々悩む状態であった。

九八年二月一八日、全国コンビニ問題交流会を行い系列を越えて世論に訴え、被害者を少なくするとともに団結によって改善を求め、また各監督官庁に働きかけるとの方向で、結成に向けた交流が行われた。当初は私を含め数名のオーナーが系列を越えて夜など電話にて問題を提起しつつ結成に向けた行動を進めてきた。

九八年三月二一日、一方でマスコミによる取り上げなど、我々の行動に対し本部側より話合いの申し入れがあった。販促費とし二〇万円を半年間、会員に出すので被害者の会を解散してほしい、とのことであった。解散の覚え書きを交わすが、当初より申し入れのＦＣシステムのロイヤリティなどの改善は、今後の課題となった。

九八年四月一五日、コンビニ・ＦＣ加盟店全国協議会を設立。

被害者を作らないコンビニＦＣ業界をめざしてスタートをする。代表世話人となる。この間、国会でも大森議員ほか数名の議員がこの問題を取り上げていただきフランチャイズ法などの制定に向けての取上げも行われた。

人件費が毎月持ち出し

九八年一二月二二日、コンビニ問題についてのシンポジュウムが行われた。「コンビニ店経営の現在と未来展望について」と題して行われた。ここで、人件費が毎月持ち出しとなってきていた私の疑問が解明できた。それは、売上げに対する本部側の支払い人件費がきちんと開示されておらず一〇〇〇万に売上げが近い店ほど資金の持ち出しが多くなる構造であること、つまりセーブオンの加盟店平均売上げ一〇〇〇万を売っている店はすべて支払い人件費のみで終わってしまう構造であることであった。

現在、各法廷で争われている問題の一つは売上げによる支払い人件費が売上げの七〜八％かかってしまうという問題であり、本部側の開示してある六〜七％では経営を圧迫し資金の不足になるという論点である。それから他チェーンの人件費に関する資料を収集し本部側に改善の申し込みを行った。

この間にも、県内の加盟店離れは続き直営店が半分以上に達するような状態であった。つまり加盟店としての経営が不可能な実態を表面化させたと考えられる。経営指導に当たるスーパーバイザーは、日々これらの直営店に入り指導巡回などは契約どおりにはできない状態になった。

九八年半ばより、本部はＦＣによる加盟者離れを防ぐため委託契約による継続を提案し、契約途中で委託を進め始めた。そして、ＦＣによる債権、債務精算をし始めた。つまり、本部側の債務とＦＣ契約による失敗を隠し新たな契約に持ち込もうとする行為である。

私もこの契約実態と事実関係を掴むため資料の入手に努めた。それらを比較してみると、全て本部側による勝手な契約であり、その内容もまちまちなでたらめな契約であった。例を挙げると、ある月販四五〇万の店（二四時間経営）に対しては、人件費として、九五万円を支払い、経費は本部負担とする。さらに、インセンティブとして売上げ増加分の一〇％を人件費にプラスする。つまりこの店が一〇〇〇万円売り上げれば粗利率にかかわらず一五〇万の人件費を支払う、という契約である。

また、別の月販六二〇万（一六時間）の店に対しては人件費八〇万とインセンティブとしてやはり売上げ増加分の一〇％を人件費にプラスする。つまり一〇〇〇万売ると人件費を一一八万支払うという契約である。そして、もともと売上げの高い店に対しては一〇〇〇万売っても人件費（二四時間）は、九五万円しか支払わない、といったすべて根拠のない、本部指導型の優越的地位の濫用も甚だしい契約内容である。

こんなことが許されるならば、ＦＣ契約による粗利益というのは何であり、ＦＣ契約は何であったのか。これまで、このＦＣ契約により財産を奪われ夜逃げ同然になったもの、命を絶たれたもの、これらの人々のためにもきちんとした法の制定と、取締りが必要ではないか。

私の店にも九五万円という話が提案された。その提案を聞き、まさにすべてその場しのぎの提案であり、馬鹿にされたような思いに駆り立てられ、それまで資金を費やし、やってきたことに対し腹立たしく、未送金はすべて本部側のシステム上の責任であり、きちんとした解決をし、また全ての加盟店に正当な対応を求めるため精算を行った。

本部より九九年一月二六日、未送金分一三四九万二三五円を一週間に以内に振り込むよう通知が本部側代理弁護士よりあった。私としても、法廷できちんとした解決をと提案をした。

本部より私側の弁護士宛に和解の申し入れと、面談が代理弁護士とともに行われた。しかし、その後も二ヵ月に渡りＦＣシステムの改善はなく、振込が行われた。

九九年四月二〇日、本部代理弁護士より一四〇二万九八七一円を一週間に以内に送金するよう改めて申し入れがあった。送金なき場合は、契約不可能とし七日以内に退去し店を明け渡すよう通知があった。私としてもこの問題は当然公のところで公表解決を図るため、店を四月二八日午後三時に明け渡し、訴訟に持ち込むことにした。

（五）日本サブウェイFC加盟顛末記

サブウェイ千葉ニュータウン店・元オーナー　小野　哲三

はじめに――FC本部を提訴

「FCへの加盟」、それは加盟者だけがリスクを負い、本部は確実に儲かるように周到に仕組まれた「ワナ」にはまることであった。大企業の威光を利用して加盟者を集め、実現不可能な売上げ予測を提示して出店させ、加盟者からしぼれるだけしぼり取って、ロイヤリティ支払いが滞り始めるや有無をいわさずに「閉店」に追い込み、地獄の底へ突き落とす。一方、新規加盟者を巧みに勧誘し、相次いで出店させれば、「金づる」の再生産は絶えることなく続いていく。

これがあのサントリー（株）を母体とする日本サブウェイFCの商法である。日本サブウェイFCでは、今年六月末までに八一店舗が閉店に追い込まれた。これは全出店数の四三％にあたる途轍もない驚くべき数字である。

営業中の店舗のほとんどは赤字で苦しんでいる。閉店すると巨額の店舗投資がスクラップの山となり、残るは借入金の返済のみという地獄が待っているので、やむなくアリ地獄にはまり続けているのである。正に「進むも地獄、退くも地獄」といった惨状である。それでも本部は「ＦＣシステムは問題ない。閉店の原因はオーナーにある」と居直っている。責任感や誠実さのカケラも感じられない態度である。

怒り心頭に発した私たちは、昨年「被害者の会」を結成、本年一月に本部とサントリー（株）を相手取り、八名で総額約四億五〇〇〇万円の損害賠償訴訟を起こした。

被害のあらまし（構造的なワナ）

私は、大手鉄鋼メーカーK社に事務系社員として約二五年間勤務し、リストラ策の一環として打ち出された早期退職者優遇制度に応募、四八歳で退職した。

一九九四年末、サントリー（株）という後ろ楯の存在に誘われて日本サブウェイ（株）とＦＣ契約をし、一九九五年八月、同社から紹介された千葉ニュータウン中央駅前に出店をした。しかし、売上げは低迷を続け、本当に悪夢のような「苦悩の日々」を送った。

本部は新規出店に奔走するばかりで、ケガをした加盟店を助けようとしない。そして、二五年間のサラリーマン生活で得た四〇〇〇万円もの資産を、わずか二年半で失ってしまった。赤字に苦しむ中で、直接本部に支払った金額だけでも約一五〇〇万円にも上る。閉店後、スクラップの山と化した内外装設備や備品什器などの費用約二五〇〇万円も全て、本部の提携先に支払われている。

私が到達した結論を先にいうと、悪徳ＦＣの本質は「加盟者からの収奪」ということで全てを尽くすことができる。本部がうたっている加盟店との「共存共栄」は、実は「強存強栄」であることに気づくのに、ほとんど時間はかからなかった。しかし、全ては「後の祭り」である。構造的に仕組まれたワナにはまってしまった、その顛末を報告する。

サブウェイ加盟の経緯――詐欺同然の勧誘

私の加盟意欲を誘った最大の要因は、「サントリー（株）が実質一〇〇％出資」という「信用」である。同社は、アメリカのサブウェイ本部とマスターＦＣ契約を交わす取り決めをして日本サブウェイ（株）を設立、社員を中枢幹部として派遣している。ところが、日本サブウェイＦＣが破綻して被害者が続出するのを見て、「別法人につき経営方針等についての指導介入はできない」と都合の良い法律論をタテにして逃げの一手に出ている。また、私たちの告訴に対しては、「サブウェイは加盟店との共存共栄の理念のもとで、法的にも道義的にも問題のない経営をしていると考える」という無責任極まりない白々しい談話を発表している。

一般社会において守られるべき最低のモラルを規定しているに過ぎない法律を都合良く悪用し、なおかつ現行法の網をかいくぐって利潤を得ることのみを企み、加盟者の財産を根こそぎ奪い去ったことを毫も恥じない卑劣な態度である。

大企業のモラル破壊はここまで進行している。

第二の要因は、ウソの数字で固めた過大な「売上げ・収益予測」である。

本部は一九九四年秋、私が参加した加盟者募集説明会で、「既存店の平均売上げは月七〇〇～八〇〇万円、金利・償却前利益は一六・五％である」と説明した。利益の前提となる原価は八三・五％で、内訳は、変動費（原材料費、人件費、ロイヤリティなど）六七・五％、固定費（家賃、リース料など）一六％という数字であった。

まず最初のウソは売上高で、現実はいくら努力しても月三〇〇万円前後にしかならない。固定費は売上げに関係なく一定額がかかる。すると固定比率は一挙に二倍以上になってしまい、たちまち利益は吹っ飛んで、金利・償却前ですでに赤字というひどい経営状態になってしまう。これがウソの極めつけだ。

この手口でほとんどの加盟店が被害を受けているのだ。説明と現実の数字は著しくかけ離れており、「経済情勢の変化」で片づけるのは困難である。明らかに「数字を詐称して、人を欺く」という確信犯の手口である。これは「詐欺」以外の何物でもない。

第三の要因は、誇大表示ともいうべきチェーンの「大拡張政策」である。

私が加盟した当時、本部は「一九九五年末で一〇〇店舗、二〇〇〇年で一〇〇〇店舗」という出店計画を積極的に流布させていた。その数量効果により、原価を四％下げ、さらにテレビCMを流して販売促進を強化するというストーリーであった。

ところが一九九六年以降、本部の無策が原因で既存店の閉店が相次ぎ、止めることができない勢いとなり、ほとんどの店舗が赤字に苦しみ、黒字店はほんの数えるほどしかないという、加盟店にとって最悪の状況が続いた。特に一九九六年、本部は既存店はそっち除けで出店に躍起になり、単年度では昨年までで最高の五〇店を出店したが、すでに半数以上が閉店に追い込まれている。

こうした厳しい現実が知れ渡るようになると、自然、加盟希望者は減る一方で、本部は出店数の確保が困難になった。この結果、ＦＣ店舗数は一九九五年末一〇四→一九九六年末一四五→一九九七年末一四三→一九九八年末一一六と、当初の説明と著しくかけ離れた惨憺たる数字になっている。サントリー（株）は、破廉恥にもチェーンの身売りを画策している。

第四の要因は、「開店に至るまで店舗物件の情報を提供する」という本部の無責任な説明を信用したことだ。フィージブルな物件の紹介が受けられると信じて、契約金など三八〇万円を支払ったが、これも加盟を促すための本部の「ワナ」だったのだ。某専門家は、「店舗が決まっていないのにFC契約は成立するのか。金を取るならフィージブルな店を提供する義務がある」と話している。

一方、加盟時に契約金など三八〇万円を支払ったものの、とうとう適当な物件が見つからず、契約から出店までの期間（二年）満了で、契約解除となった加盟者が多数いる。三八〇万円はそのまま本部の収入になっている。なんという悪知恵に満ちた完全犯罪なのだろうか！　今後の調査で被害の実態を明らかにし、改めて告発しなければならない。

加盟後の惨状（何のためのロイヤリティか？）

日本サブウェイFCの経営ノウハウは、立地選定、商品開発、販売促進、経営指導等いずれを見ても、欠陥だらけである。これは、チェーンの関係者なら誰でも知っている周知の事実である。それ以上に、FCパッケージとして致命的な弱点は、「商品・価格競争力が他の飲食チェーンに比べて、格段に劣る」ということに尽きる。ところがチェーンの販売不振がはっきりしているにも関わらず、ごく一部を除いて、基本メニューは固定化したままだ。これでは加盟店の経営が好転する訳がない。

現在のT社長就任後の一九九七年から翌年にかけて、加盟店だけで新商品を開発し、本部に認めさせようとする運動が巻き起こったほどだ。アメリカのサブウェイ本部は、日本サブウェイ（株）と交わした『マスターFC契約』に、「メニュー制約条項」を組み込んだに相違ない。彼らの材料供給権益を守るための周到な仕掛けである。しかし、この重大な事項が、募集説明会では全く言及されていない。

基本メニューの制約を受けている本部が、加盟店を懐柔するために考え出したのは、「キャンペーン」と称して期間限定商品を販売する戦略（？）である。お客さまが買いやすいように価格は低く設定される関係で、加盟店の原価率はアップし、収益をますます圧迫する。一方、本部に支払う金額は常に一定比率（ロイヤリティが売上高の八％、ほかに広告宣伝費が同二・五％、合計で一〇・五％）である。

このように、どんな局面においても、加盟店のみ負担を強いられ、本部は確実に収益を得るという構造が徹底されているのである。加盟店にとって、本部の「キャンペーン」は経営安定と向上には全くといって良いほど無力であった。期間中、本部の戦略に乗ってキャンペーン商品の販売を熱心に行い、本部から表彰を受けた店舗がバタバタと閉店して行った事実がそのことを証明している。

各店舗には月に一回、マーケット・カウンセラーという立派な肩書を持つ担当者を派遣して、極めて一般的かつ簡単なチェックと、オーナーのガス抜きをさせている。私の店では、わずか二年半の間に六人もの担当者が入れ代わった。一九九一年一〇月の会社設立後、社長は三人目である。それぞれ「オープン屋」、「ご隠居さん」、「敗戦処理投手」と酷評されている。上から下まで、とても本部の義務が果たせるような組織体制ではない。

結論を急ぐと、本部には赤字店を建て直す動機（インセンティブ）がなかったと断言できる。ＦＣシステムを抜本的に改善するにせよ、個店ベースの再建活動を実施するにせよ、それ相応の労力と金がかかる。それよりも、新規出店を繰り返してさえいれば、加盟店から安易かつ確実に収奪できるのだから、こちらの道を選択するのが自然といえば自然である。正にこの一点に、悪徳FC本部の行動を説明するキーポイントがある。

本部のFCシステムのもとでは赤字が増大する一方なので、私は様々な提案をした。しかしその都度、すべて却下された。「店がツブれても良いのか?」と私が質問したら、時の常務取締役は「個店の存続とチェーンの維持は別物ですから」と婉曲な表現ながら、とうとう本音を吐いてしまった。つまり、「チェーンを維持するために、個店がツブれても仕方がない」と悪徳FCの本質を自ら暴露したことになる。

いよいよ店の経営が危機に瀕した時、O課長が「二束三文で店を譲渡するか、それがイヤなら内装はそのままで良いから転業しなさい」と冷酷なことばを吐き、私の店を建て直す意思が本部にはないことを宣言した。そして最後に、時のY取締役から「詐欺で訴えたいなら、どうぞ訴えて下さい」とまで言われた。加盟店も見くびられたものだ。今までがおとなし過ぎたのだ。

まとめ――訴えたいこと

私たちの提訴に対して、被告二社は何の反省もなく、卑劣にもすべての責任を加盟店に押しつけることで、逃げ切ろうとしている。そのために、加盟店オーナーの人格態度にまで言及して誹謗中傷する等、狂気の限りを尽くしている。私たちの怒りは頂点に達している。

「誇大表示」で加盟者を誘い、「欠陥商品」であるFCパッケージを売りつけ、その後も契約にある本部の義務を果たさずに（「債務不履行」）、加盟者に損害を与えたのだから、これは明らかに「詐欺」行為である。事実がこれほど明確なのに、法規制は立ち遅れている。これ以上被害者を増やさないために、一刻も早く、ＦＣ本部の悪徳行為を取り締まる法律が整備されることを強く訴えたい。

その際、対等平等な関係を建前とする現在の民法の考え方では、ＦＣ契約はとらえ切れないのではないか。明らかに力関係に差のある者同士の関係――むしろ「消費者契約」や「労働契約」に近い観点が導入されなければ、健全なＦＣが育って行かないのではないか、そう考えている。

二章

コンビニ・ＦＣ加盟店の全国組織の結成と今後の役割を考える

コンビニ・ＦＣ加盟店全国協議会事務局長　植田　忠義

コンビニ・FC加盟店全国協議会が結成されてから、満一年が経過した。コンビニを中心に、FCシステムの加盟者の全国組織の誕生は、関連業界を中心に大きな反響をよんだ。創造と模索の一年間を振り返りつつ、本協議会の今後の展望等について、私論も含めて述べてみたいと思う。

一 コンビニ・FC全国協の結成を可能にした加盟店主の力

一九九八年四月一五日は、わが国のFC（フランチャイズチェーン）業界にとって、時代の変化・転機をつよく印象づける日となった。

二〇数年にわたって、チェーン本部は、「契約条項」を根拠に加盟店をほぼ完全に支配してきた。これに対して、加盟店オーナーが個人で又は集団で「反乱・抵抗」する事件は、過去になかったわけではない。「セブンイレブンを良くする会」二〇名の集団脱退事件は有名である。その他、訴訟に踏み切る抵抗もあった。しかし、これらの抵抗は、本部の経営方針の修正・変更に至ることはなかった。その「反乱・抵抗」のすべては本部の意のままに終結したと言っても過言ではない。

過去の「加盟店の抵抗」が、このような結末に終わった原因がどこにあったか、私一人が決めつけるわけにはいかないことは言うまでもない。

しかし、その「敗北の体験」は有意義であった。過去のこのような加盟店の正義と勇気の行動の歴史から私自身が学んだことは、①同一資本系列の枠内だけの「抵抗」には大きな限界がある、②特定の地域だけの行動ではなく、全国的な行動が必要だ、③そのためには、既存の何らかの全国組織が加盟店を支援する必要がある、ということであった。

今回、加盟店オーナーの全国組織の誕生を可能にしたのは、第一に、地域、資本系列の枠を越えて、「全国被害者の会」（仮称）づくりに意欲を燃やすオーナーが一定数、連絡を取りあいながら活動していたことである。この力がもっとも主要な、決定的なものである。そして、資本系列の枠を越えた会、という点こそ、私が知る限り前例のないものであり、本部の「抵抗する加盟店集団を事前に圧殺する」攻撃を許さない点であった。

第二に、加盟店オーナーの公然とした抗議の意思表明が相次ぐ状況を、マスコミがリアルに報道し始めたという点である。過去、コンビニに関する報道と言えば、セブンイレブンに関する報道が象徴的であるが、「コンビニ・ＦＣ美化論」が圧倒的で、この業界の暗部のリアルな報道は皆無に近い状態が長く続いていた。これが一変したことは大きな影響をあたえるものであった。

第三に、全商連（全国商工団体連合会）に支援の要請があり、その後、全商連も支援できるような性格、目的の組織とする協議が合意に達し、全商連が支援を決定したということである。この段階で、全国津々浦々で、コンビニ加盟店にとって、相談の入り口・窓口が開かれたことになった。大資本や権力の圧迫に対して、屈伏することなく、中小業者の利益を守り抜く任意の全国組織＝全商連の連携・支援の確定は、この協議会の質的基盤の確立を保障する上からも大きな意義をもつものであった。

二　結成以後の変化に関して

協議会の誕生は、オーナー、大手チェーン本部、マスコミ、他業界などに大きな衝撃を与え、また、関心をよび起こしたことは周知のことである。そして、いくつかの重要な変化が生まれた。

当然、さまざまな発言、意見の表明があった。その中には、協議会への部分的な誤解もあった。しかし、重要なことは、今日に至るも、「ＦＣ加盟者のための全国組織など無意味だ」「必要ない」などと、完全に当協議会の存在を否定する声は一つもないという事実である。

しかし、私たちの活動は誠に地味で、華々しい戦果は少なく、協議会会員のみなさんにとっては、「失望感」の方が強いであろうと、私は思っている。

一方、新規入会者は、これまた地味に、今も続いている。こうした事実を、重くうけとめて、二年目以降の活動にとりかからなければならないと決意を新たにしているところである。

わずかに一年間という短期間であるが、これまで面識のなかった人が集まっての組織であるだけに、予想されたこととはいえ、いろいろな出来事があった。が、価値あるいくつかの成果を生み、変化をつくり出したことはまぎれもない。これが主要な面であり、この流れを太く、大きく、加速させることがますます重要になっていると考える。

1　本部の改善措置に関して

ＦＣシステムが成り立つためには、ＦＣに加盟する者がなくてはならない。ほとんどすべての本部が、「本部と加盟店の共存共栄の関係」を強調するのは当然である。

私たちは、今日のコンビニＦＣ業界を全面的に否定しているわけではない。その存在を「悪」と決めつけているものでもない。その社会的・経済的役割の増大に見あった、健全な業界にしていくべきだ、という考えに立っている。そのことが多くの人々の知るところとなるにつれて、本部も当協議会を無視するわけにはいかなくなってきていると思う。

消費不況は続き、コンビニ業界も競争が激しくなり、一方、公然と本部の横暴に抗議の声を上げるオーナーが増えるという状況が重なりあって、新規加盟を募集しても昔のようには応募者が集まらないという事態になっている。本部としても、経営姿勢や経営方針の「見直し」を迫られている。努力しても経営悪化を打開できない場合の中途解約は違約金を徴収しない、加盟店の負担軽減へ契約条項を改訂する、など新たな改善に踏み出す本部も生まれた。

また、(社)日本フランチャイズチェーン協会は、①契約関係情報の開示の促進、②加盟にあたって七日間以上の熟考期間をおく、③法律家等第三者も含めた体制で加盟者の苦情相談体制を強化する、という措置を決めた。このように、加盟者と本部の間のトラブルのこれ以上の多発を避けようとする改善措置がすすみつつあることは、この一年間の重要な変化であることは間違いない。少なくとも、これまでよりも悪い仕組みにするという動きはなかったのではないだろうか。

しかし一方、ロイヤリティの引き下げを中核とした、根本的な改善にはまったく触れようとしていない。また、私たちの、「懇談の申入れ」に対して、応じる本部は一つだけである。依然として、閉鎖的・前近代的な業界体質は根強く残っている。

加えて、今年一月一九日、ファミリーマートが京都の加盟店に対して、オーナーの同意も連絡もなしに一方的に金品を持ち去り、解約を強行する暴挙を行ったが、わが国の他の業界では到底考えられないことが起こる業界である現実を、私たちも直視しなければならないと思う。このような、狂暴な行為が、激化している地域もあるという現実を重く見て、ふさわしい対処を私たちもとっていくことは当然である。

2　行政官庁の動向

公正取引委員会は、このFCシステムにおける独占禁止法上の問題に関心を強めている。私たちも、機会ある度に具体的な事実を上げて、本部に対する指導・監督を強化するよう、要請してきた。公正取引委員会は、問題ある本部から事情を聞くなどのことを行ったと聞く。（社）日本フランチャイズチェーン協会が、トラブル防止へ一定の措置をとるに至ったのも公正取引委員会の動きと無関係ではないであろう。

地方自治体も、地域協議会等の要請を受けて、東京都、愛知県が実態調査を行ったことは、私たちの今後の地域での活動上も大切な教訓である。

一方、通産省・中小企業庁は、大手本部の横暴を抑え、加盟店・中小業者の経営を守る上での対応は極めて弱いことは対照的である。

3　裁判闘争での変化と前進

九八年八月三一日、仙台地裁は、旧ニコマートの元加盟店に対する支払い請求を退ける判決をくだした。同年一二月二四日、鹿児島地裁はファミリーマートの元加盟店に対する支払い請求を棄却する判決を言い渡した。今年四月一四日、カスミコンビニエンスに対する元加盟店主らの集団訴訟は、和解が成立した。カスミの和解以外は一審判決であり、本部側は控訴に出ているが、相次ぐ勝利的和解、勝利の判決は、この分野での裁判闘争では、画期的というべきである。

いまも、サークルＫに対する京都・小山事件、ローソンに対する千葉の加盟主の訴訟、サブウェイに対する集団訴訟、岐阜・川合さんの最高裁でのたたかいなど、裁判闘争は激しく闘われている。今後ますます裁判に訴える人が増える傾向である。

私たちの組織は、裁判をたたかうことを目的にしているわけではないが、今後いっそう重要視していく方針を打ち出している。九九年二月、「裁判闘争交流会」を開催したのはその実践の始まりである。

注目すべきことは、弁護士界でもコンビニ・ＦＣ問題への関心が急速につよまっていることである。弁護士会の定例研究会にコンビニ・ＦＣ全国協の代表世話人が招致される事態となっている。今年六月には、日弁連消費者問題対策委員会主催の独占禁止法研究会においてコンビニ問題がとり上げられ、当協議会役員が報告者になるという事態も生まれた。私たちも、弁護士の先生方との連携をさらに強めていきたいと考えている。

三　これからの課題と展望

(一)「実態調査」に見る加盟店と本部の関係の現実

これからの課題と展望を考える上で、現状をどのように認識するかがまず問われる問題である。コンビニ・ＦＣ業界に、さまざまな問題があることは、多くのみなさんも承知しておられることである。しかし、その問題の原因と責任がどこにあるか、という段階では、その見方が分れる。

私たちは、この業界の問題の原因の全責任がＦＣ本部にあると、単純に決めつけているわけではない。まさに多彩・多様な問題が日々発生しており、従って、その解決のためには分析的に原因を究明することが必要である。

現実は、この点が非常に非科学的・非理性的であるがために、不必要にトラブルが拡大した事例が非常に多いという実感をもっている。

私たちは、コンビニ・FC加盟店のための組織である。しかし、「反FC本部」の組織ではない。いついかなる場合も、どんなことがあっても、FC本部を悪玉、加盟店を善玉とはじめから決めてかかって、「何が何でも本部を攻撃する」ことを使命としているものではない。問題の主な原因が加盟店の側にある場合もあり、加盟店の自主的な改善等をすすめることこそ、加盟店の利益であるということもあるわけで、そういう場合はそのように努力することこそ、真の加盟店のための組織と言えるのではないかと考えている。私たちの組織が、そのような組織であるということは、まだ多くの人に正確に理解されていない。

勿論、「FC本部と闘わない」と決めているのでもない。実際は残念ながら、「本部と闘わざるを得ない」場合が多数である。本部の側に主な原因と責任があることを、強調せざるを得ない。そのことを、私たちが実施した、「加盟店の実態調査」をもとに、述べていくことにする。

この調査は九八年一二月、全国協議会会員一〇〇名を抽出して行ったもので、回答者は七一名であった。調査数は多くないが、五〇名を超えれば一定の調査価値がある、と各種統計を行っている専門家の意見もある。

1 「純利益」があまりにも低いコンビニ店経営

「本部への支払分、諸経費などを除いた純収入はいくらですか」という設問に対する回答は、回答率の高い順に、①三〇万円以下　二九・五%、②無回答　二六・七%、③赤字　一三・九%、④三一万～六〇万円　一一・六%、⑤六一万～九〇万円　七・〇%、⑥九一万円以上　〇%となっている。三一万円以上の純益があるのは、二〇％弱という衝撃的な結果である。配偶者をはじめ家族をまきこんで三六五日、二四時間営業で働き続けた結果の純収入のこの低さは、まさに驚愕の極みである。煌々と日夜輝く店舗、若い男女が溌剌と働いているあのコンビニ店の低収益の現実を想像できる人は少ないのではないだろうか（「日経ビジネス」の調査でも同様の結果が出ている）。

この収益性の低さの原因は何なのだろうか。その全面的で科学的な解明こそ、もっとも求められている課題の一つである。

オーナー自身は、この収益性の低い理由をどう考えているのだろうか。私たちの調査では、「本部の取り分が多い」と回答した人が六四・二％にも達している。次いで「競争の激化」が二八・五％、「立地の不利」が二三・八％となっており、個人の経営努力の範囲ではないことを如実に示している。「自店の経営未熟」という回答も七％ある事実も付記しておく。

2　再契約する意思のある既存店は少数

「契約期間が過ぎたら同一条件で再契約する意思がありますか」という設問に対して「全くない」が五四・九％、「あまりない」が一八・三％、合わせて七三・二％のオーナーは、再契約の意思はないことが明らかになった。逆に、再契約の意思が「非常にある」という回答はゼロであった。

そして、「収益性などの理由で、現在、他業種への転業を考えていますか」という設問に対して、「深刻に考えている」が四二・二％、「すこし考えている」が一八・三％という結果である。

さらに、「いまの店の将来に関して楽観的であるか」という点では、「全然そうでない」が六六・一％、「あまりそうでない」が一五・四％。「将来に関して楽観的である」はゼロである。

わが協議会会員は、現在のコンビニＦＣシステムに関してさまざまな問題意識をもったオーナーであるから、このような結果がすべてのコンビニオーナーの傾向であると断定できないことは言うまでもない。しかし、そうした点を考慮するにしても、コンビニ業界の既存店の現状の一端を示す事実として、注視する必要性を強調しておきたいと思う。

３「共存共栄」の経営理念はどこへ行ってしまったのか

収益性への不満や将来展望への不安を生み出しているのは、契約関係を基本にした日常的な本部との関係に原因があることは明白である。「本部は加盟店オーナー同士の勉強会や集まりを奨励しない」、「本部の経営状況に関して詳しく説明しない」、「要求しても他地域の加盟店の経営状況を説明しない」、「加盟店からの商品、サービスに関する新しい提案を経営方針に反映しようとしない」、「加盟店相談室などを設けて加盟店の声を直接聞こうという努力もない」、「新制度導入、経営戦略その他の経営方針を変更する際、加盟店と相談することもないし、加盟店の意見を尊重することもない」、このような関係が主流である。これでどうして、「共存共栄」関係と言えるのだろうか。現実は「共栄」どころか「共存」さえ危うくなっているのである。

日常の取引のなかで感じる本部への不満を見てみよう。「本部の価格決定、仕入先決定に不満を感じている」オーナーは五七・六％、「本部の特定商品発注要求に不満を感じている」は六六・一％、「本部の加盟店からの不満処理及び調整、またその手続きや方法に関して不満を感じている」が六三・三％、という具合である。

重要な事実は、そもそも「契約事項」について、本部と意見が一致していない、または「契約内容」に対する不満がきわめて強いことである。「契約期間に関して不満」が六四・七％、「加盟契約の条件などで本部と意見の不一致または不満がある」のが八〇・二％、「ロイヤリティに関して本部と意見の不一致または不満を感じている」が七五・九％である。

言ってしまえば、真に対等平等、合意にもとづいて契約関係が成立しているのではないのである。従って、「本部の指示には何でも従う」のは二二・五％、「本部に不満があった場合、強く抗議する」オーナーは七一・七％という実態は当然の帰結である。

(二) 私たちのめざす将来展望に関して

では、コンビニＦＣ加盟店は、完全にお先真っ暗で何の展望もないのであろうか。

もしそうだとしたら、私たちの会の任務は、「早期・円滑な解約促進の会」であるべきだろう。

そうではなく、私たちは、三つの目的を先の第二回全国総会であらためて確認した。すなわち、①コンビニ・ＦＣ加盟店の経営と生活の向上をはかる、②ＦＣ（フランチャイズチェーン）本部との公正な取引契約をめざす、③中小業者や住民と協力して、地域経済振興に貢献するという三点である。

この目的は、実現することのない空想にすぎないのだろうか。

1　業界改革の主役＝加盟店主の変化

全国協議会事務局に、コンビニ・ＦＣに関する相談・問い合せの電話が一件もない日は一日もない。

最近の相談内容には、二つの傾向が顕著である。一つは、「本部への怒りをこれ以上は我慢できない。何とか方法はないのか」という類の相談である。なかには、一年以上も前に契約解除した元オーナーから、「このまま泣き寝入りしたくない。勝ち負けを度外視して裁判でもやりたい」という方もある。相談のもう一つの傾向は、これからコンビニ店経営を開始しようと検討している人たちの相談である。「報道でいろいろ問題がある業界だと知った。契約に当たって気をつけるべきことを教えてほしい」「契約書は、加盟店の義務等は非常に具体的にあれこれ書いてあるが、本部の義務はまったく書かれていない。とても対等の契約書とは言えないと思う。多くのみなさんは、こんな契約書を納得して開始されたのか」などの相談・質問である。本部の新規加盟店募集のやり方は相変わらずでも、新規加盟者の側の意識の変化は著しいものがある。

三〇年近いこの業界の歴史のなかで、加盟店オーナーや新規加盟店希望者がこれほど公然と抗議と疑問の意思を表明し、それを行動に踏みきる時代があったであろうか。主体性を確立し、本部の違法性ないし横暴を正そうとするオーナーの増大それ自体が、この業界の健全化とＦＣシステム改革への可能性、展望をくっきりと示すものにほかならない。

コンビニ・ＦＣ業界改革の主役は、数万のオーナーであると私は考える。オーナーの自覚の高まり、改革への意欲と行動の高揚という、この流れを加速させることに私たちは力を尽くしたいと思う。

2　本部内部の矛盾の進行

本部の経営方針も、がむしゃらに加盟店数を増やす、量的拡大を追求するところは少なくなっている。また、契約期間が終了した場合も、必ず契約更新に応じるというわけではない。新規加盟店募集についても、加盟希望者の全てを迎えるのでもない。「売上げの高い店」「経営管理能力の優れた店」「ＦＣシステムに沿って意欲をもって経営向上に励む店」と契約するというように、選別を強めてきている。

また、地域によっては、他本部との競争に勝つために、徹底して出店を増やす、という戦略で臨んでいる。要するに、「人」「場所」「地域」を選んできている。また、モノを売るだけでなく、各種サービスを多様に取り入れるなど、業態変化もすすんでいる。

このような変化は、これまでの経営の行き詰まりを示すものと言えるだろう。そして、この変化が、加盟店への新たな負担の増大をもたらすことにもつながる面もあるのだが、ここで注目したいことは、経営戦略や経営方針の変更をめぐって、本部内部のさまざまな対立・抗争・矛盾を生み出しているという現実である。

私たちの会が結成される直前、某大手本部の社員から、「現在のコンビニFC本部のやり方に批判をもっている社員も結構いる。我々も協議会の趣旨に賛成だ。協力できることは協力する」という電話があった。その後も、匿名の内部告発も寄せられている。カスミコンビニエンスの「社長交代クーデター」は、こうした矛盾を象徴する事件であり、決してカスミにしか存在しない特殊事例ではないことを断言できる。

サンクスの社長は、「本部と加盟店の関係についていえば、日本では双方がより円滑なコミュニケーションを図り、改善しなければならないところが多々ある」「お互いに相手あっての自分だということをもっと認識する必要がある。そうでないと、ザーもジーも対等な立場で一緒になれない」（隔月刊『コンビニ』）などと語っている。

全国協議会結成前には、「この会への入会は契約違反と見なす」としていたセブンイレブンも、しばらくして、「どのような組織に入るかは本人の自由」と言った。まったく当然のことだが、この事態も大切な変化であった。さらに最近では、セブンの社長も「加盟店の負担軽減」を強調しはじめている。

私たちは、特に企業名を明らかにはしないが、非公式にいくつかの大手本部社長、役員と接触し、対話してきた。理性的対話では、ともに相手の考え方を理解することができるという実感をもった。少なくとも、現状を改善していく方向にすすみ始めることは不可能なことではないと確信する。私は、全国商工団体連合会の事務局員として、東芝、日立、日産、本田の本社に、アポイントもなしに訪問したことがある。しかし、門前払いされたことはない。それどころか、東芝に至っては部長と課長が応対してくれた。四社は「下請業者を組織している商工団体を門前払いするわけにはいかない」と言った。これが当然といえば当然の大企業の姿であるべきであろう。ところが、コンビニ業界では、なくてはならない加盟店の組織である当協議会と、公式に対話・懇談に応じたのは、サンクス一社である。セブン、ローソン、ミニストップ、エーエムピーエムは「おことわり」の回答。ファミリーマートとサークル・ケイに至っては何の回答もない。私は、この業界の閉鎖性・前近代性をしみじみ感じる。誠に異常である。

しかし、このような事態を長く続けることは、自己破滅の道ではないだろうか。そして、多少の迂回はあっても、結局は加盟店との関係改善の方向に向かうことは必然の流れということができるだろう。

3 局面をきりひらく三つの重点柱の活動

(1) 経営改善への自主的努力と助けあいのネットワーク

低売上・低収益の主要な責任が本部にあるとしても、コンビニ店経営を続けていく以上、自らの経営改善の努力を放棄するわけにはいかない。労働すれば必ず給料がもらえるサラリーマンではないのだ。本部批判と追及を繰り返しているだけでは、売上げも利益も伸びない。「働いて損する」こともあるのが自営業者である。従って、自己の店の詳細な実態を絶えずつかみ、点検し、必要な改革を行わなくてはならない。それには、一定の研究心と、強い自己管理、決断力などが要求される。商売は、決してラクなものではなく、また、地域住民・消費者に信頼される店づくりというのは、簡単なことではない。厳しいことだから、なかなか実行できないものだ。

私自身が知る範囲では、本部からの指示待ち経営、本部のマニュアルどおりの運営、創意も工夫もない、そして、本部にとって「良い子」であるだけのオーナーである場合に、赤字経営店が多いように思う。そもそも加盟店を巡回指導する本部ＳＶはサラリーマンであり、彼等に商売を指導する力量がないのが普通である。

地域の消費動向をつかみ、地域にあった店づくりへある程度本部マニュアルに抵抗して、独自の工夫をする、こうして、黒字店を「たたかいとる」経営姿勢を貫いているオーナーが、繁盛店づくりに成功していると思う。そして、「売上が高い店という実績」をかちとることによって、本部にとっても「手放したくない加盟店」となり、本部への発言力を高めている、これが共通していると思う。

個々人では困難なこのような経営改善を、地域の仲間が集まって、智恵と力を出しあう、そういう地域交流会活動を重視していきたいと考える。愛知県のある地域では、このような交流会を積み重ね、お互いの信頼関係が生まれるようになり、やがて、店舗の清掃についても、本部経由とは別の清掃業者を紹介しあって、大幅に清掃経費を節減させたとか、アルバイトのあっせん・紹介をしあうとか、実利実益のある会になっている。

さらに、住民のニーズを開発し、住民生活に貢献する店、住民に支持される店づくりに成功することによって、本部の加盟店破壊の横暴に対しても、住民と共同してたたかう状態をつくりだすことができるだろう。店の経営確立と地域貢献の統一、これが私たちのめざす目標である。

（2）関係機関との交渉

本部、行政機関、政党との懇談・交渉はさらに格段に強化しなければならない。個人の経営努力の範囲をこえた多くの課題が山積している。その一つひとつについて、私たちの建設的提案も練り上げていくことが重要になっている。幸い、どの政党もコンビニ問題への関心を強めている。政府も市場原理の徹底・競争条件の整備を重点政策にするなかで、取引ルールの確立を焦点に位置づけている。財界や政府のいう「公正な取引ルール」と、私たちがめざす公正取引とは、質の違いもあるのだが、現状の改善の方向性においては、共通の土俵もないわけではない。地域での住民や他の中小企業団体との共同の運動を土台に、国・自治体の契約者保護法その他、公正な契約関係確立への法制度確立をめざしている。

また、法曹界との連携も新たに位置づけを高めていく方針である。

（3）協議会の組織強化

加盟店オーナーの要求実現のためには、私たちの組織を本部が無視できない組織勢力に拡大強化することは必要不可欠の課題である。

さきにあげたような活動の強化で実利実益の獲得をつよめつつ、大胆にすべての加盟店オーナーにわが協議会への入会をすすめていくようにしたい。

たった一年間という期間でも、これまで考えられなかった新しい事態が生まれ、新しい流れが表面化した。弱点、不十分さの方が多い今であるが、とにかく、加盟店の全国組織が存在するという事実は、すでに消すことのできない一筋の希望の光となっていることは厳然たる事実である。

また、コンビニ問題やフランチャイズ問題での、加盟者のための組織が、いくつか結成されてくる可能性はある。憲法も「結社の自由」「思想信条の自由」を認めているのであるから、私たちは、どのような団体・組織であれ、一致できる要求があれば共同していきたいと考える。コンビニ加盟店の組織は、この協議会以外は認めないとか排除するという、かたくなな態度をとるものではない。他の加盟店者団体に、私たちの考え方や方針を押しつける独善は、間違っていると考える。加盟店の真の利益にかなう方向であれば、その方策・解決メニューがいろいろあってもよいのではないだろうか。重要なことは、誰の利益のための組織か、ということである。

おわりに

コンビニ・ＦＣは間違いなく大きな転換の時期にある。ＦＣ加盟店全国協議会の結成は、歴史の必然であったように思う。私たちは、この業界の深刻な問題点を明らかにし、その改善を求める。その手段・方法においても、多くの国民のみなさんの支持共感が得られるかどうか、その点に思いをはせることに留意するつもりである。

すでにコンビニ業界は、社会のなかで無視できない役割をもつ存在となっていると考えるからである。だからこそ、加盟店対本部という対立軸だけのとらえ方でこの業界の問題を見るのではなく、社会的ひろがりをもつからこそ、それにふさわしい業界への改革がもとめられている、この視点に立った解決こそ、国民的利益にかなう真の解決だと思う。この大道に沿った私たちの活動であれば、三つの目的は空想に終わるものではないと確信する。

コンビニ・ＦＣ加盟店の実態調査結果

◇調査方法　コンビニ・ＦＣ加盟店全国協議会会員抽出調査 100 名
◇調査時期と方法　98 年 12 月　調査用紙の郵送・返送
有効回答　71 名

1）基礎データ

1　加盟チェーンの規模について
　①大手本部　63.7%　②中堅規模本部　30.4%　③小規模　5.7%

2　所在地
　①首都圏　21.7%　②大都市　21.7%　③中規模都市　20.2%
　④小規模都市　27.5%　⑤農村部　8.6%

3　チェーン加盟店
　① 3 年未満　38.0　② 3 年以上 10 年未満　23.9
　③ 10 年以上 15 年未満　25.3　④ 15 年以上　11.2

4　性別
　男　88.4　女　11.5

5　年齢
　① 30 歳未満　4.4
　② 30 歳～ 39 歳　8.9
　③ 40 歳～ 49 歳　35.8
　④ 50 歳～ 59 歳　44.7
　⑤ 60 歳以上　5.9

2）本部の経営支援に関して

回答記入方法
　①非常にそうである
　②ややそうである
　③どちらでもない
　④あまりそうでもない
　⑤全然そうでない

1　本部の加盟店経営に対する経営指導及び管理は効果的である
　①　0　② 15.4　③ 18.3　④ 43.6　⑤ 22.5

2　本部の広告、販促活動は効果的である
　①　5.6　② 28.1　③ 29.5　④ 15.4　⑤ 21.1

3　従業員募集、教育、派遣などに関する支援は適切である
①　0　②　8.4　③ 11.2　④ 23.9　⑤ 56.3
4　経営指導員の訪問回数は適切である
①　5.6　② 22.5　③ 26.7　④ 25.3　⑤ 16.9
5　本部は新たな情報システム構築、物流センター建設など設備投資に積極的である
① 11.2　② 38.0　③ 22.5　④ 14.0　⑤ 12.6
6　本部は各種インセンティブあるいは奨励金制度を設けて加盟店を支援している
①　0　② 18.3　③ 15.4　④ 29.5　⑤ 36.6
7　本部は常に消費者のトレンド変動などに応じて新商品や新サービスを開発あるいは改善している
①　8.4　② 42.2　③ 26.7　④ 14.0　⑤　8.4
8　貴店が加盟しているＣＶＳに対する消費者の評価が段々良くなっている
①　5.6　② 22.5　③ 49.2　④ 11.2　⑤　0
9　ＣＶＳ業態全体が他の業態に比べて競争力が高まっている
① 28.1　② 36.6　③ 14.0　④ 12.6　⑤　7.0
10　納入業者に対する不満を本部は即時解決してくれる
①　5.6　② 18.3　③ 29.5　④ 19.7　⑤ 25.3

3）本部との「共存共栄」関係に関して

※回答記入方法前項に同じ

1　本部は加盟店オーナー同士の勉強会または集まりを奨励する
①　2.8　②　4.2　③ 15.4　④ 14.0　⑤ 60.5
2　本部が提供する経営情報は信頼できる
①　2.8　② 18.3　③ 19.7　④ 33.8　⑤ 15.4
3　本部は貴店が要求した場合、本部の経営状況に関して詳しく説明してくれる
①　1.4　②　4.2　③ 25.3　④ 21.1　⑤ 46.4
4　本部は貴店が要求した場合、他地域の加盟店の経営状況について説明している
①　0　②　7.0　③　9.8　④ 21.1　⑤ 60.5
5　本部は貴店の長期的な経営（売上、利益等）に気を配っている
①　0　② 12.6　③ 21.1　④ 23.9　⑤ 42.2
6　本部は加盟店からの商品、サービスに関する新しい提案を経営方針に反映しようとしている
①　0　② 7.0　③ 19.7　④ 32.3　⑤ 39.4
7　本部の経営陣は本社内に加盟店相談室などを設けて加盟店の声を直接聞こうと努力している

①　1.4　　② 11.2　　③ 22.5　　④ 12.6　　⑤ 49.2

8　本部は新制度導入、経営戦略あるいはその他の経営方針を変更する際、加盟店と相談し、その意見を尊重する

①　0　　②　2.8　　③ 14.0　　④ 15.4　　⑤ 67.6

9　どうしても本部（又は指導員）の支持に従えない場合、その理由が妥当であれば不利益を受けることはない

①　5.6　　② 14.0　　③ 32.3　　④ 18.3　　⑤ 28.1

10　本部と貴店はお互いの利益のために協力し合っている

①　1.3　　② 19.7　　③ 22.3　　④ 25.0　　⑤ 31.5

4）立地と競合具合に関して

1　貴店の立地は全般的に良い

①　4.2　　② 29.5　　③ 23.9　　④ 26.7　　⑤ 14.0

2　周辺にスーパー、百貨店、商店街が多い

① 15.4　　② 28.1　　③　9.8　　④ 22.5　　⑤ 22.5

3　周辺に競合する他のコンビニが多い

① 28.1　　② 28.1　　③ 18.3　　④ 15.4　　⑤　4.2

5）本部との取り引きのなかで感じている不満に関して

回答記入方法　　①非常にそうである
②ややそうである
③どちらでもない
④あまりそうでもない
⑤全然そうでない

1　本部の価格決定、仕入先決定に不満を感じている

①　4.2　　② 12.6　　③ 23.9　　④ 25.3　　⑤ 32.3

2　本部の特定商品発注要求に不満を感じている

①　2.8　　②　9.8　　③ 19.7　　④ 33.8　　⑤ 32.3

3　貴店の対顧客サービス政策に対する本部の変更・改善要求に不満を感じている

①　2.8　　② 12.6　　③ 40.8　　④ 16.9　　⑤ 25.3

4　返品処理方法で本部に不満を感じている

①　5.6　　② 14.0　　③ 32.3　　④ 26.7　　⑤ 19.7

5　本部が提供する商品あるいはサービスの質、種類、時期などに不満を感じている

①　0　　② 11.2　　③ 36.6　　④ 25.3　　⑤ 25.3

6　本部の貴店からの不満処理及び調整、またその手続きや方法に関して不満を感じている

①　1.4　②　8.4　③ 22.5　④ 19.7　⑤ 43.6

7　本部のマニュアルに関して不満を感じている

①　1.4　②　8.4　③ 33.8　④ 26.7　⑤ 28.1

8　本部の貴店への目標売上割り当てに関して不満を感じている

①　7.0　②　7.0　③ 39.4　④ 15.4　⑤ 28.1

6）契約事項に関して

※回答記入方法は前項に同じ

1　契約期間に関して不満を感じている

①　5.6　②　7.0　③ 21.1　④ 14.0　⑤ 50.7

2　加盟契約の条件などで本部と意見の不一致または不満を感じている

①　5.6　② 5.6　③ 7.0　④ 19.7　⑤ 60.5

3　加盟契約の解約条件などで本部と意見の不一致または不満を感じている

①　5.6　②　4.2　③　8.4　④ 22.5　⑤ 57.7

4　ロイヤリティに関して本部と意見の不一致または不満を感じている

①　5.6　②　4.2　③ 11.2　④ 14.0　⑤ 61.9

5　当日売上金を本部に送金することに対して不満を感じている

①　8.4　② 15.4　③ 29.5　④　9.8　⑤ 33.8

6　最低保証金制度に関して本部と意見の不一致または不満を感じている

①　8.4　②　4.2　③ 21.1　④ 12.6　⑤ 45.0

7　契約期間が過ぎたら同一条件で再契約する意思がありますか

①非常にある　0　②大抵ある　7.0　③どちらでもない　16.9

④あまりない　18.3　⑤全くない　54.9

8　収益性などの理由で、現在、他業種への転業を考えていますか

①全然考えていない　15.4　②あまり考えていない　15.4

③どちらでもない　7.0　④すこし考えている　18.3

⑤深刻に考えている　42.2

7）貴店の経営状況に関して その１

回答記入方法　①非常にそうである

②ややそうである

③どちらでもない

④あまりそうでもない
⑤全然そうでない

1　貴店の従業員は非常に献身的に働いている
① 15.4　② 32.3　③ 28.1　④ 18.3　⑤ 2.8

2　固定客を確保するために独自にいろいろな工夫をしている
① 18.3　② 36.6　③ 25.3　④ 15.4　⑤ 2.8

3　従業員間で責任分担がきっちりしている
① 5.6　② 45.0　③ 35.2　④ 8.4　⑤ 4.2

4　本部の指示には何でも従う
① 1.4　② 21.1　③ 19.7　④ 46.4　⑤ 9.8

5　本部を事業のパートナーとして認識している
① 7.0　② 25.3　③ 11.2　④ 21.1　⑤ 32.3

6　マニュアル通りの店舗運営をしている
① 8.4　② 35.2　③ 26.7　④ 19.7　⑤ 8.4

7　本部に不満があった場合、強く抗議する
① 43.6　② 28.1　③ 14.0　④ 5.6　⑤ 7.0

8　現在の営業時間に満足している
① 2.8　② 12.6　③ 18.3　④ 16.9　⑤ 47.8

9　将来、事業拡大の計画がある
① 12.6　② 11.2　③ 22.5　④ 8.4　⑤ 43.6

10　いまの店の将来に関して楽観的である
① 0　② 9.8　③ 7.0　④ 15.4　⑤ 66.1

11　将来、本部に加盟せず、独自にコンビニ経営が可能だと思う
① 9.8　② 9.8　③ 14.0　④ 25.3　⑤ 39.4

経営状況　その2

1　月間売上
① 1000 万以下　9.8　② 1000 万円超～ 1500 万円　42.2
③ 1500 万円超～ 2000 万円　21.1　④ 2000 万円以上　7.0
無回答　19.7

2　営業時間
① 24 時間以内　15.4　② 24 時間　77.4

3　貴店の売上は例年と比べてどうですか
①かなり伸びている　5.6

②少し伸びている	16.9
③変わりがない	9.8
④少し減っている	32.3
⑤かなり減っている	33.8

4　貴店の収益は去年と比べてどうですか

①かなり良くなっている	5.6
②少し良くなっている	11.2
③変わりがない	19.7
④少し悪くなっている	28.1
⑤かなり悪くなっている	32.3

5　貴店の一日平均購買顧客数は例年と比べてどうですか

①かなり伸びている	5.6
②少し伸びている	23.9
③変わりがない	9.8
④少し減っている	30.9
⑤かなり減っている	28.1

6　貴店の販売商品の販売価格基準粗利益率は平均どの位ですか

① 25% 未満	4.2
② 25% ～ 30%	25.3
③ 31% 以上	9.8
無回答	39

7　貴店の本部支払分、諸経費などを除いた純収入はいくら位ですか

①赤字	23.9
② 30 万円以下	29.5
③ 31 万円～ 60 万円	12.6
④ 61 万円～ 90 万円	7.0
⑤ 91 万円以上	0
無回答	26.7

8　貴店の総投資額はいくら位ですか

① 1000 万円未満	35.2
② 1000 万円以上 3000 万円未満	28.1
③ 3000 万円以上 5000 万円未満	25.3
④ 5000 万円以上 1 億円未満	1.4
⑤ 1 億円以上	1.4

9　貴店の収益性はＣＶＳ業界全体平均と比べてどの程度だと思いますか

①平均よりかなり良い	1.4
②平均よりは良い	9.8
③平均水準	25.3
④平均よりは悪い	30.9
⑤平均よりかなり悪い	28.1

10　悪いと思う場合の理由（複数回答有り）

①立地の不利	23.8
②本部の能力不足	2.3
③競争の激化	28.5
④自店の経営未熟	7.1
⑤本部の取り分の多さ	64.2

コンビニ・ＦＣ加盟店全国協議会　結成大会アピール

コンビニ店主のみなさん

私たちは本日、コンビニ・ＦＣ加盟店全国協議会の結成大会を開催しました。

コンビニ店は、多様な消費者の要求に応えるために、日々、懸命の努力を続けています。

しかし大変な長時間労働をよぎなくされ、そのうえ、本部の指示通りにお金を支払っても満足な収入が得られず、家族崩壊の危機さえ生まれています。

私たちは、こういう状況を少しでも改善するため、これから全国のコンビニ店主とお互いに力を寄せ合い、情報と運動を交流していくつもりです。

コンビニ店主のみなさん

みなさんはフランチャイズに加盟するにあたり、契約内容についてどんな説明を受けましたか。

フランチャイズ加盟店として経営をはじめられて、本部にだけ有利な契約になっていると感じられたことはないでしょうか。

契約書について、本部から、中小小売商業振興法や、公正取引委員会の「フランチャイズ・システムに関する独占禁止法上の考え方」に基づいた、詳しい納得のいく説明があったでしょうか。

そして全国でコンビニ店舗が五万店を超え、「過当競争の時代に入っている」といわれている中で、今後に不安はないでしょうか。

いま、こうした契約のあり方をめぐってのトラブルが、あらゆるフランチャイズで発生しているのです。

コンビニ店主のみなさん

私たちは、みなさんと同じように、ＦＣ本部と共存共栄できる公正な契約を結び、「経営を安定させたい」「労働時間が少し長くなっても家族ともども普通に生活できるようになりたい」という希望をもっています。

また、市民団体のなかで、深夜営業が地域の環境問題や子どもたちの教育上に影響があると論議されていますが、私たちが人間的な生活を営む環境づくりこそが、この問題を解決していく第一歩だと思います。

今回、この組織をみなさんとともに大きく発展させ、私たちが抱えるさまざまな問題を、お互いへだてなく話し合い、行動していきたいと思います。

コンビニ店が、はじめて系列を離れて団結する組織として、それぞれの地域での組織づくりを含め、大勢のコンビニ店主のみなさんが私たちの活動に参加されることを心からよびかけます。

右、決議します。

一九九八年四月一五日

コンビニ・ＦＣ加盟店全国協議会　結成大会

私たちの要求（第一次分）

①ＦＣ本部の優越的地位に基づく不公正取引を規制し、加盟店の営業権確保等の「フランチャイズシステム法」（仮称）を制定すること。
②中小小売商業振興法の「情報開示義務」条項について、加盟店募集広告に対しても適用すること、罰則規定を強化するなどの改正を行うこと。
③地方自治体は、資本金一〇〇億円以上の企業の直営コンビニ店および加盟店の出店を規制するなどの独自の条例を制定すること。
④加盟店募集について、成功例だけや根拠のない売上げ予測などをもとにした過剰勧誘をあらため、正確な情報を開示すること。
⑤加盟店募集においては、情報開示とともに、契約書・規定等の一つひとつについて充分な説明をし、理解と納得のうえで契約すること。
⑥正式に契約した後にはじめてすべての契約書、規定を明らかにするやり方を改め、契約前に最大限情報を開示すること。
⑦契約後のクーリングオフ期間を設定すること。
⑧解約違約金制度は撤廃すること。
⑨画一的なロイヤルティー制度を見直し、加盟店の経営・生活維持を考慮した、変動性にすること。現行ロイヤルティーを大幅に引き下げること。

⑩社会常識を無視した各種罰則規定を見直し、改善すること。
⑪契約条項についての加盟店の改定要求を検討し、対等・平等な契約に改善すること。本部の一方的な契約変更は行わないこと。
⑫本部に対する疑問や意見・苦情などを申し出たことを理由にして、加盟店に不利益となる、いかなる行為も行わないこと。
⑬当該店舗の商圏の実情に応じた商品構成、小売価格とするなど、加盟店の仕入等に関する意見を尊重すること。
⑭本部の経営方針や全国各地の業界動向などの情報開示、情報提供を積極的に行うこと。
⑮本部の経営指導の質の向上をはかること。
⑯営業時間、営業日については加盟店が選択できるようにすること。
⑰本部の指導や指示に加盟店が従うことだけを義務付けるのではなく、本部、加盟店の相互努力で経営力向上をはかる姿勢にたつこと。加盟店の提言などを尊重すること。
⑱オーナーや従業員、家族の健康維持に対する措置をとること。
⑲地域の商・住・教育環境にも考慮し、地域で支持される店舗経営とすること。

規約

第一条（名称）

本会は、コンビニ・ＦＣ加盟店全国協議会と称します。会の事務所を東京都におきます。

第二条（目的）

本会は、①コンビニ・ＦＣ加盟店の経営と生活の向上をはかる　②ＦＣ（フランチャイズ）本部との公正な取引契約をめざす　③中小業者や住民と協力して、地域経済振興に貢献する　ことを目的とします。

第三条（活動）

本会は、前条の目的達成のために、次のような活動を行います。

1　ＦＣ加盟店の経営と生活を守るための活動
2　経営対策の研究と改善
3　政府、自治体および政党との交渉、連絡
4　ＦＣ本部その他関係団体との交渉、連絡
5　機関誌の発行、その他の出版
6　全国に地域組織（支部）を確立するための活動
7　その他目的達成のために必要な活動

第四条（組織）

1　本会の目的に賛同するコンビニ・ＦＣ加盟店主などの会員で構成します。

2　都道府県内の一定数の会員で、都道府県協議会（支部）を結成することができます。
3　都道府県協議会の結成は、役員会の承認を得るものとします。
第五条（総会）
本会の最高決定機関は、総会とします。
総会は、年一回開催します。
第六条（役員）
本会の役員は、代表世話人　若干名、事務局長一名、会計一名、会計監査とします。
第七条（会議）
会議は、役員会の他に、目的達成のために、支部代表者会議、各種対策会議などとし本会の会議はすべて役員会が運営します。
第八条（会計）
1　本会の会計年度は、五月一日から翌年の四月末までとします。
2　会の財政は、会費及び寄付金等によります。
3　会費は、年間一万二〇〇〇円（月一〇〇〇円）とします。
第九条（入会・退会）
1　本会への入会は、所定の申込書に会費を添えて申し込むものとします。
2　理由なく二年以上会費納入が無い場合、退会したものとします。
第一〇条（処分）

本会の規約に違反し会の団結を乱し、あるいは会の名誉を著しく損ねた会員に対して役員会は、除名、役員の罷免、及び警告の処分を行うことができます。この処分については次期総会に報告するものとします。

附則

1　代表世話人ならびに事務局長を、特定の事項につき、会の代表者とすることができます。

2　この規約にきめられていない事項について役員会はこの規約の精神にもとづいて処理することができます。

3　この規約は、一九九九年六月一〇日より発効します。

●コンビニ・ＦＣ加盟店全国協議会事務局

〒１７１―８５７５　東京都豊島区目白２―36―13

ＴＥＬ　０３‐３９８７‐４３９１

ＦＡＸ　０３‐３９８８‐０８２０

三章　コンバニ・ＦＣ訴訟の現在

(一) コンビニエンスストア訴訟の今日的意義

弁護士　近藤　忠孝

一　全国化・集団化が進むコンビニ加盟店訴訟

全国各地において、コンビニ加盟店と本部との訴訟が多発し、被害者である店主の結束が強まるなかで、それは集団化の傾向にある。

フランチャイズ契約は、コンビニだけでなく、多くの業種に渡って広がり、いずれも同様の問題点を内在化しているために、従来も多くの問題が発生し、訴訟となっていた。

コンビニ以外の他業種のフランチャイズ契約と紛争を概観すると、訴訟になっていて、筆者が知ったものだけでも、次のようなものがある（無印は店主側勝訴、★は店主側敗訴）。

学習塾フランチャイズ契約（水戸地裁・福岡地裁・京都地裁★京都地裁）

パン製造販売（京都地裁）

クレープ販売のフランチャイズ契約（東京地裁）

リフォーム業のフランチャイズ契約（★大阪地裁）
飲食店（アイスクリーム・お好焼き）（★東京地裁・★大阪地裁）
フォトスーパー（京都簡裁・調停不調、大阪地裁に係属中）

その中で、コンビニ店の紛争が最も数が多く、全国の訴訟事件は約一〇〇件と言われ、内容も、他業種に比べて店主側がより悲惨であり被害が深刻であり、社会問題化している。

二　サークルＫによる店舗襲撃事件とコンビニ（被害者）協議会の結成

1　名古屋に本社をもつサークルＫがその京都・宇治田原店の店主小山潤一氏が経営する店舗を襲撃して、店主の経営を不能にする実力行使の暴挙が発生した。小山氏は、サークルＫに一方的に有利で、店主に苛酷な契約とその深刻な経営状況を報じた新聞を店に張り出した。これは店主の苦況を顧客に知ってもらい、理解を得るためであった。これが「サークルＫイメージをこわした契約違反」であることを理由に一九九八年一月三一日限り契約解除するという通知を受けたが、サークルＫの主張によってもまだ契約期間内である、前日の一月三〇日午前〇時八分、サークルＫの役員も含む本部の者六〇余名の集団が店舗を襲撃し、看板を壊し、商品や現金をもち去るという驚くべき事件が発生した。この暴挙により小山氏は廃業に追い込まれた。

あまりにも無謀なこの実力行使は、マスコミに大きく報じられ、襲撃にもかかわらず小山氏夫人が沈着にその状況をビディオにおさめた映像と、防犯カメラに残った映像とが、テレビを通じて、全国に生々しく放映されたことから、コンビニ関係者だけでなく、社会に大きな衝撃を与え、コンビニ契約の問題点と店主にとって深刻な経営問題がクローズアップされ、一挙に大きな社会問題となった。小山氏は、さっそくこの実行行為者を威力業務妨害・強盗罪等で刑事告訴し、所轄の京都府警田辺警察署も、管内の安寧秩序を乱された暴挙に対して、重視して対処せざるをえなくなった。

2　この襲撃事件を契機に、世論が高まり、且つ共通の被害に苦しんでいた店主の横の連絡も急速に強化されて、一九九八年四月一五日、東京日本教育会館で「コンビニ・FC加盟店全国協議会」の結成大会が開かれた。コンビニ店主が、コンビニ業界の系列を越えて、全国的に結集したのは初めてであり、全国二四都道府県から二二コンビニチェーン・一八〇人が参加し、マスコミ各社もこれを大きく報道した。今まで、コンビニ本部側の横暴に泣かされながらも、あまりにも本部側に有利な契約内容に阻まれて、店主側は、交渉でも訴訟でも敗北を重ねてきたが、その苦しみが大変であっただけに、非常に感動的な集会となった。これは、違法且つ反社会的なコンビニ業界の経営体制に対する、被害者店主の全国的な闘いの始まりである。

全国協議会は、不公正取引規制の立法化運動・加盟店募集の情報開示要求・契約条項の改訂要求・営業時間等についての加盟店の意見尊重等の要求等、企業に対する要求行動と合わせ、行政への申し入れや立法活動にも取り組む意気を示しており、相談も毎日二〜三件寄せられているという。各地域ごとの協議会結成等運動の広がりがみられ、泣き寝入りしない者の増加がみられている。

三　社会問題としてのコンビニフランチャイズ契約問題

——「激烈」な流通革命の中の「激甚」な被害の「激増」

1　大型店舗が進出し、スーパー等が増大するにつれて、従来、日本の流通機構の重要な部分を構成し、且つ、日本社会の街並を形成してきた既存商店街が衰退し、営業難・後継者難等で廃業が続き、店舗が歯が抜けたようになって、商店街としての体裁を維持できなくなっている。そこにコンビニエンスストアの進出で、激しい販売競争が展開され、小売業界は戦国時代に突入している。まさに「激烈」な「流通革命」の最中にある。それと不況が重なって、現在、百貨店や大型スーパー等の売上が横這いか下降に転じているが、その中で、コンビニエンスストア業界だけが売上をのばしてきた。その売上増とコンビニ業界各社の莫大な利益は、苛酷な契約内容によるコンビニ店主たちの犠牲の上に築かれてきた。「激甚」な店主の被害の「激増」の上に成り立っている、コンビニ業界の繁栄なのである。

2　その激しさは、以下の統計資料（ＭＣＲ統計）が、明白に示しているところである。

(年)	(店舗数)	(出店数)	(閉店数)	(閉店率)
一九九一年	四万一〇五〇	二九三五	一五三七	五二・四％
九二年	四万二一一六	二七六四	一六九八	六一・四％
九三年	四万三五一〇	二八七七	一四八三	五一・五％
九四年	四万五二〇七	三〇七三	一三七六	四四・八％
九五年	四万六八三四	三一六九	一五四二	四八・六％
九六年	四万八五六七	三二一八	一四八五	四六・一％

九七年	五万	一二二	三三七二	一八一八	五三・九％

毎年出店数の五〇％にも相当する数の既存店が閉店・廃業するというこの異常な事態は、すでに店舗数が飽和状況に達して激しい競争状況にあることと合わせ、店主側に余りにも不利であり、且つ実際に営業が成り立たないような苛酷な状況と条件の契約内容であることの現れである。右の資料は、コンビニ店主が如何に苦況におかれているかを示す、端的な数字である。右は、営業継続を断念して「廃業」した件についての統計であるが、名古屋地裁では、営業継続中の店主の中からも、サークルKに騙されて損害を被ったとして、二人の店主が訴訟提起している。この事実は、コンビニ被害は現に営業を継続している店主の中にも広く存在していることを示しており、実際の被害は右の統計資料の数字よりも大きく、且つ、コンビニ店主の大多数が、被害を受けていることを推測させるものである。「激甚」な被害は「激増」しているのである。

そして、それが売上予測等を過大に説明し、店主側を錯誤に陥れて、契約を締結させ、店主を苦況に陥れている等コンビニ業界各社の「法を無視した悪徳商法」に原因があるのであり、個々の店主の能力や勤勉さと関係なく、店主の被害が発生する必然性があり大きな「社会問題」となっているのである。

3　日本は、かつて、産業優先の高度経済成長政策により、公害対策を無視した大企業中心の急激な生産拡大が追求され、そのもとで、公害被害が多発した。公害事件は、加害者が常に大企業であり、被害者は常に老人や子供たちなど地域の弱者であるところに特徴があるが、今、形は異なるとはいえ、激烈な流通革命のもとで、力の強いコンビニ本部の横暴により、弱者であるコンビニ店主たちに、かつての公害被害者の被害に相当する、一方的で深刻な被害が発生しているのである。

四　コンビニＦＣ契約の反社会性

1　一つは、二四時間営業体制自体の問題点である。

これを契約により押しつけること（警察が、警備体制その他から、店主に深夜営業の自粛を求めたのに対して、ある本部は、契約を盾に、これを認めなかった）は、人間（生物）は、夜は寝て休むものという、人間（生物）本来の摂理にもとることである。二四時間操業が許されるのは、製鉄・重化学工業等、炉を止めれば、莫大な損害が発生する等、いわば保全的な意味で、止むを得ない条件のもとで、辛うじて是認される例外的なことなのであり、これが常態化することは、人類のみならず、生物自体の在り方に反する問題である。

2　人間社会の基本に立ち帰ってみれば、この自然の摂理に反してまで働くのであるから、それに伴うメリットがなければならない。労働基準法における時間外・深夜割増賃金等の規定は、この法則の結果であるが、コンビニ営業の実態は、店主達が自然の摂理に反して働いても、メリットどころか逆に赤字続きであり、多額の借金が残り、資産を失うという憂き目をみるのである。契約内容からみて、このような結末が必然であるのに、詐欺的な手法により、多くの店主をこのような契約に引きずりこむ本部のやり方は、この人間社会の法則をもふみにじった反社会的な行為なのである。

よく「コンビニ店主は経営者というが、労働者並みではないか」と言われている。しかし労働者は、いやなら退職すれば済むが、コンビニ店主は後述のように「違約金」や「保証人問題」に縛られて、辞めたくても辞めるに辞められない状況におかれている。苛酷な労働状況におかれながら辞めることも出来ないというのは「奴隷」状況であり、高度に発達した資本主義社会に「奴隷」が併存するという異様な世界なのである。

3　近代法原理は、「平等な当事者同士の、自由な意思に基づく契約」によって成り立っており、それ故に、契約に拘束されるのであるが、現在の日本におけるコンビニフランチャイズ契約の大半は、本部側が圧倒的に優位な立場にたち、且つ、正しい情報を提供しないどころか、虚偽の売上予測等で店主側の判断を誤らせるのであるから、自由な意思を形成させないのである。これは、近代法の基本的な原理に対する侵害である。

4　競争激化、商圏の縮小の中で、この現状が変わらなければ、更なる被害の発生は必然である。これを食い止め、適正な契約関係を実現しようというのが、今回の全国協議会の結成とその活動であり、困難な中から立ち上がった各地の裁判の目的であり、ここにコンビニ店主の闘いの社会的な意義がある。

五　何故、コンビニ店主たちは犠牲を強いられてきたのか

1　科学性のない「売上予測」と過大な「売上予測」の告知

従来、訴訟において、店主側が敗訴してきた例が多いのは、本部側の、「契約内容どおりに行動しているのであり、本部側に契約違反はない」という主張に対して、契約内容が一方的に本部側に有利であり、店主側には義

務規定ばかりであったことにあり、契約の成立を前提にすれば、契約条項上、全く太刀打ちできなかったことにある。

しかし、契約に至る実態は、端的にいえば、売上や経費の実態は、客観的に採算があわないことが明らかなのに、フランチャイズ契約にあたり、売上予測とその伸長率等を過大に、そして、経費を過小に説明する等、本部が調査により実際に把握しているその実態を知らせず、店主希望者に示された資料によれば、採算が合うと錯誤（誤解）させて契約させているのがほとんどである。「売上予測」自体、さしたる根拠がないものであり、その根拠を明確に説明できる本部はなく、「科学性」に乏しいのである。

売上予測の問題は重要である。コンビニは二四時間、休日なしの営業であるから、日商一〇万円の違いは、月額三〇〇万円、日商五万円の違いでは、月額一五〇万円の違いとなり、仕入原価の比率（約七〇％）を差引いても、月額五〇万円から九〇万円の違いは、文字どおり生死の境の問題である。コンビニフランチャイズ契約をしようとする者の最大の判断資料は、「売上予測」であるから、事実と異なるいい加減な過大売上予測の説明が、契約の基本にかかわるのであり、根拠のない「過大売上予測」告知の違法性は歴然としている。

2　「過大売上告知」はコンビニ本部の企業体質となっている

サークルK社長外山泰三氏は、雑誌日経ビジネス誌上において、「本部の出店担当の人が、実績を上げるために、多めの売上予想をオーナーに告げて、いたずらに夢を膨らませるということはないんですか」という編集者の質問に対して、「それはあります。これはどこのチェーンにもある」とこれを認める発言をした（一九九八年二月二三日号）。

この事実は、サークルKを始め、この業界全体が、最初から店主希望者を錯誤に陥れて、フランチャイズ契約を締結させ、損害発生が必然であるコンビニ店主の道に引きずりこんでいることを如実に示しているのである。

実際にサークルKは、石川県加賀市の加瀬忠克氏とフランチャイズ契約を締結するにあたり、売上予測日商五〇万円と説明したが、右加瀬氏が、近くに存在するサークルKの既設コンビニエンスストアの店主に、「日商五〇万円と言われているけれど、本当にそれだけの売上がありますか」と問い合せたのに対して、右店主は、事実（売上実績）を語らなかった。そこで加瀬氏は、サークルKの言う日商五〇万円は無理であるとしても、日商四〇万円くらいは可能であろうと判断し、フランチャイズ契約を締結した。しかし、開店後の売上は、日商一三〜四万円に過ぎなかった。ところが、右既設店主の態度は、「加瀬氏が聞きにきても、実際の売上の額を言わないように」というサークルKの口止めによるものであることが、既設店主の告白と謝罪により判明した（この場面はテレビで放映）。既設店主の売上実績は、日商二四〜五万円に過ぎなかったのである。

この事実は、実際の売上の実績を知ることによって、加瀬氏が余りもの数値の違いに驚き、契約締結を断るのを避けるための、サークルKのあくどい工作だったのである。サークルKの「日商五〇万円」の説明と、この「口止め」とを、合わせて考えれば、詐欺により、加瀬氏をコンビニ店営業に引きずりこみ、多大の損害を与えたことになるのである。これまた詐欺という犯罪行為であり、これが企業体質となっている。

「営業を始めてみなければ、実態は分からない」というのが、店主の口から異口同音で出てくる言葉であるが、一部上場企業が、まさかこのようなことをしないであろうという、「信頼」を利用したあくどい商法なのである。このような詐欺的手法によってコンビニ店主となった者は、かなりの数に及ぶと思うが、文字通り店主たちは、詐欺行為により、フランチャイズ契約を締結させられたのであり、店主にとっては、「要素の錯誤」による意思表示であって、法律的には無効なのである。

　違法を平然と行なうことがコンビニ本部の体質なのであり、自力救済（犯罪行為）を平然として行ない、法の支配を無視・否定している前記の小山氏店舗襲撃事件と共通するものなのである。

3　破綻必然の契約内容の問題点（ロイヤリティのカラクリ）

①　売上予測と実際の売上との大きな差額とそこに占めるロイヤリティの大きさを実際の例でみてみよう。次の表は、日商五〇万円という売上予測を告知された前記加瀬氏の実際の営業状況であったが、予測を大幅に下回る売上実績であり、毎月数十万円の赤字経営であるにもかかわらず、本部には毎月確実に五〇万円から八〇万円のロイヤリティ収入が確保されているという実態を直視されたい。

売上予測（日商）	年　月	実績（日商）	赤字（月額）	ロイヤリティ（月額）
五〇万円	九七年一〇月	一七万円	七二万円	二八万円
	一一月	一四万円	五八万円	八五万円
	一二月	一四万円	一・三万円	六二万円
	九八年一月	一三万円	二・四万円	五九万円
	二月	一二万円	一九万円	五〇万円
	三月	一五万円	八・一万円	六八万円
	四月	一九万円	七三万円	八四万円

② ロイヤリティはサークルKの場合売上総利益の三八％となっているが、「売上総利益」とは経費を差し引いたのちの「利益」ではなく、「総売上額」から「売上原価」を差引いた額（おおよそ総売上額の三〇％）であるところにそのカラクリがある。しかも「売上原価」には、値引き・廃棄商品は含まれず、店主の負担になるにもかかわらず、「売上原価」に値引額と廃棄商品の額を加えた額がロイヤリティの対象となるところに、もう一つのカラクリがある。

店主の利益は、「売上総利益」マイナス「ロイヤリティ」の額（総収入）から更に経費（値引き・廃棄を含む）を差引いた額に過ぎず、売上予測通りの売上実績があってもトントンか赤字であり、売上予測を下回ると確実に赤字になる。しかし本部は、経費差引後の店主の「利益」の有無に関係なく（店主が赤字であっても）、安定的に「売上総利益」の三八％（売上総額の一〇％強）という高率のロイヤリティを確保できるのに対して、店主側は、ロイヤリティ差引後の「総収入」（売上総額の一七～一八％程度）から経費を負担するので、恒常的に赤字体制となる。

4　契約締結に追い込まれる事情

このような店主側に一方的に不利なフランチャイズであるのだから、最初から契約締結をしなければよいではないかと思うのが「常識」であるが、契約締結に至る経緯は、そのような「常識」が通るような生易しいものではない。その実態は、前記根拠のない「過大な売上予測」の告知に加え、次のような契約締結実態がある。

① 契約書は約五万字の膨大な書類であるが、事前には「売上予測」と「経費予測」（過小）及び開店にあたっての必要費用等の概略的な説明があるだけで、膨大な契約書自体は契約当日まで提示されないことが多い。

②　店主希望者が右の概略的な説明で、契約しようと判断し、成約預託金（三〇〇万円程度）を支払って初めて契約書が提示され、直ちに契約書本文の読み合せが始まる。細かい字がびっしりと詰まり、難解な用語が次々出てくる「読み合せ」は弁護士であっても、その全てを正しく理解できないようなものであり、重要な問題点の見落としがあると思われる内容でありから、これまで契約などとは無縁の世界にいた「脱サラ」の人にとっては、質問する余地すらなく、消化不良のまま契約書に署名・押印ということになる。そして重要なことは、前記「ロイヤリティのカラクリ」についてでは、正確な説明をしないのである。通常の人の常識では、ロイヤリティ三八％の対象となるのは、経費差し引き後の「利益」であると思うものであり、ロイヤリティ差し引き後の額から更に「経費」を差引いたものが店主の利益などとは想像しないのであるが、その誤解はそのままにされて契約が締結され、前記ロイヤリティの仕組みは、開店後本部から計算書が示されて初めて知るのである。

「営業を始めてみなければ実態は分からない」という店主の異口同音の言葉は、二重の詐欺的な手法により、契約締結に追い込まれた店主たちの実感のこもった嘆きの言葉である。しかし、契約書に明記されている以上これに従わなければならないと考え、泥沼にはまっていくのが多くの店主たちの姿であった。

これらの実態を法廷の場で明らかにしてこれを糾弾し、コンビニ本部による社会的不正義・不公正を根絶し、コンビニ業界始めフランチャイズ契約問題における正常な商慣習を確立するのが、今闘われているコンビニ裁判の目的である。

六　店主側敗北の歴史とその原因

1　二四時間体制を維持し、無理に無理を重ねて働いても、ただ働きどころか赤字状況が続く中で、当然のことながら、かなりの店主たちが本部との闘いを始めたが、「契約社会」においては、契約書が本部の盾になって、闘いのほとんどが潰されてきた。いや違約金の定めや、保証人付きの莫大な借入金の存在など、店主側には闘いに立ち上がれない状況さえあったのである。

ちなみに、商工新聞記事を店に貼ったことが「サークルKイメージを壊した契約違反」として契約解除された前記小山氏に対して、精算金請求の訴訟が起こされ、左記のものが本部から小山氏に請求されている。

サークルK勘定（未払金）	一一一五万円
解約違約金	一二七三万円
二四時間補助違約金	一〇〇万円
銀行借入返済立替	一四一八万円
内装割賦返済	四一九万円
売上未送金ペナルティ	一五五万円　（未送金と同額）

このような莫大な重荷を背負った状況では、これでは解約したくても解約できないのが大多数の店主たちの置かれた状況である。そして仮に店主本人は自己破産を決意しても、同額の債務が保証人である親族・友人の負担となるので、周囲を含めて大犠牲を覚悟しなければ、本部と闘うことが出来ない仕組みに追い込まれていたので

ある。「奴隷」は失うものがないが、店主は自分と親しい周囲の財産を奪われるのだから、「店主は奴隷以下」と言っている店主がいるが、これまた実感のこもった言葉である。

2　本部側に決定的に有利な契約内容と証拠の問題

「契約社会」で契約内容が優先し、契約を前提に闘っても勝ち目がないことを、多くの店主たちはその闘いのなかで経験してきたが、もう一つ重要なのは、証拠の問題である。本部側にはコンピューターによる整備された計算書と経理方式があり、これと真正面からとり組んで、本部側の主張を突き崩すことはまず不可能である。これに対して店主側の証拠収集能力不足は、歴然としている。二四時間営業体制による疲労は思考能力を喪失させ、加えて仕事に追われる時間不足で、店主たちは自分が置かれている状況について冷静に考えるゆとりがなく、また本部と闘う武器を手にすることが出来ない状態におかれている。これらが店主側の敗北の連続の原因である。

3　このように、証拠の収集や保全が十分なされてこなかったことが、店主側の敗北の連続の原因の一つであったが、前記のように小山事件では、争点の基本にかかる重大な証拠が保全されている。例えば、平成一〇年一月三〇日午前〇時八分からの、住居侵入・強盗等の犯罪行為は、店舗に備え付けられた防犯カメラと小山夫人が撮影したビディオに、はっきりと撮られており、サークルKの不法行為の証拠が十分に保全されている。「売上予測は、実際の調査よりも多く説明する」ことを雑誌で認めたサークルK社長の自白もある。これらは裁判を闘う全国の店主にとって有利な証拠になるであろうし、被害者協議会の発足による組織活動の進展による、相互交流や情報交換のなかで、有力な証拠を収拾できるようになった。

また理論面では、学者の協力や弁護団の討議・交流のなかで、本部を攻めまくる法律構成も前進している。今まで泣き寝入りしてきたコンビニ店主は、今や、悪業を重ねてきたコンビニ本部の不正を追及する旗手に変わりつつあり、法廷は、コンビニ各社の悪徳商法が、司法の手によって裁かれるべき場となりつつあるのである。コンビニ訴訟の社会的、今日的意義の一つは、この点にあると言えると思う。

七　法律構成とその発展

「契約書を前提にしたのでは闘えない。もっと根本的な法律構成をしよう」というのが、店主たちの敗北の歴史から学んだ教訓であり、各地でそのような「論」が展開されるようになった。その一つの到達点は、要素の錯誤による無効、詐欺による取消に加えて、本部の行為を「不法行為」と構成するものである。即ち、本部側が、高率のロイヤリティを安定的に取得するために、店主希望者に対して虚偽の事実を告知し、必要な事実を告知しない詐欺行為によりフランチャイズ契約を締結させたものであり、不法行為により店主は損害を受けたのであるから、開業にあたっての諸支出と保証金の返還、営業継続による損害の賠償と合わせて、差引かれたロイヤリティの全額の返還等を請求するものである（その詳細は別稿で論述されるので省略する）。

八　店主の敗北の歴史を勝利の歴史に

仙台地裁において、東北エムエスネットワークＫＫ事件で店主の勝訴判決がなされたことは、大きな反響を呼び、全国のコンビニ店主を励ました。茨城県・カスミ集団訴訟事件においても、店主側の勝利的和解が実現した。全国のコンビニ店主の結束による被害者運動の前進と、世論の支援や、これらとタイアップした理論面・法律構成の前進等がもたらした成果であると思う。コンビニ被害者敗北の歴史を勝利の歴史に変えることが可能な時代になってきた。

（二）サークルK京都宇治田原事件

弁護士　奥村　一彦

一　深夜の襲撃

一九九八年一月三〇日午前〇時八分、京都府南部に位置する宇治田原町でサークルK宇治田原店を経営していた店主小山潤一氏の店舗に本部職員六〇名余りが突然大挙して押し寄せ、いきなり「契約を解除をする、店舗を明け渡せ」と要求し、有無を言わせず更衣室入りロドアの鍵を電動カッターで破壊し、レジから現金を抜き去り、棚に並んであった全部の商品を撤去し始めた。さらにクレーン車を使って屋外の広告塔及びファサードから看板を撤去した。小山氏は直ちに田辺警察に通報し、〇時一三分警察官が到着して制止するまで本部職員らは無法の限りを尽くした。この様子は小山潤一氏の妻スミコさんが勇敢にもビデオに収め、それがテレビ放映されてコンビニ本部の加盟店に対する横暴の実態を社会に知らせる重要なきっかけを作った。

実は、サークルK本部は、襲撃の四日前の二六日付けで契約解除通知を出していた。解除理由は、小山氏が本部を批判する新聞を店舗内に掲示したこと及び本部の契約方法等を批判する文書を他店主に送付したというものであり、それによると解除は三一日付けであった。にもかかわらず、本部がその前日の深夜、突然店舗に現れ口頭で重ねて契約解除を通告したのは、小山氏が数日間売上金を送金しなかったというのがその口実であるが、深夜突然の契約解除通告はあまりにも非常識であり、その場で直ちに店舗から追い出し営業を断念させもって生活基盤を破壊する徹底的な暴挙にでたのは、本部批判をやめない小山氏に対し見せしめ的制裁を加えて黙らせることがその目的であったことは間違いない。無論、右行為が本部の正式な手続きを経て行われたことは、後日入手した本部作成の「フランチャイズ・システム管理規定」六九条に、店舗閉店の場合は取締役会に付議し社長が承認するとあることから明らかである。このような加盟店主に対する暴力的閉店は過去に前例があるらしくこれまでは白日の下にさらされたことが無かっただけである。

二　被告本部からの清算金請求訴訟の概要と小山氏の反論

1　紛争の発端

かくて訴訟が開始されることになるが、その前に述べておかなければならないことがある。それは、既に小山氏と本部との間には前記襲撃事件の一年ほど前から金銭を巡るトラブルが発生していたことである。いわばこのトラブルが本件紛争の発端であり、また、本部が加盟店をどのように考えているかを伺わせるものである。その問題とは、小山氏がサークルK宇治田原店を開店する前二カ月分の家賃九七万円を支払わされていたという問題である。小山氏と本部との間の店舗建物賃貸借契約によると小山氏は開店日から賃料を支払う契約であったが、開店準備中の多忙な時期に、本部に請求されるままに支払う義務のない開店前の家賃を請求され支払っていたのであった。小山氏は開業後一年経ってからその問題に気付き本部に内容証明郵便にて九七万円の返還を求め、同時にその原因を明らかにするよう求めた。また、同じ内容証明郵便で、小山氏が開店する前、本部から小山氏があるサラ金業者に金五〇万円の借入があるのでこのままでは加盟店主になることはできないと言われたことについて、何故そのような金融に関する詳細な個人情報が本部に流されているのか疑問を持ち質問書を送っている。

しかし、本部は金銭は返還してきたものの問題の発生事由については「何故本日までこのような重要なお話を当社にお知らせいただけなかったのか、誠に残念であります」「社員個人のスタンドプレー」などと回答するのみで会社内部の調査すら行なっていない不誠実な姿勢であった。事実は、後に開発担当者の証人尋問により明らかとなったが、それは、店舗敷地の地主から、建物は建てたが賃料が入らないのでは困るとの苦情を受けた本部職員らが、ようやくオーナーに決まった小山氏に支払わせたらどうかと画策したのである。これは明白な詐欺である。すなわち開店準備の様々な手続きや研修で多忙な折りでありまたこの開店直前の時期は経営者になるという前向きな意欲に満ちあふれている時期でもあるが、このようないわば騙しやすい心理状態に乗じて加盟店主を騙して義務無き家賃を請求し地主との紛争解決に利用するという本部がやってはならないことをしたのである。なお、金融個人情報を何故本部が入手しうるのか、同意もない金融個人情報収集は違法ではないかの問題については一切沈黙している。

この問題は、本部が加盟店を負担転化の対象としか見ていないことを端的に表していると同時に人はどういう状態の時に騙されるのかも示している。人は多忙であったり前向きな状態にある時、事実と違うことを告げられてもその場ですぐに気づいたり疑問を持ったりすることは困難である。しかもそれがこれからずっと信頼して行かなければならない相手方であり、また情報のほとんどすべてを持っている相手方に誘導されている場合は特にそうである。これは法的に検討すべき課題である。騙されやすい状態を作り出した者の下で説明を受けた内容が、客観性に乏しい事実や一定の専門的知識を持っていないと理解することが困難な複雑な仕組みである場合、それらを前提とした契約や合意は隅々まで有効とは言えないのではないかと考えられないであろうか。これは刑法上も詐欺に該当するような意思形成不全よりもっと範囲が広い場合で、不完全な意思形成がなされた場合に当たる。そのような場合、契約や合意はどの範囲で有効か無効かという問題が生じると考えられる。また情報の操作という面では本部の加盟店に対する優越的地位の濫用の問題でもある。

このような不完全な意思形成の問題は、一応の説明と署名押印があれば全部理解したものと見なす論理では対処できない問題である。例えば、契約条項のうちの重要な事項について不服申立権を一定の期間までは認める方法などが考えられないであろうか。企業が高度に発達した現代社会においては、企業と個人の間の契約については特別に個人を保護する法解釈や法理論が今後ますます必要であろう。

2　被告本部からの清算金請求

まず、被告本部の請求の内容とその事由を見てみる。被告本部は、小山氏夫婦と保証人二名の計四名を相手に一六八〇万円と利息日歩五銭（年利息一八・二五パーセント）を請求している。しかし、実際には、小山氏が金融機関から借り入れて本部に支払った敷金保証金一八七六万八〇〇〇円、加盟証拠金五〇万円及び修繕積立金等合計二五九三万七六四〇円は本部はすでに全損害額の一部に充当して相殺したことにしているので、実際には四二〇〇万円余りの請求を受けたことと同様である。なお、本部は小山氏の三和銀行からの借入金約一四〇〇万円を弁済しその求償権を行使して相殺しているが、小山氏は本部の保証はもらっていないので、本部と三和銀行との間に何らかの約束があると思われる。

本部が求める請求金のうち違約金関係が極めて大きい。解約違約金として一二七三万〇四〇六円、二四時間補助違約金一〇〇万八〇〇〇円、売上金未送同額ペナルティ一五五万七八一二円、合計約一五三〇万円が違約金で占められているという異常さである。これらはすべて契約書に従って計算された通りの違約金である。

次に解除事由であるが、当初の解除事由は、小山氏が本部を批判している新聞を店舗に掲示した行為が「サークルKイメージ」を毀損している、他店に「本部が公序良俗に反する契約をしている」とする本部批判の文書を送りつけたことは信頼関係を破壊するからこれらを中止するよう指導したがそれに従わなかった違反がある、というものである。後の解約事由は売上金の未送を事由とするものである。

確かに、加盟店主には、契約書第一条の「サークルKイメージを遵守すべき義務」があり、五条二項「サークルK全体の信用を失うような行為」をしないこと、また二五条には店舗内への本部社員の立入と本部が必要な措置を取り得る権利があることについて記載がある。また、売上金の未送の場合、本部が契約を解除することがあることも契約書の通りである。

しかし、小山氏の本部に対する批判の内容は、本部が契約締結前に小山氏に提示した売上予測額（予想日商四二万円。これを越えたのは二年目の八月だけ）と予想経費（予想経費年間一八〇〇万円。実際は二年目で二四〇〇万円）及びそれらに基づく予想利益（予想年間オーナー手取一〇一〇万円。結果は二年弱の営業期間中の累積赤字一〇〇〇万円弱である）がまったく現実とかけ離れていたこと、売り上げ増加の援助を求めたのに対し本部はほとんど何もしてくれなかったその無責任な経営姿勢を追及することを内容としていた。それに対し、本部は小山氏が本部批判を展開することを、「イメージの侵害」や「売上増加に反する行為」であるとして解除したのであるが、しかしそれでは、本部に責任がある問題について本部を批判することは許されないのと同様であり、当然生じた本部に対する批判を理由に契約解除をもって対抗することは本部側の債務不履行の上塗りである。契約解除は、本部にとっては不振店の切り捨てに過ぎないが加盟店主にとっては明日からの死活問題であることを本部は意に介さないごとくである。また、「イメージ」に反するというのも解りにくい。被告の気に入らない行為が全てイメージ侵害という名のもとに「加盟店の債務不履行」を本部が乱用する余地を作っていると思われる。

小山氏の批判の方法は社会的相当な範囲である。小山氏は、本部について批判的な記事を掲載した新聞を「コンビニ情報」と題して店舗内に掲示しコンビニ店主の実情を客に訴え、本部に対し何度となく手紙を送付し問題点を指摘したりしただけである。正当且つ平穏な手段である。他店主への文書の送付も本来自由なことであり、それが事実無根や誹謗中傷であるならばともかく、契約の方法や中身についての批判の域をでないものであった。多くのコンビニ店主が指摘することであるが、本部は店主相互の連絡には注意を払っているようである。

売上金の未送による解除についてであるが、小山氏はこれを勝手にしたのではなく本部からの解除通知後、未送とすることを本部に通知し、しかもレジ内に保管する旨連絡した。仮に、本部の立場に立ったとしても本部の発した契約解除により両者は清算の段階になっており、この段階で売上金未送を理由とする解除はこじつけである。仮に売上金未送が違約であっても、未送金については契約書に金銭的賠償の方法が定められており、これに従い清算すれば良いことであって、わずかな金額を口実に原告店舗を使用不能にすることはどう見ても過剰である。さらに深く検討すると、売上金未送自体本部の契約解除により生じているともいえる。なぜなら本部批判を封じる目的で契約を解除し、小山氏の経済生活を窮地に陥れたのが根本原因であるといい得るからである。売上金を、契約書では「共同の成果」などと謳っているが、実際は全部本部のものであるという立場に立っているのである。

違約金の高さは前述の通りであるが、これは公序良俗違反と言わざるをえない。その理由は、当初の契約解除事由はイメージの侵害であるが、これに対して月額売上額の四ヵ月分の違約金、売上金の未送を理由としてその額と同額のペナルティ、債務不履行による解除の場合はさらに二四時間補助違約金一二ヵ月分、その上これら全部に対し日歩五銭（年利息一八・二五パーセント）の「遅延損害金」が付加される。恐るべき額となることは目に見えている。契約書にはその他にも違約条項がたくさんある。たとえば、開業前に解約した場合段階に応じて五〇万円から三七〇万円、売上金未送で本部の管理を受けた場合一日二万円の管理費、帳簿等を見せなかったときは一日一件あたり一万円、契約終了手続きの遅延の場合一日三万円などである。さらに酷いと思われるのは、ある月のオーナーの利益がマイナスになった場合、このような場合店主の手取りはゼロであるが、このマイナス分を本部がオーナーに貸し付けたことにして年利息八パーセントの利息を付して翌月以降に返済しなければならない仕組みである（本部はこれをサークルK勘定と言う）。

右のように、あらゆる事態に対し、ある場合は利息ある場合は違約金もしくは管理費等と称してさまざまな負担を強いる仕掛けがあるが、しかし、そもそも「違反」が発生するような場合とは、売上不振が原因している場合や本部となんらかの対立が生じている場合であろう。本部自体に責任がある場合も多いはずである。そのような場合であっても、本部は強力な権限を行使でき、また自らの責任は取らなくても良い著しく不均衡な契約条項になっている。例えば、小山氏は小山氏の店舗の近くに同じサークルK店舗が開店したことを追及したことがあるが、これについて本部は、地域に専属的権利を与えたものではないと契約書に書いてあるとのみ答えている。近くに同系列店を出店するのはドミナント方式（集中出店方式）といい、配送コストを下げるために必然的にとる本部の経営方針であり偶然生じるものではないのが実際である。売上不振は本部の立地選択に問題がある場合である。したがってこれから生じる問題は本部の責任が大きいはずであるが、本部は契約前に示したさまざまな予測数値は保証したものではないという契約書の文言を繰り返すのみである。この問題は次項以下で詳しく述べる。

このように見てくると違約金の高さは現実にはどのような働きをしているか明らかとなる。端的にこれは契約関係から抜け出せない、抜け出させないことを意味している。売り上げ不振で手取りはゼロ、アルバイトを多く雇う余裕はない、妻が別のアルバイトでもして生活費を稼ごうにも二四時間開店を止めるとたちまち違約金が降り掛かってくる、店を止めるとただちに保証人に数千万円の請求が行く。違約金の異常な高さはこのような働きをしているのである。それが本部の目的であることは疑いない。かつて、非近代的社会の時代に、違約金や貸金を楯にする使用者の下から逃げられない労働者が多数いたが、これらとほとんど変わらない。

違約金は、相手と合意すればいくらでも請求できるというものではない。現実に生じるであろう損害が基本にあるはずである。その意義を越えて厳罰を加えるとか契約関係から解放させないことを目的とすることは合理性がない。また、違約といっても一方だけに問題がある場合はむしろ少なく、そこで、契約においては平均的標準的な取り決めをしておくにとどまるのが常識であろう。しかし、本件コンビニの違約金の高さは、保証人の資産をあてにしなければ当の店主では到底払いきれないことは明らかであり、仮に払っていく場合は一生をかけなければならないであろう。このような場合、その高さ自体が公序良俗違反となろう。それでは何故そんな高額の違約金が約束させられる契約をしたのかと問う人があるかもしれない。それは、普通は契約締結段階では違約が生じるような場合は例外的状況と考えるからである。例えば本部は小山氏に対しては年間一〇一〇万円の純利益があると説明までしている状況下で、将来の違約が問題になろうなどとは夢にも思っていないのである。
以上が、被告本部の請求内容とそれに対する反論の概略である。

三　ずさんな収支計画とぎまん的勧誘（原告等の主張その一）

次に、加盟店主らの主張であるが、まず本部が契約締結前に示した様々な予測数値に客観的根拠がなかったことを主張している。なお、ここで加盟店主らというのは、現在四件で四名の原告がおり、それぞれ固有の主張をしているが、以下は共通の問題を取り出して述べることにする。

本部は、加盟店主を勧誘する場合例外なく様々な予測数値を示している。これらは、加盟店になろうとするものが依拠する重要な情報である。予測売上、予測経費、予測利益である。予測売上については、もちろん開業前であるから実績ではないことは明白であるが、これをめぐってトラブルが絶えない。本部いわく、「あくまで予測であり保証するものではない」。しかし、本部はそれを重要な武器として勧誘しており、予測数値を具体的に示す以上まったく責任がないとは到底言えない。問題は、予測に用いた様々な数値の客観性とそれらの数値を駆使して予測を行なう過程における客観性である。これらを総合して立地調査というがこれには専門業者がおり、それに委託するコンビニ本部もある。しかし、サークルKの場合、立地調査は社員自身が行なっているのが現状である。立地調査の技術的レベルも当然本部の提供すべきノウハウのひとつであるが、極めて杜撰である。専門業者に依頼した場合は、その業者は数日から一週間、商圏調査を行う。道路の形状、視覚的位置のよしあし、開店予定地前の道路の歩行者、自転車、自動車の往来数を二四時間調査し、これを男女別、年齢別に分けたりする。

また、近くに競争店がある場合は販売品目、売上額を含め徹底的に調査している。ところが、サークルKでは、マニュアルに従って開発担当社員が調査するが、ある特定の日を一日だけ取り、一時間のうち一五分間歩行者と自動車数を調べこれを四倍して一時間の歩行者数とする。これを八時間分行い、さらに二倍してまるで一六時間ずっと調査したように数値を算出している。また、小山氏の例では競争店が一店あり、これについては開発担当が数回訪問しよく売れていると判断して競合度合いをA評価としている。その他は駐車場の広さや世帯数の調査だけある。したがって、調査といってもこの程度であり、専門業者とのレベルの差は覆いえない。さらにこれらの数値を使って予測売上額を出すのであるがその過程はオーナーには知らされない。小山氏の訴訟においては本部は、サークルKの平均日販が名古屋では五一万円であるから京都は四二万円としたと言う。しかし、その程度のカンで出したというなら調査は不要である。あくまで調査方法と算出過程の客観性が問題なのである。本部が、訴訟において、予測数値は保証するものではないので責任はないといっても、では何故予測と違っていたのかを検討するには予測数値の算出過程が法廷で検証されて、その結果その予測方法に客観性が認められるなら予測と実態の差はある程度致し方ないものととらえることができよう。しかし、本部は杜撰な数値集め以外には算出過程を明らかにしようとはしない。

最近、本部は予測数値にはもともと客観性などないと反論してきた。予測数値であるから実績とは違うのは当たり前であるが、客観性があるなら売り上げ増加もあり得ないと極論するところが特徴である。反論としてはズレているが、予測とはその程度のものであると居直ったところが本音をよく表している。そうすると問題はさらに広がり、そもそも本部はそのように客観性がないという数値を加盟希望者にどのように説明したのかが問題になる。現実にも、予想売上額や予想利益は勧誘の重要なポイントである。保証しないと説明するのとは別に数値に信頼性がないというならそう説明しない限り勧誘の手段として使うのはぎまん的である。

次に、予測経費についてであるが、これまた実態とは大きくかけ離れていた。本部が小山氏に示した「早見表」では年間経費一八〇〇万円（建物賃料込み）であるが、実際は二四〇〇万円もあった。ところで、本部が小山氏に示した「早見表」とは別に社外秘と銘打たれた「利益計画表」という標準的試算表があり、それによると小山氏に実際に示した「早見表」の予測経費を大きく上回る。したがってこちらの方は実態に近いものであるが、本人には示されていない。例えば、人件費は「早見表」ではオーナーの妻を含め年間六五〇万円となっているが「利益計画表」ではオーナー夫婦を除いて年間九〇〇万円、廃棄商品原価額は「早見表」では年間二五〇万円であるが「利益計画表」では二五〇万円から三〇〇万円を下限とするとあり、実際は三〇〇万円程度であった。営業消耗品費は「早見表」では年間五五万円であるが「利益計画表」では初年度一七〇万円、二年度以降七〇万円である。実際にもそれぞれ一四四万円、七〇万円であった。「利益計画表」は小山氏がオーナーになる半年前には印刷物として開発担当者に配布されているから、担当者は同時に持っていたはずであるが、結局勧誘に都合の良い「早見表」の方を示していたのである。

予想利益については「早見表」では売上日商が四〇万円の場合は一〇一〇万円の利益を手にすることができるとしている。「利益計画表」はその部分は空欄である。

右のように見てくると、売り上げはカンに頼ったいかにも利益がありそうな根拠のない楽観的数値を、経費は実態をほぼ正確に把握した社外秘文書があるにもかかわらず大幅に圧縮した数値を示し、そして必然的にありもしない利益を示したということになる。

ところで、予想売上、予想収益などについて、公正取引委員会は「フランチャイズ・システムに関する独占禁止法上の考え方について」を発表しており、予想売上、予想収益については「加盟後の紛議の原因となっている」とし、特に情報の開示が望まれるとして「加盟後の実績と完全に一致する必要はないが、類似した環境にある既存店舗の実績等根拠ある事実に基づいたものである必要があろう」とする。そして重要事項について、十分な開示をせず、又は虚偽もしくは誇大な開示を行なった場合は不公正な取引方法の一般指定の第八項（ぎまん的顧客誘引）に該当するおそれがあるとしている。小山氏に対する本部の勧誘に際して行なわれた予想売上、予想収益に関する情報の開示は到底十分とは言えず且つ予想売上はいわばカンに頼ったものであり、経費については故意に圧縮されたより少ないものを使ったとしか考えられない。したがって、本部の勧誘は独占禁止法に抵触する可能性がある。

結局、予測における客観的科学的というのは後での検証が可能な信頼ある過去の実績に基づいた数値や根拠を用いて、その上で不確定要素を考慮してある程度の幅を持たせて算出した数値であることとそれでも起こり得る経営上のリスクについての十分な説明である。証券投資や商品相場では常識となったリスクとシステムの説明と理解、慎重な意思確認は、フランチャイズ契約においては実行されていない。証券投資などは生活の余裕資金で以てはじめるのが一般的であるが、フランチャイズは生活のため借入までして経営を行なうのであるからより高度な事前調査と数値についての正しい説明義務が認められなければならないであろう。でなければ、直ちに生活基盤に影響を与えるからである。

四　ロイヤリティのからくりと店舗経営圧迫の実態（原告等の主張その二）

1　ロイヤリティの実態

ロイヤリティとは何かを考える前に、実態を見てもらいたい。小山氏の例では、前述の「早見表」では本部が受け取る予想年間ロイヤリティは一四六〇万円である（年間の平均日商が四〇万円の場合）。実際は九六年三月一五日から同年末までの期間で九九九万円、翌二年目は一四五一万円である。ロイヤリティ額は、売上額の約一割である。何故一割と単純に言えるかというと売上原価がどの月も大体七割であり変動がほとんどないからである。その残りの三割に三八％のロイヤリティ率を掛けると売上額の約一〇％となる。原価の占める割合が七〇％にほぼ固定されている理由についてはわからない。本部が実際にはいくらで仕入れているかはチェックしようがないのである。

次に、ロイヤリティ率は粗利の三八％であるが、これは経費を控除する前に徴収するので実際の負担は計算方法を変えなければならない。そこで通常の自営業者にいう経費を控除した後の純利益を先に出し、その純利益のうちの何割を占めているかを計算すると約七二％もの割合を占めている。小山氏の例では初年度の売上総利益は二六二九万円であり、家賃を除く経費は一四〇〇万円であるから、通常なら純利益は一二二九万円であるところ、ロイヤリティは九九九万円（八割を越える）であったから利益は二二九万円、これからさらにAタイプの契約では家賃及び「その他引出金」を除くと手取りはマイナスつまり本部からの借入金八〇〇万円弱がだけが残った。二年度は売上総利益は三八一九万円、家賃を除く経費は一八一一万円であるから約二〇〇〇万円の利益が出たことになる。ところが、ロイヤリティが一四五一万円（七割二分）あり、これを除くと五五九万円となり、これからさらに家賃及び「その他引出金」合計約七三〇万を控除するので結局は二年間で九六〇万円のマイナスであった。家賃及び「その他引き出し金」も先に控除すると、初年度では経費総額は約二〇〇〇万円となるから、到底ロイヤリティを支払える経営状態ではないのである。なお「その他引出金」とは加盟店主が生活できない場合に本部から借り入れる金銭である。

このように見てみると経営を圧迫しているのはロイヤリティであることがわかる。利益の七割以上を取られたのでは到底経営も生活も成り立たない（Ａタイプではこれにさらに家賃の負担がある）。その圧迫は、ロイヤリティが高率であるということと併せてロイヤリティを徴収するのが経費を控除する前であることの二つが原因していることが浮かんでくる。本部がこのような徴収方法を取っていることを契約前に理解したという人は私自身未だに出会ったことがない。本部開発担当者でさえもよく知らない。経営が始まると本部から月々「損益計算書」が届けられるが、それを見ても直ぐには理解できない。相当時間が経ってからようやくどうもおかしいという形で疑問を呈するのである。ということは契約締結の段階ではこのような経理の仕組みについては十分な説明をしていないのであろう。

経費を控除する前であるから本部は店の赤字黒字にはまったく無関心にロイヤリティを取っていることになる。これは、本部の加盟店の経営状態無視の姿勢に繋がっている。つまり、本部にとっては店が夜中も煌々と明るく開けられており、商品が棚にいっぱい並べられていさえすれば良いのである。たとえ売上がパン一個であっても、売上られた商品の利益からロイヤリティを徴収するので必ず本部の利益は確保されるのである。そのパン一個の売上ための経費は全部加盟店がもつのであるから、本部は店の経営には無関心でいられるのである。これは致命的な欠陥のあるシステムである。売上不振がストレートには本部に影響しない結果、本部の指導援助義務の履行は切実とはならず、どうしても経営できないなら違約金を払って廃めてもらえばいいという態度になり、加盟店から予想売上額とはかけ離れた売上しかないではないかと追及しても、それは契約書の通り予想であって保証したものではないからしょうがない、それどころかちゃんと経営していれば予想額は行けるはずだがあなたの経営者としての能力が低いので売上不振に陥っているなどと言われてしまう始末である。こう見てくると、これまで述べてきたことの全てが、本部に有利、加盟店に不利な構造になっているのが理解できると思う。売り上げ予測が杜撰であっても責任はない、全額を送金しないと高額のペナルティが課せられている、送金額からロイヤリティは一等最初に徴収される、原価のわからぬ仕入代金などを本部が代行と称して支払う、近くに同系列店が出店して不振となっても契約書では加盟店に地域専属的権利を与えたことではない、などなどである。

以上でいかにロイヤリティが加盟店の経営を無視して高率に設定されているか、また、いかに本部に有利な徴収方法を取っているか理解できると思う。

2　廃棄商品問題について

次の問題は、廃棄商品問題である。加盟店の疑問や不満が特に多いところである。廃棄商品とは売れずに捨てられた商品のことであるが、コンビニでは特異な位置付けを持っている。普通の感覚では、廃棄される商品があることは過剰な在庫を抱え込んだ結果発生したという考え方を取り、それは店にとっても無駄で社会的資源の面からも浪費と捉えられるが、コンビニ本部の指導ではこれを一定の額もしくは量を積極的に奨励するのである。その理由は機会ロスを減らすという商品販売方法もしくは理念を採るからである。機会ロスを減らすとは客がほしいものが常にある状態を維持することである。そこから必然過剰在庫を積極的に奨励することになる。典型的には時間切れの食料品である弁当を考えれば分かりやすい。

しかし、問題はその過剰商品の負担を誰がするのかという問題である。これは全部加盟店が負担する契約になっている。したがって、廃棄商品が増えれば増えるほど加盟店の負担は増えて行き、本部は売れる商品が並ぶほどより多くのロイヤリティを得る機会が増えて行くのである。したがって、「廃棄」をめぐっての本部と加盟店との争いは、本部の利益と加盟店の損失が直接的に経済的理由でもって対峙している場面なのである。

サークルK本部では加盟店に対し「廃棄」額を前月の日商額分程度を目標に積極的に「出してください」と指導している。これは前月の平均売上日額が四〇万円とした場合、翌月は商品の原価で四〇万円分捨ててくださいと指導しているという意味である。額は一応の目標ということであるが、四〇万円分というのは弁当でいえばゴミ収集に出す大きな袋で四〇袋分という量であるから相当な量である。

さらに経理上の問題がある。右では前月日商相当額を目標に四〇万円程度の商品原価分を加盟店は捨てるのであるが、この負担は「経費」で負担することになっている。分かりやすく言うと、最終的に廃棄された商品でも売れた商品でも、最初は注文により仕入れられた商品であるから、当然仕入原価として科目が立てられるところ、コンビニの経理では売れれば仕入として扱い、売上からその原価分は控除して利益計算をするが、売れなければ仕入したはずであるのにあたかも仕入自体がなかったかのように扱うのである。ということは、本部から見れば、加盟店は常に売れた商品だけを仕入れたことになるのである。捨てられた商品は原価扱いされないので廃棄損として加盟店の「経費」項目のひとつになるだけであり、本部は全く経費にはかかわらないので痛くも痒くもないのである。

ところで、廃棄商品とは売れ残った商品といったが、それは概念を分かりやすく捉えるため規定した定義に過ぎないが、販売戦略上では極めて重要な位置付けを持っているのである。ある商品が売れるか売れないか、どの程度売れるかの予測は困難である。新商品を販売しようとするとそのリスクはますます大きい。そこでこのリスクを全部回避できる方法として廃棄商品の加盟店負担方法が考えだされたのであろう。例えば、新商品を製造業者に作らせて販売しようとする時、本部は加盟店に新商品を仕入れるよう加盟店に働き掛ける。加盟店には本部のゾーンマネージャーなる本部指導員が巡回することになっているのでその新商品仕入の指導が徹底してなされる。そこでほとんどの加盟店ではその新商品を本部に注文して仕入れる。本部のリスクは本部が製造業者から納入させた新商品が、全部加盟店に引き取られた時点で全て回避されたのである。後は売れればロイヤリティとして利益が上がり、売れなければ加盟店が負担するだけである。また、新商品は最初は無償かかなり安い単価で製造業者から納入させるのが通例であるので、これを通常の価格で加盟店に販売すればまさに一石二鳥の儲けである。ローソンで一円納入問題が発覚したことがあるが、結局は製造業者と加盟店の双方から儲けるという流通の中間点に位置した中間搾取である。

訴訟では、原告等は廃棄の加盟店負担を問題にしているが、被告本部は商品管理をするのは加盟店であるから当然である、これを本部管理とするとオーナーが不正をするので加盟店管理としていると主張している。しかし、本部の廃棄商品の位置付けは右に述べたとおり非常に重要かつ旨味のある方法であり、単に加盟店が管理しているというだけでは根拠としては弱くかつぎまん的であり、オーナーの不正云々は加盟店主を侮辱するに等しい。

3　廃棄、値引き、棚卸し差額とロイヤリティ

右の通り、「廃棄」が本部にとってはリスクや負担を全部加盟店に押しつけることができる重要な位置付けをもっていることを述べたが、今度はそれがロイヤリティにどのように反映しているかを見てみる。

廃棄額分は仕入には入れないので、その分仕入額は少なくなる。これはもちろん実際に仕入が少なくなったのではなく、あくまで経理上そのように処理するだけである。そして、月の売上総額から仕入額を控除して粗利（経費控除前の利益）を出すが、この仕入原価額に廃棄商品原価は含まれないので粗利は廃棄額分増えていることになる。分かりやすく数字で説明すると、ある月の売上は一〇〇万円で、仕入は七〇万円であったと仮定する。普通の小売店では、一〇〇万円から仕入の七〇万円を控除して、粗利を三〇万円とする。ここから経費を差し引いてゆく。しかし、コンビニでは、七〇万円全部を仕入とはみなさず、このうち売れた商品の原価だけを仕入原価とみなすので、例えば仕入額六〇万円の商品が売れて一〇〇万円の売上となった場合、一〇〇万円から六〇万円を控除して四〇万円の粗利と定義するのである。一〇万円の差はそのまま廃棄商品の原価額である。

問題は、この粗利に、つまり四〇万円の粗利にロイヤリティ率を掛け合わせる点である。本部は売れた商品だけをあたかも加盟店が注文したかのようにみなすことが可能で、この売れた商品の粗利を基礎にロイヤリティ率を掛けると必然的にロイヤリティ額は高くなる。ロイヤリティの計算方法から見ると、本部はあたかも廃棄があるのは加盟店主の過剰注文の結果であるとの態度をとるようであるが、しかし、実際は前述の通り廃棄は本部により積極的に奨励されているのである。ここに本部と加盟店との対立が生じる根本理由があるのである。被告本部は、訴訟において廃棄にロイヤリティは掛けてはいないと答弁しているが、正確には廃棄分を除いた仕入原価だけを仕入として売上利益から控除して粗利を出すからその分粗利は増えている、それにロイヤリティ率を掛けていると答弁すべきである。そうすると表現としては回り回って、廃棄にロイヤリティ率を掛けていることと同じなのである。

廃棄商品は仕入ではないとみなすこの経理上の処理は、結局ロイヤリティ額を増やすことに直結しているところに問題がある。廃棄がでることは商売上仕方なくこれを廃棄損として普通の小売店でも当然計上するが、本部がロイヤリティ額を計算するに際しては売れた商品だけからロイヤリティを徴収するのでロイヤリティ額は廃棄商品額分だけ膨らむのである。このような仕組になっていることを最初から理解できる加盟店主はまずいない。経営を初めてからそれも複雑そうに見える損益計算書を何度もながめてからようやく判明するにいたるのである。何故廃棄額が二回も書かれているのかと。実は最初の欄は仕入額から外すための記載で、後のは経費として加盟店が負担するための記載である。

値引きはある意味では廃棄以上の問題を持っている。数字で説明すると、原価七〇円で仕入れた商品の販売価格が一〇〇円であったとする。売れれば三〇円の粗利である。ところが今これを値引きして九〇円で売ると粗利は二〇円となるはずである。これが普通の小売店の経理である。ところが、本部は次のような計算をする。

九〇円－（七〇円－一〇円）＝三〇円
結果は、値引き前と利益は変わらない計算をするのである。この三〇円にロイヤリティ率を掛けるのである。三〇円のうち一〇円分は明らかに架空の利益つまり店主が手にしていない利益である。これは無から有を生む計算方法であり、驚くべきことである。この計算方法の結果、値引き分は加盟店主が本部のために自腹を切って負担したことになり、その上それにロイヤリティ率がかけられて徴収されており、二重の負担を強いられる結果を生んでいる。何故このような計算方法を本部とるのかその理由は分からない。額は小とはいえ直ちに是正が必要であろう。

棚卸しロスについても同様である。これは商品が廃棄されたか棚からなくなったかの違いがあるに過ぎない。これも単にロス損として計上されるだけではなく、廃棄同様仕入原価には含まれず、その分粗利が大きく計算されそれにロイヤリティ率を掛けるので、廃棄にロイヤリティ率を掛けているという批判と同様に棚卸しロス分にもロイヤリティ率を掛けていると言われるゆえんである。

以上のとおり、本部は廃棄を積極的に奨励して、みずからのロイヤリティを取得する機会には力を入れているが、その結果有り余った商品が加盟店の棚から捨てられる経費は全く関知するところではなく、かえって廃棄された商品は仕入がなかったとみなして仕入原価にも入れず、その分ロイヤリティが膨らんでかつ一等最初に徴収するのである。コンビニの高利益は以上の仕組みから生じていたものであった。これらは加盟店の利益を直接侵害するものであるから早急な改善が必要であり損害賠償の対象にもなり得る。

五　指導援助義務違反（原告等の主張その三）

本部は、開店後加盟店を指導援助する義務を謳っている。しかし、指導援助義務として巡回してくる指導員の質も様々で、どちらかといえば本部サイドに立った商品注文指導に終始している場合も少なくない。

小山氏が問題にしたのは、売上増加の指導援助である。本部は小山氏の売上増加の要求に対し、そのノウハウを提供したであろうか、また、その結果現実に売上は増加したであろうか。答えは否である。実態を見てみよう。平成九年七月二八日付け本部被告代理人が原告小山氏にあてた文書において本部の見解として次のように述べている。「貴店の経営状況において、売上が伸び悩んでいる事実については当社としても大変遺憾に思うところであります。しかしながら、平成九年六月の平均売上（日商）は三九万八〇〇〇円となり、七月八月はジュース等の売上増により、これ以上の売上増が予想されるところであり、今後一層の経営努力の積み重ねをお願いいたしたく存じております」と。しかし、これでは高額のロイヤリティを受け取る本部の指導援助義務を尽くしたとは到底言えないであろう。しかも、信じられないことにこれは経営に長けたと自称する被告会社の責任者からの文書ではない。この程度の文書を出したことで指導援助をしたというならば、それは指導援助をしていないということを証明したに過ぎないであろう。そこでさらに追及すると結局出てくるのは「予想数値は保証するものではない」という例の抗弁である。

原告等がロイヤリティの返還を求めているのは指導援助義務違反を根拠にしている。経営を始めてから売上げが上がらない場合、怠りなくその義務を履行させることが重要である。売上予測の額を保証するものではないと本部が抗弁するのであれば予測数値に見合うように徹底的に指導する義務が生じているといいうるし、その違反はロイヤリティの取得根拠を失わせるものである。しかし、指導援助の中身について具体的なマニュアルはなく専ら本部指導員が書いた本部報告用のレポートと加盟店主に宛てた臨店連絡書だけである。この分野はまだこれからというところである。

（三）ローソン千葉訴訟

弁護士　河本和子
弁護士　大槻厚志
弁護士　市川清文
弁護士　菊地秀樹
弁護士　内海文志

一　千葉訴訟の概要

①　はじめに

一九九五年三月、千葉地方裁判所に対し、三名の原告がローソンを被告に、損害賠償請求訴訟を起こした。東京でコンビニを開業していたAさん、大学卒業後、千葉で開業したTさん、千葉で新たにコンビニに参入したG社。三名は、ローソンとのフランチャイズ契約でローソンに騙されたとして、そのあまりに不公正な仕組と強引な勧誘方法などを憤って、被った多額の損害の賠償を求めたのである。

甘い勧誘の裏に隠されたローソン一人勝ちの構図。働いても働いても赤字が溜まる一方の蟻地獄のような生活。全国のローソン被害者を代表する気持ちで三名は訴訟を決意した。

②　Aさんの場合

素人でも安心との宣伝

Aさんは、独身で契約当時四九歳。コンビニエンスストアは勿論のこと、フランチャイズの経営は、全くの素人。当時、母の遺産二〇〇〇万円の分割をうけ、これを有効活用して、何か事業をしたいと考えていたところ、たまたま、素人でも安心して営業ができるとの新聞広告をみて、ローソンに電話をした。

毎月六三万円の利益が上がる店

Aさんから二〇〇〇万円の遺産があると聞いたローソンの担当者は、最初から、E契約（月一二〇〇万円以上の売上高、ただし、保証金は売上高の二カ月分二四〇〇万円）のみを執拗に薦めた。そして、ローソンの担当者は、ローソンN店の過去一年間の実績が、月一二〇〇万円であること、人件費七二万円等の経費を差し引いても、毎月六三万四〇〇〇円の利益があると説明をした。

突然引き下げられた連帯保証人の条件

Aさんは、素人でも安心して経営が出来ること、毎月約六三万円の収入が確保できることから、本件契約の締結に魅力を感じた。しかし、一方、契約締結の条件として、不動産を所有する年収五〇〇万円以上の二名の連帯保証人が必要である等連帯保証人の条件に見合う人がいなかったので、契約締結を躊躇していた。

ところが、これを知ったローソンの担当者は、突然、連帯保証人の条件を引き下げ、Aさんの条件にあわせた。また、原則的には、契約者は夫婦者に限るといっていたが、これもAさんに合わせて独身でも他に店長を雇えばよいことになった。そして、N店は、他に希望者がおり、しかも、七月、八月は、売上実績があがるため保証金が高くなるので、早く契約しないといけないと言って執拗な勧誘を行った。そのため、Aさんは、平成六年八月三一日、契約金等五〇〇万円を支払い、保証金は、当初、売上高の二カ月分二四〇〇万円と言われていたが、二三七〇万円を請求され支払って、契約を締結した。開店資金の不足分金一二〇〇万円は国民金融公庫から借りた。この弁済金は、毎月一五万円であったが、毎月の利益が六三万円と聞いていたので、返済計画に無理はないともっていた。

売上高一二〇〇万円の嘘

Aさんは、平成六年一一月一日から開店をした。彼は、夜はアルバイト料が高いので、なるべく夜に働いた。ローソンの指導員（ローソンはこれをスーパーバイザーと呼んでいる）からは、売れ筋商品であるとして、多くの商品の発注を要求されていたが、これも、その「指導」に従って仕入れた。このように、彼は懸命に働いたのである。しかし、売上高は、一一月が約九四〇万円、一二月が約一〇七〇万円、平成七年一月が約九五七万円、二月は約八三一万円で、一二〇〇万円の売上高になったことは一度もなく、平均して約九五〇万円にしかならなかった。

Aさんとの契約以前、直営店であったN店は、過去一年間一二〇〇万円の売上実績があった月もあったが、過去一年間の売上実績は平均一一五九万円で、しかもAさんが契約をしたころは、次第に下降傾向にあったのである。ローソンは、売上高が下降傾向にあることを知りながら、黙って保証金を二三七〇万円と引き下げただけで、売上高は一二〇〇万円であると嘘をついて騙したのである。

利益が六三万円であるとの大嘘

Aさんの一一月の実際の手取額は四四万円。一二月が約二五万円。翌年一月が〇円、二月も〇円であった。月六三万円の利益が出る等ということは、大嘘だったのである。

Aさんは、この手取額の中から更に店長の給料二〇万円を支払わなければならず、加えて、借入金の返済も月一五万円あるので、働けば働くほど赤字となっていく事態となった。そこで、やむを得ず、解約をしたのである。

③　Tさんの場合

学生だったTさん

Tさんは、まだ大学の経済学部を卒業したばかりで商店経営の知識や経験が全くなかった。彼は、就職活動のかたわらコンビニエンスストアを始めてみたいという希望があり、池袋で行われたローソンの説明会に参加した。それからは、ローソン側の営業担当者から、予定する店舗（当時直営店営業）の過去の実績であると損益計算書を示され、更に見積損益計算書というシミュレーションをもらい、ローソンが指導するから素人でも利益が五〇万円程度確保できるという説明を受け、私でもできると思い、始めることに決めた。Tさんの選んだ契約は、当時Ｃタイプ４というタイプで、この契約は、月額一〇〇〇万円程度の売上を予定され、チャージ率は四三パーセント、人件費は四パーセントなどと見積もられていた。

隠された過去と、見積りとかけはなれた実態

しかし、実際にやってみると、オーナーが二人体制で臨んでも（二四時間中オーナー側が一名店舗にいるということ。Ｔさんの場合は独身だったので姉に手伝ってもらうことにした）、マニュアルによる作業量は多く、オーナー側一人アルバイト一人を前提にした体制ではこなしきれないことがわかった。朝、夕方の繁忙時間帯にはレジ作業のみで忙殺され、その他の業務はできなくなってしまうのである。見積損益計算書では人件費をあまりにも低く見積もっており、とてもローソン側の見積りでは収まるはずはないのである。Ｔさんは姉と二人で一生懸命働き、人件費を切りつめるため睡眠時間を減らし、人件費がかかる夜間を中心に一日一四、五時間という長時間を毎日働き続けた（年中無休だから土曜日も日曜日もない）。

また、売れ筋商品と称して沢山の商品を店舗に並べるよう指導を受けるが、売れずに残る商品も多く、賞味期限の関係から見切り処分も多かった。その結果、ローソン側は損失はないにもかかわらず、オーナー側ばかりが損をする結果となった。はじめの見積損益計算書のとおりの利益など上げることは到底無理なのである。しかも、この店は、直営店の前はオーナー店で経営不振から直営店に替わったものであることが後で分かっただけでなく、過去の実績として示された損益計算書も実はその店舗のものではないことが分かった。

Ｔさんは、月額一〇〇〇万円以上稼いでも、オーナー側に利益が残らない仕組みに憤りを感じたが、高額な違約金を設定されており、やめるにもやめられない状況であった。

しかし、体も限界にきており、ついにはローソンと戦うことを決意し、閉店に踏み切ったのである。

④　G社の場合

日販（日売上）を過大に説明して契約させる

G社は、元々美容室やブティックを営業してきた会社で、コンビニの経験は全くなかった。ブティックの経営に見切りを付けて、他の業種を検討していたときに飛び込んできたのが、ローソンだった。

コンビニもフランチャイズシステムも経験がなかったG社としては、ローソンを始めるためにブティックを改装するための費用の借入をしてもやっていけるのかが、心配だった。ローソン担当者は、ローソンと契約すると、ローソンの紹介による融資を受けられると説明した上（実際にはこのような融資の紹介制度などもなかった）、一年目の日販七〇万円、二年目は八〇万円、三年目は九〇万円が見込めるので、返済は全く心配ないと説明した。もともと、ローソンは、素人でもやっていけることを謳い文句にしていたが、このような専門家の説明を受けて、コンビニについての知識がないG社は、これを信ずるよりなかったのである。

ところが、蓋を開けると、七〇万円どころか、一年目の平均日販は三六万円程にしかならず、二年目も三年目も四五万円前後でしかなかった。

このような金額では、融資の返済どころか、人件費にもならなかった。G社の場合、フランチャイジーであるG社が店舗を確保するというB契約だったが、これだけでなく、会社であることから、通常の家族経営と違って、パートの他に正社員を抱えることとなる。これらの費用が全く出ず、累積赤字は溜まっていく一方であった。

売上予測したという「調査」のお粗末

では、この日販の予測は、一体どこから出たものなのだろうか。日販予測が正確であれば、Ｇ社の悲劇は起こらなかった筈である。

訴訟では、ローソンから「物件調査報告書」なるものが提出された。需要の調査報告書だというのだが、Ｇ社は当時見せられたことがないものである。このことはローソンも認めた。内部資料だというのだ。売上を予想した資料をどうして契約に際して顧客に見せないのか、これだけでも首をかしげる。

しかし、中を見て驚いた。

報告書には、どういう場所かなどということが地図付きで記載されていたが、肝心の交通量については、同一日に一五分宛四回、延べたったの一時間カウントしただけというのである。それで「物件の調書」の項には「千葉市内のビジネス街として中心地に位置している。店前通行量車二〇〇〇台／h、人八〇〇人／hと多く、高売上を望める」などと結論付けられているのである。この「高売上」というのがどの程度のことを言っているのかは不明であるが、きわめて情緒的な表現で、到底、数字を出せるような調査とは評価できない。「日販一年目七〇万円」などの根拠として、このようなものを見せたら返って逆効果になることは目に見えていると言わざるを得ない。Ｇ社に見せなかった筈である。

銀行に日販見込みを提出しながら、「銀行提出用」と開き直る。

ところが、ローソンは、Ｇ社が銀行から改装費などに当てるための借入に際して、この日販予測を書面に作成した。この書面では、当初の口頭での日販予測よりも一〇万円ずつ下げ、《一年目六〇万円、二年目七〇万円、三年目八〇万円》という内輪の数字であったが、もともより実際の数字は前記の通り到底この数字に到達していない。

訴訟で、この書面のことを指摘されるや、ローソンは、「融資の便宜を図ったため」とし、「実際の予測より高額な数字を記載した書面を交付したものである」（準備書面＝裁判所に提出）として、便宜として嘘の金額を書いたととれる開き直りに出たのである。

銀行は返済の確実性の資料として売上を確認するが、これではローソンは銀行を騙して融資させることなど何とも思っていないことを意味する。契約の際の説明も、書面すらもでたらめし放題——これがローソンのやり方なのである。

巨額の投資が無駄に

G社は、結局、このコンビニの失敗が原因で、事実上、倒産した。改装のための多額の費用の他、毎月の赤字の累積に耐えられなかったのである。

二　出ない人件費

①　二人では実現不可能なマニュアル

マニュアルは、従業員が一名体制及びオーナー一名（専従者一名も含む）の常時二名体制を前提に作成されているが、レジ業務、写真受付、宅配便受付、コピー受付等の接客業務を並行して行い、しかも、雑誌、新聞等の返品処理、コンピューター等の入力業務も行わなければならない。しかし、朝、昼、夕方から夜にかけての繁忙期にはほとんどレジに張り付くことになってしまい、そのほかの業務などほとんどできなくなってしまう。つまり、人件費を二名体制にて算出しているが、実際には繁忙期だけでも最低でも三人以上の人数を要する結果となり、この費用はフランチャイジーの側で負担せざるをえないものである。

現実に、Ｔさんは、開業から閉店まで一日一四、五時間休むことなく非人間的な労働勤務を姉と続け、深夜のアルバイトを取らないなど（深夜一人体制は保安上危険だが）、アルバイト代を自分なりに極力押さえても売上の六パーセントを人件費として要する結果となった。

② 過小な人件費の見積設定

Ｔさんの契約は、アルバイト給与が売上の四パーセントと見積もられていた。しかし、実際にはそれで収まらなかったことは前述のとおりだが、計算上でも次のとおり四パーセントで収まらないことは明らかである。

まず、アルバイト給与だが、深夜手当等を無視して、仮に、ＴさんとＴさんのお姉さんが二人とも各一日一二時間、週六日の労働をしたとして、その他をアルバイト（常時一名体制、時給七〇〇円、深夜手当等の支給金を一切無視して計算する）によって補ったとして試算してみる。一週間のアルバイト代は以下のとおりである。

Ｔと姉の無稼働日

二四時間×二名×一日×七〇〇円

＝三万三六〇〇円

稼働日のアルバイト代

二四時間×一名×七〇〇円×六日

＝一〇万八〇〇〇円

一週間の合計　一三万四四〇〇円

四週間の合計（七六八時間）

一三万四四〇〇円×四

＝五三万七六〇〇円

この契約は売上月額一〇〇〇万円を予定した契約であるから、売上を予定通り一〇〇〇万円と仮定しても、すでに五パーセントを超えている。この計算結果は、一月の日数を二八日間、深夜手当なしとして設定した計算結果にすぎないのだから、当然、アルバイト代は右計算内容の基本手当にとどまる訳はない。

このほかに、深夜手当、時間外手当、特別時給手当など交通費等の諸経費も当然かかるわけであり、とても四パーセントなどという低い見積もりで済むわけはないのである。

ちなみにTさんの平成六年一二月次アルバイト深夜時間の合計は一三一時間となっている。Tさんがなるべく夜勤務体制にして、アルバイト代を減らす努力をしてもこの結果なのである。ローソンから説明された人件費がいかにぎまんに満ちたものであるかお分かりかと思う。

三　引くも地獄、進むも地獄

①　働けば働くほど累積する赤字

《Aさん》

平成六年一一月一日から、閉店するまでのAさんの実際の手取額は、一一月だけは、なんとか四四万円あったものの、一二月は二五万円、翌年一月は〇円、二月も〇円であった。この外、店長に支払う給料二〇万円は、手取額から支払うため、赤字は一層大きくなる。人件費を少しでも浮かせるため、昼夜を問わず働いても、働けど、働けど赤字が累積する結果となった。

《Tさんの場合》

平成六年一一月から、閉店するまでのTさんの実際の手取額は、一一月が七〇万円。一二月二八万円、翌年一月が四七万円、二月は〇円であった。Tさんの場合は、Tさんの姉が共に働いている。従って、手取額は二人分の給料に該当するのである。二人が、昼夜を問わず必死に働いても、生活費の捻出も出来ず、赤字が累積していく結果となっている。

《G社の場合》

G社の場合は、他と類型が異なる。店の手取額があっても、この中から更に、店舗の賃貸料や店舗の改修等に要する借り入れ金等の支払が必要となっている。これらの全体でみると、全くの赤字経営となっており、他の場合と同様、営業を続ければ続けるほど赤字が累積している。

要は、どの店舗の場合も、契約を継続し、開店を続ければ続けるほど、赤字が累積するという悲惨な状況となっているのである。

② 高額な違約金

契約を継続すれば赤字になるというのであれば、契約を解除するしかない。

しかし、ローソンの場合は、契約を解除すれば、莫大な違約金が待っている。違約金の額は、「やむを得ない事由のない場合」は過去一年間の平均チャージの一〇カ月分となっており、「債務不履行による解除の場合」は、解除に直近する過去六カ月分の総値入高（後に述べるが、粗利に見切りロスを加えたものである）となっている。

そして、実際に、千葉の訴訟において、ローソンは、Aさんに対しては、「債務不履行による契約解除の場合」は、金一八七七万円であるが、「やむを得ない事由のない場合の中途解約金」として、約一三四五万円を請求し、Tさんに対しても、「やむを得ない事由のない場合の中途解約金」として約七六一万円を、G社に対しても、「債務不履行の場合」は二四五六万円であるが、「やむを得ない事由のない場合の中途解約金」として約一五二九万円を請求している。

すなわち、やめようとすると、債務不履行を理由に、高額な違約金をちらつかせて、脅すのである。

このようにして、フランチャイジーは、一旦契約を締結すれば最後、契約を継続すれば赤字が累積し、一方契約を解除しようとすれば、高額な違約金を請求されることになる。即ち、進むも地獄、退くも地獄の進退窮まった状態になるのである。これが、ローソンの契約の実態なのである。

四　総値入高の魔術

①　総値入高って何？——聞き慣れない特殊概念

簿記をされたことがある方は、「原価」とか、「売上」とか、「粗利」などという言葉は、よくご存じだろう。あまり簿記などに縁のない方でも、この程度の言葉は、常識の範囲かもしれない。

では、「総値入高」という言葉をご存じの方はいるだろうか。多分、皆さんは、首をカシゲるのではないだろうか。

それもその筈である。この言葉は、ローソンが勝手に作った造語なのだ。『広辞苑』にも、粗利という言葉の説明はあっても、総値入高などという項目はどこにもない。ローソンの説明では、総値入高というのは、粗利に《見切り・処分・棚卸ロス》を加えたものだという。

では、《見切り・処分・棚卸ロス》とは何のことか。見切り処分とは、売れないものを投げ売りしたり（見切り）、あるいは賞味期限の過ぎたものを捨てる（処分）すること、棚卸ロスとは、万引きなどによって無くなってしまった商品を損として計上することである。つまりいずれも、できればない方が良いものである。

総値入高というのは、粗利にこの《見切り・処分・棚卸ロス》（以下単に《見切りロス》という）を加えたものだというのだ。どうしてこのようなことをするのだろうか。ここに、ローソンの、あるいはコンビニ会計システムの、特殊なカラクリがある。

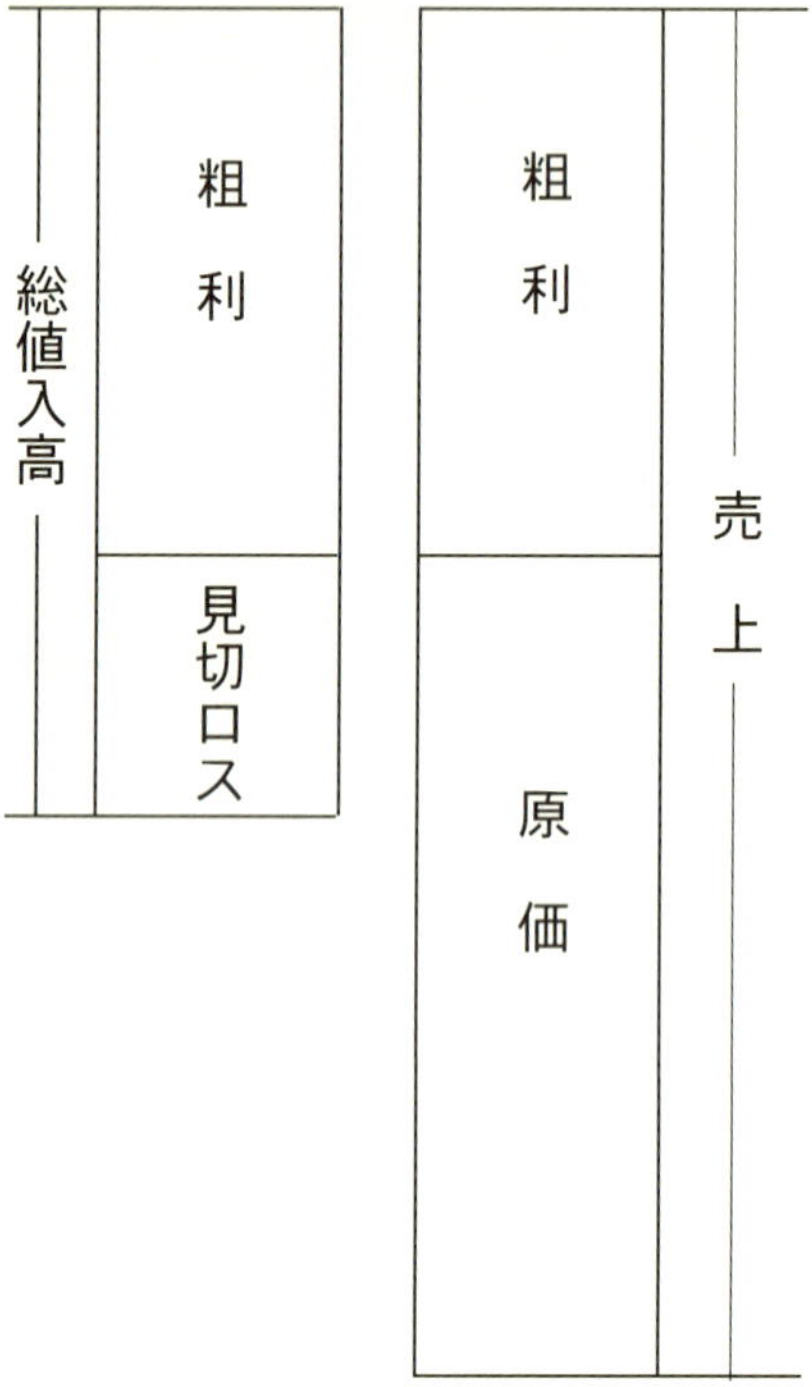

②　ふたつのカラクリ

ロスなどの危険負担の押しつけ

この総値入高というのは、実はローソンが個々のフライチャイジーから取るチャージを計算する際の、元となる数字である。チャージというのは本部であるローソンが取る利益の名称で、各契約によってチャージ率として取り決められている。ローソンのフランチャイズ契約にはいくつかの種類があるので、これらの種類によってもチャージ率は異なっているが、千葉訴訟の原告の場合、チャージ率の高い人で四三％、低い人で三一％である。チャージ率は率であるから、実際のチャージ額を出すには、この率を何かの数字に掛けることになる。通常は、このような場合、粗利にこのチャージ率を掛ける。つまり粗利の何パーセントかを本部が取る、という訳である。ところが、ローソンの場合、チャージ額の計算に当たって、この粗利の代わりに総値入高にチャージ率を掛けるのである。同じチャージ率の場合でも、粗利に掛けるのか、総値入高に掛けるのかで、答えは変わってくる。

先ほど述べたように、総値入高というのは、粗利に《見切りロス》を加えたものであるから、つまりローソンは《見切りロス》からもチャージを取る計算になる。《見切りロス》が増えれば、当然、売上がその分下がってしまい、店の収入は減る。ところが、ローソンのフランチャイズ契約では、この《見切りロス》もチャージの対象となるので、《見切りロス》が増えることは、ローソンにとっては何ら問題ではない、ということになるのである。

フライチャイジー収入を多めに見せる

ローソンは、個々の契約者であるフライチャイジーに対して、その人の毎月の経理内容を損益計算書として配布する。その項目に、「フランチャイジー収入」という欄がある。個々の店主であるフランチャイジーの収入かと思わされる。ところが、これは、先ほどの総値入高からローソンのチャージを取った残金を、「フランチャイジー収入」として記載したものなのである。何か気づかないだろうか。

実はこのフランチャイジー収入なるものは、実際にフランチャイジーに渡されるものを（もちろん、ここからさらにパートの人件費や水道光熱費などのいわゆる経費をさらに支出するのだが）膨らまして見せた架空の数字なのである。

③　ローソンは見切・ロスに知らんぷり

グラフで見るローソンチャージ

先ほど、ローソンは《見切りロス》にもチャージをかけることを指摘した。これは、言い換えると、「ローソンのチャージ額は、《見切りロス》が増えても、ある一定以上には減らない」ことを意味する。これは、《見切りロス》の増加とチャージの変動をグラフ化してみるとわかりやすい。

グラフ化の前に、一つだけ述べておかなくてはならないことがある。ローソンは、《見切りロス》の金額の計算に当たって、見切りロスが売上の一％に達するまでは原価で計算、一％を越えた場合は売価で計算するとしている。これを踏まえてグラフを見てみる。

次頁の図表は、原価六〇円の商品を一万個仕入れ、一個一〇〇円で売る場合を想定したものである。何日かして商品が全部なくなったとして、これには普通に売れた分の他、《見切りロス》も入っている。商品全体の中でこの《見切りロス》の割合が増えていったとき、チャージはどうなっていくのかをグラフ化してみた。すると、《見切りロス》が〇から増えていくとチャージの額は少しずつ減って行くが、途中からチャージの額が全く一定になる。つまり、《見切りロス》がちょうど売上の一％になったときを境に、これ以上、《見切りロス》がいくら増えようと、ローソンのチャージには変化がないのである。

考えて見れば、当然である。《見切りロス》がなければ、仕入れた商品は全部売価で帰ってくる筈であるが

総値入高の計算シミュレーション

A		商品単原価	¥60	¥60	¥60	¥60	¥60	¥60	¥60	¥60	¥60
B		商品単売価	¥100	¥100	¥100	¥100	¥100	¥100	¥100	¥100	¥100
C		商品個数	10,000	10,000	10,000	10,000	10,000	10,000	10,000	10,000	10,000
D		見切り処分個数	50	75	10	125	150	175	200	225	250
		売上高に対する％	0.50%	0.75%	1.00%	1.25%	1.50%	1.75%	2.00%	2.25%	2.50%
E	D－F	見切売価数	0	0	0	25	50	75	100	125	150
F	C×１％	見切原価	50	75	100	100	100	100	100	100	100
G		ロス個数	50	75	100	125	150	175	200	225	250
		売上高に対する％	0.50%	0.75%	1.00%	1.25%	1.50%	1.75%	2.00%	2.25%	2.50%
H	G－I	ロス売価数	0	0	0	25	50	75	100	125	150
I	C×１％	ロス原価数	50	75	100	100	100	100	100	100	100
J	B×(C-D-G)	総売上	¥990,000	¥985,000	¥980,000	¥975,000	¥970,000	¥965,000	¥960,000	¥955,000	¥950,000
K	A×C	総原価	¥600,000	¥600,000	¥600,000	¥600,000	¥600,000	¥600,000	¥600,000	¥600,000	
L	J－K	総利益	¥396,000	¥385,000	¥380,000	¥375,000	¥370,000	¥365,000	¥360,000	¥355,000	¥350,000
M	(E+H)×B+(F+I)×A	ローソン設定見切ロス	¥6,000	¥9,000	¥12,000	¥17,000	¥22,000	¥27,000	¥32,000	¥37,000	¥42,000
N	K－M	総原価									
O	J-N	総仕入高	¥396,000	¥394,000	¥392,000	¥392,000	¥392,000	¥392,000	¥392,000	¥392,000	¥392,000
P		チャージ率(%)	43	43	43	43	43	43	43	43	43
Q	O×P÷100	チャージ額	¥170,280	¥169,420	¥168,560	¥168,560	¥168,560	¥168,560	¥168,560	¥168,560	¥168,560
R	L-Q	経費控除前ジー収入	¥219,720	¥215,580	¥211,440	¥206,440	¥201,440	¥196,440	¥191,440	¥186,440	¥181,440
S	Q／L	チャージ／粗利	43.66%	44.01%	44.36%	44.95%	45.56%	46.18%	46.82%	47.48%	48.16%
T	Q／R	チャージ／ジー収入	77.50%	78.59%	79.72%	81.65%	83.68%	85.81%	88.05%	90.41%	92.90%

見切り・ロスの推移

チャージ額推移

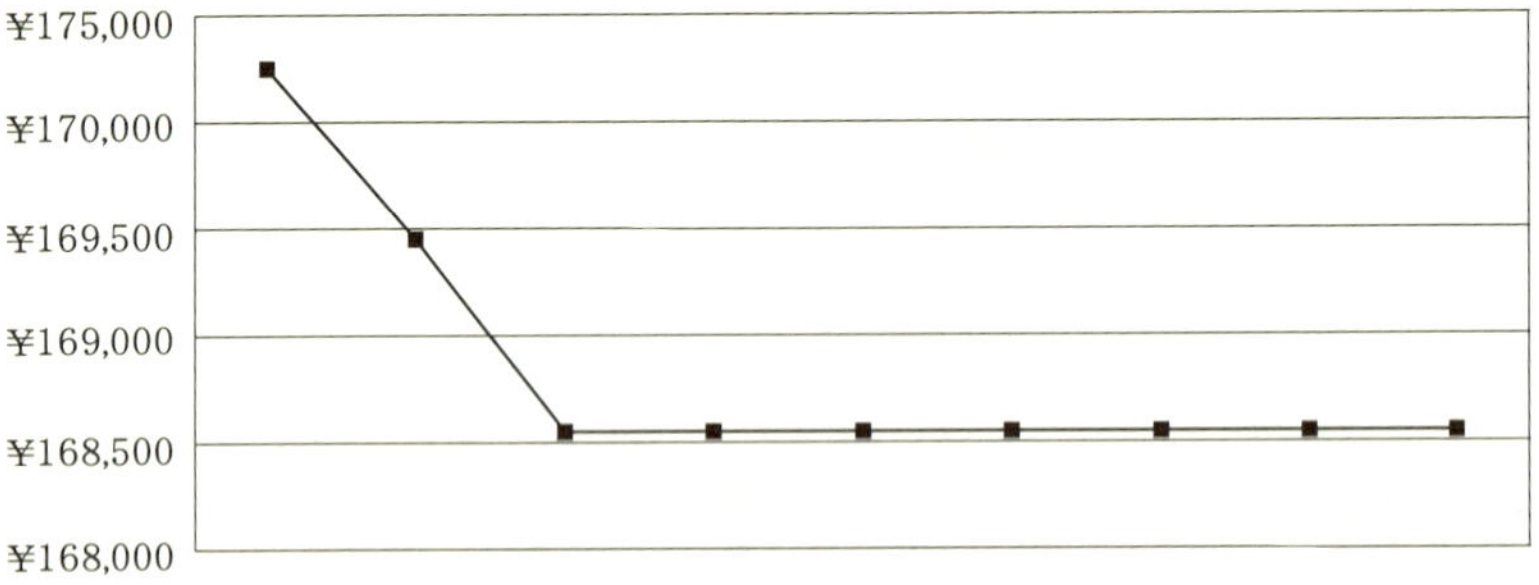

フライチャージ収入（経費控除前）推移

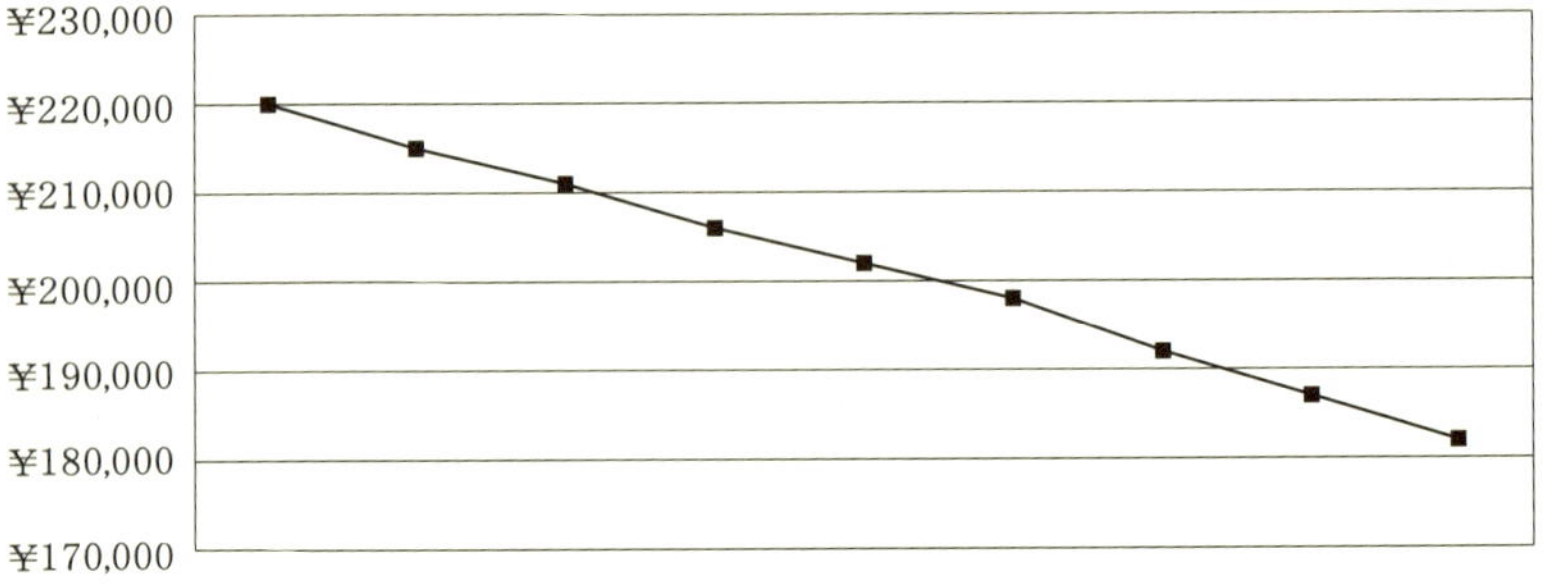

（売価での売上）、《見切りロス》が生じることで、その個数分、売上は減ってしまう。

まず、《見切りロス》が一％に達するまでの場合。《見切りロス》が出ると現実の売上は売価で減って行く（《見切りロス》が一つ出れば、その分の売上は一つ分の売価で減る）。ところが総値入高の計算上は、《見切りロス》を原価（仕入価格）で加える。したがって《見切りロス》が一つ増えると「売価―原価」の差額分、総値入高が減る。ところが一％を越えた途端、総値入高の計算上も売価で加えるので、いくら《見切りロス》が増えても、総値入高の計算結果は全く一定になり、チャージの額も一定になるのである。

ローソンは取る

このように、ローソンは、《見切りロス》がいくら生じても、これによるわずかなチャージの目減りしか発生しないようなシステムを作り上げているのである。システムと言ったが、正確には単なる計算方法である。

実際には、お店の利益が下がっているのに、チャージだけ確実に取る。その分、フランチャイジーは大変である。見切りロスが増えて、売上が減った上に、ありもしない架空の売上分も余分にローソンにチャージを支払わなければならないからである。正に、ローソンの、コンビニ本部の一人勝ちの図がここにある。このような偏頗な仕組みは、他のフランチャイズ契約にはない、コンビニ契約に独特のものである。

コンビニに付き物の見切・ロス

コンビニエンスストアは、たいていの場合二四時間営業をしており、販売している商品はお弁当から日用雑貨まで、様々な商品がおかれている。これは、「機会ロス」の発生を防ぐことを主目的にした店舗経営の方法をとっていることから、このような営業方法が採用されているのである。「機会ロス」とは、例えば商品を買いたいと思っている人が、店の前を通りがかったにもかかわらず、その人が店に入らないという「ロス」であり、店に入った人が何も買わずに出て行くという「ロス」である。

「機会ロスをなくせ」の指導で増える見切・ロス

こういったロスを無くそうと思えば、顧客に対し、「あの店はいつでも開いている」「行けば、適当な物が何かあるだろう」と思ってもらうことが重要なこととなる。つまり、二四時間、いつでも営業していて、豊富な品揃えで、日常必要な物は、大抵は売っているということが必要になるのである。

店主としてみれば、商品は常に品切れがないように揃えておかなければならないことになる。店主に指導を行うスーパーバイザーも、店主らの収入が上がらず、生活苦に陥っている現実を見ているにもかかわらず、「商材がないと売上がでません」「売上がないと利益がでません」とあくまで商品を発注させるような指導を繰り返す。当然そこには、過剰に商品を仕入れることによるロスは増大することになるのである。

しかも、過剰な発注によって発生する見切り処分やロスについては、会計上、すべて店主負担になるようなカラクリになっており、いくら発注させても、ローソンは何らの負担も負わないのである。「機会ロス」の発生を防ぐ経営方針を採用することによる危険は全て店主負担であり、ローソンが負担することはない。

仕入れさせて儲け、架空チャージで儲ける

スーパーバイザーが店主に発注を指導する際、発注を勧める商品は、当然、ローソンが扱っている商品、推薦

商品を発注させる。ローソンはまず、スーパーバイザーの指導を通じて、店主に商品を発注させることで確実に儲ける。そして、多量に発注させたことで、見切り処分・ロスが発生したとしても、見切りからもチャージを取ることで、二重に儲けるのである。

④　架空のフライチャイジー収入

総値入高―チャージ＝フライチャイジー収入？

お店の経営上は、「原価」も「売上」も「粗利」も現実の数字である。売上から原価を引いた残り、つまり粗利がとりあえずは手元に残る。ここから経費を支払うことになる。ローソンとの契約では、経費を支払う前に、真っ先に、ローソンにチャージを払わなければならないことになっているから、粗利からこのチャージを引いた残りが、とりあえずフランチャイジーに渡される金額ということになる。これをフランチャイジー収入と呼ぶのであれば、やむを得ない。フランチャイジーは、ここからさらに人件費などの経費を出すことになる。

ところが、ローソンが発行する損益計算書では、前述したように総値入高からチャージを引いた残りを「フランチャイジー収入」と称している。この金額は、「粗利―チャージ」よりも「見切りロス」分大きい。

では、ローソンのいう「フランチャイジー収入」も正しいのだろうか。

正しくない。騙されてはいけない。

実際には、あくまで「粗利」からチャージを引いた残りしかないのだ。ローソン一流にチャージを膨らまして計算するが、これによってフランチャイジー収入は減るだけだ。計算上だけの架空の数字である総値入高（こういう架空の数字なら、いくらでも作れるが、これによって現実のお金が増えないことも当然である）を元に、「チャージの残りがフランチャイジー収入」などと言ってもまことに虚しい。しかし、フランチャイジーを騙して、不当に高額なチャージのカラクリを分かりにくくするには効果があるのだ。

意図的な説明でフライチャイジー収入を水増し

このように、総値入高という概念のもう一つの意味は、フランチャイジー収入を水増しして見せることにある。総値入高の数字は、現実の数字である粗利と、幻想でしかない《見切りロス》（ここから収入が上がるものではない）からできている。ローソンはこの膨張した架空の数字から算出したチャージを、現実の粗利からしっかり取った上、総値入高のうち残った幻想部分を「君の分だよ」と言ってフランチャイジーに押しつけているのである。

⑤　一％条項の完全撤廃――改善措置を採らざるを得なかった

このような指摘を意識してか、本訴提起後の一九九八年一〇月になって、ローソンは、突然、チャージの計算方法を変更する旨全国に通達した。

すなわち、これまでローソンは、総値入高の計算で棚卸ロスを粗利に加えるに際し、棚卸ロスが売上の一％に達するまでは原価で、一％を越えた場合は売価で計算（加える）するとしていたのを、これからは一・二％までは原価で計算するとしたのである（なお、見切り処分についても、同じく本訴提起後の九七年頃と考えられるが、少なくとも一部の契約タイプについて全額原価評価することとしている）。

これは、《見切りロスがどのように増えようがローソンのチャージだけは確実に取る》との仕組みのカラクリが明らかとなり、批判が厳しくなってきたための措置と言えるが、問題がなくなった訳ではない。

何よりも、見切りロスを粗利に加えて総値入高とするという計算方法は、何ら変えていないのである。フランチャイジーが、売上になっていない見切りロス部分についてもチャージをとられるというローソンの一人勝ちの構図の大元には、何らの変更もないことに注意すべきである。

五　訴訟の提起

このように、ローソンのフランチャイズシステムとその契約内容には、様々の問題点がある。契約締結に至る説明についても、極めてぎまん的である。

千葉の訴訟では、以上を踏まえ、本件各契約は、詐欺によるものだから取消すこと、また原告らが考えていたものと異なる契約を締結させられた結果になっているので錯誤によって無効であること、そしてローソンの行為は不法行為、債務不履行に当たること、また独禁法が禁止する不公正取引に該当するとして、損害賠償を求めたものである。

これに対し、ローソンは真っ向からその責任を否定するのみならず、原告らばかりか保証人となった親戚などを被告として、高額の違約金の支払いを求めて反対に訴訟を提起してきた。現在、千葉地裁にはこれら両方の訴訟が係属して、正面から激突している状況である。

（四）オートバックスセブン訴訟

弁護士　大槻　厚志

一　はじめに

本件は、カー用品の販売等で有名なオートバックスセブンを被告として、同社と加盟店契約を結び、二店舗を経営するA社が訴訟を提起している事件である。A社は、オートバックスと加盟店契約を結び、その後千葉市内において約二〇年間にわたりオートバックスの加盟店として営業を行ってきた。

ところが平成九年三月に至り、オートバックスが、A社の意向を全く無視して、A社の店舗の近くに直営店として巨大店舗を開店した。そのため、A社の店舗は壊滅的打撃を受け、閉店に追い込まれてしまった。

ところで、コンビニエンスストアにおいても、開店時には全く知らされていなかったにも関わらず同一会社の店舗が近隣に開店し、そのため、致命的な打撃を受けるということが起こっている。

このような点においては共通点があり、ここで本件を紹介させていただく。

二　本件事案の概要

1　A社は、昭和四七年から千葉市内において自動車部品の販売を行っていた。当時、自動車部品を扱う店舗は千葉市内においてはほとんどなかった。

昭和五二年五月当時、フランチャイズシステムによる加盟店を順次増やしつつあったオートバックスがA社に働きかけ、A社の店舗は、首都圏におけるオートバックスの第一号店になったのである。但し、昭和五四年までは、むしろA社の信用や名前で販売がなされている状況で、正式なフランチャイズ契約は結ばれておらず、また、ロイヤリティも支払われていなかった。正式に書面が取り交わされたのは昭和五五年三月であり、これ以降A社はオートバックスにロイヤリティを支払うようなっている。

2　このようにしてA社はオートバックスの加盟店となったが、その後自動車の保有台数の増加に伴いカー用品の需要も増え、オートバックスは次々と加盟店を増やしていくと同時に、順次売上を伸ばしていっていた。A社の店舗も、当初のC店の他、昭和五八年にはT店及びM店の三店舗となり、その後平成二年にC店は閉鎖したものの、平成八年まで比較的順調に経営を行ってきていた。

ロイヤリティ（売上額の一％）を支払うようになった昭和五五年から平成八年までの間、A社はオートバックスに約一億二三六〇万円のロイヤリティを支払っている。なお、オートバックスにおいては、平均すると販売価格の約七割に相当する額が仕入価額であり、その二〇％程度がオートバックスの商品販売における利益になっている。従って、この間オートバックスは、A社に商品を卸すことにより、概算で一七億三〇〇〇万円の利益をあげていることになる。

さらに、A社はこの間の広告宣伝費として合計約四億八一五〇万円を出捐している。これらは当然、A社の宣伝であると同時に、その地域においてオートバックスの宣伝も兼ねるということになる。また、当初のC店開店に当たってA社は、オートバックスの加盟店として体裁を整えるために約三〇〇〇万円、T店については約五五二〇万円、M店については約六一五〇万円の設備投資もしている。

このような経過からお分かりいただけると思うが、A社はオートバックスの首都圏の第一号店として店舗を始めて以来、本部であるオートバックスに対し、経済的にも多大な貢献をしてきている。また、自らも店舗展開のため多額の設備投資や宣伝費用を負担してきたのである。

3　なお、オートバックスとA社との間の加盟店契約によれば、いわゆる「テリトリー制」は、明文上規定されていない。しかし、実際の運営に当たっては、オートバックスは各加盟店に対し、新聞折り込みが各加盟店にとっては最も有効な宣伝広告であることから、各新聞社の配達区域区分図（新聞販売店の場合、販売店毎にその販売店が担当する区域割がなされている）に基づき、各加盟店の宣伝を行うことが可能な地域を定め、一方、その区域においては他の加盟店の宣伝をしてはならないとしており、事実上加盟店毎に営業宣伝活動の地理的範囲を定めていた。

このように、本部の指導により各加盟店の営業宣伝活動の地理的範囲が定められていることにより、各加盟店は事実上その経済的基盤の保証がなされることになり、本部に一定のロイヤリティを支払いながら、出資金や宣伝費用に見合う一定の利益を上げることが出来るシステムになっている。

4　ところが、平成八年一月、A社は、突然取引先から「オートバックスが、A社が経営するM店から直線距離にして五キロ、同じくT店から一一キロの場所に、本部直営の巨大店舗を開店することを決定した」と知らされた。その予定地は、A社のM店の営業宣伝活動が認められている区域内に位置していた。

もともと顧客はほとんどが車を所有し、車によって移動しており、五キロというのはまさに直近と言ってもおかしくない距離である。このような至近距離に、本部直営で、敷地面積約五〇〇〇坪、売場面積約五〇〇坪の超大型店舗が開店し、かつその内容も従前からのカー用品の販売以外の付随販売もあり、また付帯設備としてレストランやガソリンスタンドを設置するというものであった。これでは、豪華客船と遊覧船が衝突するようなもので、このような店舗が直近に出来ればA社のM店やT店は破綻してしまうのは時間の問題であることは、ほとんど誰の目から見ても明らかな状態になった。

そのため、A社の代表者は、右計画がはっきりした平成八年五月以降、再三に渡り本部との話し合いを求めた。勿論、既に決定された大型直営店開店の方針を変えること等は出来る筈もなく、そのため、このままでは破綻必至の二店舗を本部において買い取ってもらうという方向で話が進められた。

その結果、平成八年一〇月一日には、同月三一日をもって直営店により近いM店の営業権をオートバックスの子会社に譲渡し、T店についてはそのままA社が経営するということで合意が成立した。しかし、右合意は書面化されないまま、一〇月三一日、オートバックス側から「このような方法は独禁法に触れるので、無理である」と宣告され、一方的に白紙撤回されてしまった（独禁法に触れるということはない）。

その後は、オートバックス側で責任をもって新たな店主を捜すとか、納得出来る代替措置をとるなどと言われていたが、平成九年一月になり、そのような方法もとれないと言われ、いわば死刑宣告をされた状態になったのである。

その後もA社の代表者は、信頼していたオートバックスの専務に面会を求め、当初の合意と違うこと等を訴えたが、返ってきた言葉は「あんた、ついてなかったね」という一言であった。

平成九年二月二四日にはオートバックスの部長より電話で「常務会でM店とT店の閉店が決まった」と、一方的に通告を受けた。さらに、二月二七日には右部長らがA社を訪ね、一方的にオートバックスとA社との間のフランチャイズ契約に関する「契約解除に関する合意書」を突き付け、記名押印を求めてきた。

もともと、A社の代表者は性格的にもおとなしく、また、この間二〇年に渡りオートバックスの加盟店として、本部の指導には一切逆らうことなく、言いたいことや不満は全て自らの内に押さえ込み、誠心誠意働いてきていた。しかし、今回だけは余りに一方的な本部のやり方にどうしても納得することが出来ず、右合意書に記名押印することをはっきりと拒否した。

5　しかし、オートバックスの理不尽なやり方はこれで終わった訳ではなかった。

平成九年三月三日、A社には全く無断で、A社のT店及びM店の約六〇〇〇名のオイル会員に対し、色刷りの葉書が送りつけられてきた。その表の宛名の下には「店舗移転のご案内―勝手ながら現在の店舗での営業は3月2日をもちまして終了させていただきます」「オートバックスM店（T店）」と記載されており、裏には「驚きのスケールで生まれ変わります！」「スーパーオートバックス千葉N店　3月20日ＯＰＥＮ」と記載されていたのである。

このような、余りに理不尽なやり方に対し、A社代表者は私の事務所を訪ね、「何とかダイレクトメール等の配布を差し止めて欲しい」と依頼し、これを受けて私はその旨の内容証明郵便をオートバックスに同日送付し、翌日送達された。

しかし、右内容証明を無視するように、その後オートバックス千葉N店店長の「ご挨拶」というダイレクトメールがA社のオイル会員六〇〇〇名に送付されると同時に、M店近隣に無差別に配布された。

このようなことから、平成九年三月一四日、A社を申立人、オートバックスを相手方として、千葉地方裁判所に対し、「千葉N店の出店禁止」及び「M店とT店を閉店する旨を記載したダイレクトメール等の配布禁止」の仮処分の申立を行った。但し、右仮処分は、平成九年三月二〇日にオートバックスの大型直営店である千葉N店がオープンしてしまったことと、相手方がT店及びM店の閉店のダイレクトメールを一切配布しないと約束したことから、取り下げている。

三　訴訟の提起

右経過を読んで頂ければ、大多数の読者の方は「余りにひどいではないか」と思って頂けるかと思う。このような経緯から、やむなくA社は、オートバックスを相手に平成九年六月一八日付で損害賠償請求事件を提訴した。

しかし、この件はその後経済雑誌等に取り上げられ話題になったことから、オートバックス側は、社長や副社長までが直接A社代表者の説得を行い、「悪いようにはしないから」との言葉で、私が反対するにも関わらず、

A社代表者は裁判を取り下げてしまった。

しかし、一旦造反した加盟店を本部が許す筈もなく、その後の経緯から、このままではA社ごと本部に乗っ取られてしまうことを悟ったA社代表者は、再び私に依頼を行い、改めて仕切り直しの裁判が平成九年七月三一日付けで千葉地方裁判所に提訴され、現在まで四回の口頭弁論が開かれている。

四　本件の問題点

このように、オートバックスのやり方は、常識的に見る限り極めてひどいやり方ではあるものの、オートバックスが作成した契約書の文言に直接違反するものではない。なぜなら、契約書には加盟店の「テリトリー」を保証するような条項はないのである。従って、本部がM店やT店の直近に新たに直営店や加盟店を出したとしても、これを規制する明示の規定はない。

もともとフランチャイズ契約において契約書を作成するのは本部であるが、当然のことながら、その契約内容は本部に極めて有利に作成されており、本件のような本部の行為を規制する規定は一切存在しない。また、このような本部の行為を規制する法律もない。しかも、私の知る限り、このような問題が直接裁判上争われたという判例も見当たらなかった。また、直接このような問題を論じた学者の論文等も見つけることができなかった。


しかし、どのように考えても、オートバックスのやり方は理不尽である。オートバックスは、A社とフランチャイズ契約という継続的な契約を結び、互いに共同体として長期間に渡り経済活動を行ってきている。しかもこれにより、オートバックスはA社から、ロイヤリティや商品の卸代金という形で、多大な利益を得ている。

さらに、Ａ社は、各店舗の出店に際しては多額の投資を行い、この間膨大な広告宣伝費も支出している。このようなＡ社に対し、その店舗の直近にＡ社の意向を全く無視して巨大店舗を出店し、Ａ社に壊滅的な打撃を与えたうえ、一方的にフランチャイズ契約の解約を強要するような行為は、とうてい許される行為ではないだろう。

このような経過から、私は、「フランチャイズ契約のそもそもの性質」及び「本部と加盟店との結びつきの態様、程度及び加盟店の貢献度」等から、本部には加盟店の経営を破滅させるような行為を行ってはならない信義則上の注意義務が存在すると考える。或いはまた、フランチャイズのような継続的な契約においては、その態様により、信義則上、一方が他方の信頼関係を破綻させるような行為を行ってはならない義務があるとも考える。

なお、具体的な判断に当たっては、業種や新しい店舗との距離、加盟店の営業、宣伝活動を地域的に保証するような実態の有無、新たな店舗出店の本部における必要性と新たな出店がもたらす加盟店への影響の程度、契約期間やロイヤリティの支払額、商品販売による本部への貢献度、加盟店が行った投資や出捐、本部が何らかの代替措置をとったか否か、等が総合的に検討されなければならないと考える。

このような視点から、裁判では、本件におけるオートバックスの行為はフランチャイズ契約を締結した本部の債務不履行になると主張している。なお、同時に、本件におけるオートバックスのＡ社に対する一連の行為は、Ａ社の法的に保護されるべき営業上の利益を、社会的相当性を逸脱する様態において侵害したものであり、不法行為を構成するとも主張している。

以上のように、私から見れば、何らかの形でＡ社は裁判手続により救済されなければならないと考えている。

今後は学者の方や他の弁護士との協力を得て、様々な角度から本件を検討し、論理的にも深めて行きたいと考えている。

（五）サブウェイ・フランチャイズ訴訟

弁護士　神田　高

一　サブウェイ・フランチャイズ訴訟の特質

1　提訴のいきさつ

一九九九年一月二一日、サンドイッチ・チェーンのサブウェイ・フランチャイズの元加盟店である原告ら八名は、日本サブウェイと親会社のサントリー等を相手に東京地方裁判所に総額四億五七〇〇万円に上る損害賠償請求の訴えをおこした。

一年以上も前に、原告の一人の加盟店主が私のところに、「サントリー系列だと思って安心してフランチャイズの加盟店になったが、やってみたら赤字続きでどうしようもない。他の加盟店も怒っている。なんとかならないか」と訴えてこられたのが本件提訴のきっかけとなった。その後、何人かの加盟店の方の話も聞いたが、「とにかく売上がのびない。本部は何もしてくれない」というのが一致した声であった。原告となった人たちは、この間結成された「コンビニ・FC加盟店全国協議会」にも参加され、自分たちの被害救済だけでなく、現に加盟店として苦労している仲間のためにも、条件改善を図ってもらいたいという思いで、サブウェイ本社とも交渉を試みてきたが、本部の誠意ある回答を得られず、本件提訴に踏み切ったものである。

２　本件訴訟では、原告ら元加盟店の被害救済を第一の目的としながらも、フランチャイズ被害者を再び出さないために、世論にも広く訴えていくという基本方針をとっている。提訴の日に記者会見をし、テレビ・新聞で報道していただいたのもそうしたねらいからだ。

原告らの損害の内容は、加盟金、ロイヤリティなどの本部への支払の返還と開店にあたっての店舗開設の諸費用、営業の中で生じた赤字分、閉店時の経費等である。これらは、サブウェイらの違法かつ無効な行為がなければ被ることのなかった損害である。

では、なぜ、原告らのサブウェイ加盟店は赤字経営を余儀なくされたのか。詳しくは以下に述べるが、一言で言えば、日本サブウェイが（実体は、サントリーと言ってよいであろう）、日本の市場にあった商品開発を怠ってきたことにある――アメリカサブウェイとのマスターフランチャイズ契約によって肝心の商品開発が制限されていること（一二種類のサンドイッチメニューの内、日本におけるローカルメニューは二種類に限定されている）もその背景にある。それにもかかわらず、日本サブウェイ（サントリー）が店舗拡大を至上命令として、加盟店（希望者）を騙してきたということである。

ここには、他のコンビニ・フランチャイズ訴訟と共通の面と同時に、サブウェイフランチャイズ固有の問題との両面があると考えられる。加盟店（フランチャイジー）として経営していくのに必要な情報は開示せず（むしろ、既存加盟店の赤字の実績、その原因などは隠していた）、まともな経営指導などは一切せずに加盟金、ロイヤリティなどは本部が吸い上げていくという構造は、他のフランチャイズ紛争にも共通した面だろう。他方、本部が、フランチャイズの主力商品自体の持つ欠陥を改善することなく、かつ欠陥を知りながら加盟店拡大を図り、商品の販売を加盟店に押しつけてきたことは、本件サブウェイら被告の特徴的な悪質さであると考えられる。

二　本件訴訟での法的主張とその意義

1　法律上どのように構成するか

ところで、フランチャイズ訴訟において、こうした問題点を法律上どのように構成して主張をしていくかは、一工夫いるところだと思う。それは、フランチャイズ紛争の実態は、本部（フランチャイザー）と加盟店（フランチャイジー）が明らかに対等ではなく、本部側が加盟店（または加盟店応募者）に対し優越した地位を持ち、これを濫用しているところから生じているのに、本部側はもちろんであるが、裁判所もその実態に切り込む姿勢が弱く、「独立した事業者」相互の法律関係と見がちであるからだ。また、フランチャイズ契約が「対等当事者」間の契約という形式をとっており、その形式に裁判所がとらわれやすいという面もあるだろう。

そこで、私たち弁護団は、本件サブウェイ・フランチャイズ契約が社会的妥当性を著しく欠く無効なものであるとの主張とともに、当事者間の経済的・社会的格差の実態を前提とし、これを是正するための法理に基づく、法規制——これが日本では極めて不十分なのだが——である独占禁止法違反による不法行為責任を法的主張の軸の一つとすることにした。特に、フランチャイズシステムについては、公正取引委員会が、ガイドライン（「フランチャイズ・システムに関する独占禁止法上の考え方について」昭和五八年九月二〇日公正取引委員会事務局）

を出し、そこでは、「本部と加盟者間の取引関係は独占禁止法の適用を受けるものである」ことを前提として、フランチャイズ契約が「加盟者を通常の取引契約に比較して格段に強い契約関係の下に本部の系列の中に組み込むものであるから、加盟希望者の加盟に当たっての判断を誤まらせるような行為が行われてはならず、また契約内容については、契約全体として本部と加盟者との間で相互的に均衡が保たれていることが必要であり、加盟者のみを不当に拘束するものであってはならない」としている。これは、独占禁止法をフランチャイズ紛争に適用する場合の規範内容を明らかにする点で極めて重要だと言える。

そして、サブウェイ・フランチャイズ紛争の実態に即して、サブウェイ側の債務不履行責任も追及している。

2　フランチャイズ契約の無効（民法第九〇条）

サブウェイ・フランチャイズの問題点として、最も明らかなことは、加盟店の大半が赤字経営を強いられていることだ。原告らの調査によれば、サブウェイ加盟店の八割近くが赤字経営となっている。また、一九九二年一二月に開店した一号店から一九九七年一二月末までに開店したFC店舗一八〇店のうち、実に七四店舗、比率にして四一・一％が閉店に追い込まれている。

サブウェイ本部も、サブウェイ・フランチャイズの欠陥を認め、既存加盟店を集めた集まりでは、「出店のみを求めることがないように脱皮していきたい」とか、「結果としてアメリカと日本は違うにもかかわらず、同じ方法を取り入れたことが間違いといえるでしょう」などと話している。サブウェイ本部は、こうしたいわば構造的欠陥を認識しながら、あえて原告ら加盟店をフランチャイズに勧誘し多額の加盟時納入金を納めさせ、開業後はロイヤリティとして売上の八％、宣伝販促費として二・五％も本部に納めさせているのであるから、正にサブウェイのやり方は「暴利行為」と言え、民法第九〇条に違反し、無効である。

3　不法行為責任（民法第七〇九条）

①　ぎまん的顧客誘引——不公正な取引方法・一般指定第八項

公正取引委員会のガイドラインは、右の観点にたって、「本部の加盟者募集について」は、「募集に当たり、加盟希望者の適正な判断に資するため、十分な情報が開示されていることが望ましい」とし、加盟後の商品等の供給条件、予想売上げ、予想収益に関する事項については、「類似した環境にある既存店舗の実績等根拠ある事実に基づいたものである必要があろう」として、「本部が加盟者の募集に当たり、その誘引の手段として、重要な事項について、十分な開示を行わず、又は虚偽若しくは誇大な開示を行ったときは、不公正な取引方法の一般指定の第八項（ぎまん的顧客誘引）に該当する」おそれがあるとしている。

ところが、サブウェイは、説明会の説明などでは、「低投資、低在庫、低人件費でシンプルオペレーションで経営上の負担が軽い」「バックアップ体制が万全」「低投資でハイリターン」などと話して原告らを勧誘している。配布資料では、「標準収益比率」なるグラフが示され、年間売上一億円とされ、そのモデルでは、償却前利益が一四・五％、金額にして一四五〇万円の利益があがるとされていた。しかし、実は、本部の説明では、一定の売上があがることが前提とされていたが、既存加盟店の売上等の実績は一切明らかにされなかった。原告らが開店した後の実績である毎月三〇〇万円の売上では利益は〇％となってしまうのだった。

また、アメリカサブウェイとのマスターフランチャイズ契約のため商品開発が制限されていることも全く告げられていなかった。サブウェイの加盟店勧誘は、既存店舗の実績等の重要な事項につき、十分な開示を行なわず、またあたかも多大な売上、利益があがるかのような誇大な情報を与えることで勧誘をしたものであり、まさに、独占禁止法の禁じたぎまん的顧客誘引にあたるものである。

② 優越的地位の濫用――同第一四項

また、サブウェイの行為は、加盟者にとって不当な不利益となる取引条件を設定するものだ。

右ガイドラインは、「契約内容については、契約全体として本部と加盟者との間で相互的に均衡が保たれていることが必要であり、加盟者のみを不当に拘束するものであってはならない」としている。ところが、営業にとって決定的とも言える店舗をどこに設置するかは、契約段階では全く決められていない。三八〇万円もの加盟時納入金を支払って契約をした後に、店舗が本部の承認のもとに決定されることになっている。しかも、経営実態が示すように、本部の店舗選定はずさん極まりないものである。

また、契約後も、取扱い商品は限定され、食材などもパンなどはアメリカサブウェイから指定業者が輸入したものを購入することが義務づけられ、しかも、加盟店が再三メニュー改善を申し入れても本部は聞きいれず、指定商品の販売を加盟店に押しつけ続けてきた。そして、八割もの加盟店が赤字経営に苦しんでいるのに、本部は〝濡れ手に粟〟で多額のロイヤリティを手にすることができたのである。

4　債務不履行責任（民法第四一五条）

右に見たようなサブウェイ本部の行為は、フランチャイズ契約上の義務に違反するものでもある。

フランチャイザー（本部）は、加盟店運営についてのリスクを負うことなく、フランチャイジーの「他人資本」（資金・人材）を活用して事業拡大、収益確保を図ることができる一方、フランチャイジーは、事業運営のノウハウ・専門的知識が極めて乏しいなか、フランチャイザーの提供する情報、ノウハウ、経営指導に依拠しながら利益をあげることを期待してフランチャイズ契約を締結するものである。

このようなフランチャイズ契約の構造、実態からすれば、フランチャイザーには信義則上、フランチャイジーが一定の収益を確保し、安定的な経営を維持することを可能とする指導を行ったり、ノウハウ・情報を提供する義務が課されているというべきである。しかるに、サブウェイは、用地選定、適正な「店舗」について承認をする義務に違反し、適切な経営指導をすべき義務を怠り、商品力のあるメニューの開発を行う義務に違反し、原告らに損害を与えたので、債務不履行責任を負うものである。

三　まとめ

私は、今回のサブウェイの事件以前にも、同じく東京地方裁判所で、〝クラシアン〟という水道工事のフランチャイズの加盟店（原告三七名）の被害救済のための訴訟を担当したことがある。このフランチャイズも多額の加盟時納入金を納めさせておきながら、次第に仕事干しをし、遂には、加盟店を一旦全廃して直営に切り替え、その後また加盟店を募集するという悪質なものであった。この訴訟は二年後に和解で解決したが、悪徳フランチャイズは後を絶たない。本件サブウェイ・フランチャイズも、店舗拡大を至上にして、加盟者をぎまんしたものであり、悪質と言わざるをえない。

フランチャイズ被害者をこれ以上出さないために、各フランチャイズ毎の問題点を社会的に告発していくとともに、フランチャイズ規制の法理、法規制の早期の確立が強く望まれる。

四章

コンビニ契約の構造と問題点

鹿児島経済大学助教授　山本晃正
日本福祉大学助教授　近藤充代

(一) コンビニ契約の締結

近藤　充代

コンビニ契約は、その内容の不公正性もさることながら、締結段階において、チェーン本部の勧誘員が加盟店オーナー希望者に対し、契約内容について十分な説明をせず、虚偽の情報を提供するなどして勧誘している点にも大きな問題がある。

一　フランチャイザーとフランチャイジーの非対等な関係

まずコンビニ契約の両当事者の関係に注目してみよう。一方の当事者であるフランチャイザー（以下、ザーという）は全国展開している大手コンビニをはじめとするチェーンの本部であり、長年の経営の積み重ねや多数のチェーン店展開の経験をもとにコンビニ経営に関する独自の経営ノウハウや経営情報を有しているコンビニ経営のプロである。また、日々、資金と人材を注ぎ込んで、そのシステムの開発に努めている。

これに対して、他方の当事者であるフランチャイジー（以下、ジーという）はコンビニ経営に関してはほとんど素人の加盟店オーナーである。ジーの主流はコンバージョン・フランチャイズ（＝酒販店や青果店などの個人経営者を対象に、所有している〝事業〟を転換させるタイプ）から、ターンキー・フランチャイズ（＝本部企業が店舗の土地、建物、什器、看板一切を所有する形式の経営委託店タイプ）に変化してきており、現在では、新規出店の七〇～八〇％を後者が占めるという(1)。ザーは脱サラ希望者などを対象に、素人でも簡単にオーナーになれるとして各地で説明会等を開催して、ジーを勧誘している。つまり、「フランチャイジーは、フランチャイズに係る営業については特に知識・経験を有しないのが通常であ」り（ミニショップに関する仙台地裁一九九八（平成一〇）年八月三一日判決）、ザーとの間には、資本力、経営ノウハウ、その他の経営に関する情報等について、プロ対アマチュアとでも言うべき圧倒的な格差が存在する(2)。両者の関係は著しく非対等なのである。

酒販店等の経営者がコンビニ経営に転換する場合には玄人であって、素人とは言えないという議論もあるが、コンビニは取扱い商品、販売方法等が異なるのみならず、複雑な経営システムに基づいており、コンビニ経営に関していえば、酒販店等の経験者もまた、等しく素人であるというべきであろう。しかも、数千の店舗を擁する大手コンビニチェーンとの関係では、経営ノウハウ、その他経営に関する情報等の格差は歴然としていると言えよう。

さらにいえば、フランチャイズ・システムは素人でも安心して経営ができ、成功を収めることができるように開発されたシステムであり、それはザーの勧誘にあたっての主要なセールスポイントともなっている。したがって、フランチャイズ契約は本来、経営の素人を主要な対象とする契約であるといえる。その意味では、フランチャイズ契約の締結前についていえば、オーナー希望者は、実質的にも形式的にも、事業者というより消費者というべきであろう。すなわち、オーナー希望者は、フランチャイズ・システム・サービスという極めて高額な「商品」

を購入し、ザーとの間で継続的な契約関係に入ろうとする消費者と見るべきである。

このような観点は、決して特異なものではない。例えば、アメリカの連邦取引委員会は、一九九四年一二月に「消費者のためのフランチャイズ購入ガイド（A Consumer Guide to Buying a Franchise)」を作成し、「フランチャイズ所有の利益と責任」、「フランチャイズ方式を選択するに先立って」、「フランチャイズの選択」、「フランチャイズ提示条件の調査」などの項目で、消費者に向けてフランチャイズ購入の際に検討すべき点、注意すべき点等を提示している。また、カスミコンビニエンスネットワークの「スパー契約書（Aタイプ）」と題する契約書解説マニュアルは、「（スパー契約を）検討、認識するための期間」として、「開発担当者の営業活動が加盟候補者に対する訪問販売だとすれば、契約内容の説明から加盟契約締結までには七日間（クーリングオフ）程度の期間を置いた方がよい」と記されており(3)、マニュアルにもザー側がこの契約を消費者契約類似のものとして認識しているくだりがあるのである。

ところが、ほとんどのコンビニ契約書には、ザーとともにジーも「独立の事業者」である旨、確認する条項が置かれている。これは、当該契約が対等平等な事業者間の契約であり、当事者の自己責任の原則、契約自由の原則がそのまま適用される契約であるというザー側の主張のあらわれであるが、前述のような実態からは著しく乖離するものといえよう。

二　虚偽の売上予測等の提示

次いで、具体的な勧誘の実態をみると、ザーの勧誘員は、コンビニ経営につきほとんど無知に等しいオーナー希望者に対して、多くの場合、科学的根拠に乏しい過大な売上予測やジーの実収入見込み、あるいは過小な人件費や営業経費の見積り等を示して出店を勧めている。例えば、ミニショップの事例では、ザー側は、契約店舗の従前の経営状況をいっさい明らかにせず、口頭で「すぐに日商五五万、六〇万になり、利益は一〇〇万前後にはなる」などと勧誘していた（実際の日商は四〇数万円。前掲仙台地裁判決）。また、ファミリーマートの事例では、ザー側は店舗建物の賃料を経費として計上せず、ジー夫婦の取り分が九〇万円になると説明していたが、実際は賃料二〇万を支払うと、ジー夫婦の取り分としては一〇数万円しか残らないこととなった（鹿児島地裁一九九八（平成一〇）年一二月二四日判決）。さらに、サンクスの事例では、「高売上は間違いない」として、保証金五〇万円に加えて追加保証金を三〇〇万円上載せて請求することによって、オーナー希望者に当該店舗の優良性を信用させていた（東京地裁一九九三（平成五）年五月三一日判決）。その他、過小な人件費等の予測を「市場調査の結果」と称して提示したとされる事例、経営不振のため直営店に変更された店舗をあたかも優良店であるかのように説明したとされる事例、さらに悪質な例としては、経営がうまくいっている他の店舗のデータを、あたかも当該店舗の過去のデータであるかのように説明していた事例など、不当な勧誘の事例は枚挙にいとまがない。

これに対し、オーナー希望者は、コンビニ経営によって生計を維持していくことを目的としているのであるから、売上高、経費、実収入等の数値は契約締結に際し、重要な判断材料である。オーナー希望者としては、コンビニ経営の経験がないのであるから、それらについて自ら調査することは不可能であり、当然、圧倒的な経験、情報量を有するザーの調査を信用する以外にないと言えよう(4)。そもそも「それすら信用できなければはじめからそのＦＣチェーンへの加盟を検討したりしない」のである(5)。

これらの実態は、ザーの契約書における、当該店舗の経営可能性について「通常甲（＝ザー）が実施する調査をし、その結果にもとづく意見や事例など参考となる情報を乙（＝ジー）に提供した」（セブンイレブン契約書前文）、あるいは独自の基準に基づく調査を行い、ジーの意思決定にとって参考となる情報を提供した（サークルK契約書前文）旨の記載との間に著しい齟齬《そご》があることは明らかである。

しかも、このような虚偽的な売上予測等のセールストークにもかかわらず、ザーは、ジーに示す資料には、「参考」と記入したり、資料の末尾に「この見積損益計算書の数値は、現状の売上より算出したもので、本部として保証するものではありません」といった一文を置いて、責任を回避している。また、契約書においても、「本契約は、甲（＝ザー）ならびに乙（＝ジー）双方の完全なる合意により成立したものであって、本契約締結前の口頭による意思表示は、本契約に記載されないかぎり、一切の効力を有しません」（ローソン契約書四〇条）とする条項や、ジーは契約締結の際に「契約店舗の売上等について、甲（＝ザー）より何ら保証を受けていないことを確認します」（ローソン契約書末尾）という一文を用意することによって、勧誘段階での過大な売上予測や収入予測、あるいは売上保証とも受けとれるセールストークなども契約内容には含まれないことを明記して、ザーの責任を回避しているのである。しかし、このような免責条項は、ザーのジーに対する優越的な地位を背景として、ザーの責任をあらかじめ制限しようとするもので、ジーにとり不当に不利益に作用するおそれがあり、公序良俗に違反するといえよう（6）。

確かに、売上予測等将来の経営状況の予想には不確定な要素が含まれよう。しかし、ザーは、長年にわたる全国数千の店舗の販売、経営情報を握っており、立地条件や契約タイプなどさまざまな条件にみあった経営データをはじき出すことが可能であると考えられる。実際に、例えばセブンイレブンの勧誘パンフには「商圏の世帯構成、店舗の視界性、車でのアクセスのしやすさ、周囲の交通量など一二〇項目に及ぶ出店調査を実施。このデータをもとに開店後の業績を予測し、厳選した立地のお店にアプローチしています」と記載されているという（東京高裁一九九九（平成一一）年三月一一日判決）。また、少なくとも既存店であれば過去の経営データがそろっているはずであり、「予測の前提としてその（＝今後の経営状況の）合理性を担保するのは過去の状況である」（前掲仙台地裁判決、カッコ内は引用者）から、将来予測にしろ過去のデータにしろ公正で正確な情報をジーに対し開示するべきであろう。

三　契約内容に関する事前説明の欠如

さらに、オーナー希望者は勧誘段階では、ザーから、コンビニシステム、とりわけ特異で複雑な経営システムや会計システムなどについてほとんど説明を受けることはない。コンビニ独特の専門用語が多用された契約書やマニュアルも、事前にはほとんど開示されず、中身についての十分な説明も行われない。契約書が示されるのは、契約締結の席上がはじめてであり、しかも、ザー側の担当者が一通り読み上げるのみで、内容に関する説明は一切なく、それに続いてジーが契約書にサインするのである。そもそも、ザーの勧誘員が持つ勧誘用の契約見本は、「極太の活字で契約条項マニュアルが載っているが、加盟店オーナーが店舗オープン後に問題と指摘するような条項の詳しい部分の説明は省かれていて、契約のサインをする時までは、〝問題意識〟を持つようなことは不可能である」という(7)。

このような実態にもかかわらず、契約書では、ザーは十分な説明を行い、ジーはそれを十分検討して契約を締結したことになっている。すなわち、ジーは、加盟についての判断資料を手渡され、かつこれに基づいて、「加盟の概要およびその契約内容の要点につき、説明を受けた」（セブンイレブン契約書前文）とされ、あるいはザーがジーの「加盟決定に必要な資料を開示し、これに基づき、契約内容、コンビニ事業の概要について十分な説明を行い、乙の質問にも十分な説明を与えた」（サークルK契約書前文）とされ、ジーは契約締結につき「自主的に検討し、判断したうえ、加盟の意思決定をした」（セブンイレブン契約書前文）こととされている。

しかし、コンビニ契約は、次節でみるように特異で複雑なシステムをその内容とし、コンビニ経営の経験のないオーナー希望者にとっては、実際に経営してみなければ、その内容を十分理解することは困難である。つまり、ジーは契約時点では、ザーの説明が「十分」であるか否かを判断しえない状況にあるのであって、そもそも契約書にこのような文言を置くこと自体、実態とかけ離れている。しかもこれらは不動文字で書かれているため、実際に十分な説明を受けていないとして変更を要求したとしても、変更は不可能である。それにもかかわらず、結果として、これらの条項によりザーは免責されているのであるから、きわめて不公正であるといえよう。

契約書とはそもそも相互の権利義務関係を明確化することを目的とするものである。しかし、コンビニ契約書には随所に前述の免責条項やジーの事業者性、自由意思、自己責任を強調する条項など、ザーの責任を回避・免除する規定が置かれており、後述のようなジーにとってきわめて不利な契約内容について、ジーが権利を主張したり、ザーの義務違反を訴えたりすることを、あらかじめ不可能にしていると言えよう(8)。

四　小括

以上、見てきたように、コンビニ契約の締結過程においては、ザー・ジー間には非対等な関係（＝経済力、情報力、交渉力等の格差）が存在し、しかも、勧誘に際して、情報的に圧倒的に優位なザーにより、重要なことがらについて虚偽の説明が行われたり、あるいは契約内容すら十分な説明がなされないまま契約締結に至るという事態が頻発している。これは、単に悪質なザーやザーの勧誘員の行き過ぎの問題ではなく、消費者契約同様、当事者間の非対等性に起因する構造的な問題である。この解決のためには、両者の非対等性を解消し、ジーにとって真に十全な契約締結意思にもとづく契約を実現する必要がある。

そこでまず、コンビニ契約においては、両当事者間の経済力、情報力、交渉力等に関する格差を前提とするならば、相対的に優位にあるザーには、ジーに対し、契約締結のために必要な正確な情報を提供すべき信義則上の義務があると解される(9)。すなわち、ジーが、契約内容について十分な情報を得て、よく内容を吟味してから判断できるように、ザーは契約内容、経営システム等について客観的かつ科学的で十分な資料をもって、素人であるジーにも分かりやすく説明する義務がある。そして、この情報開示・説明義務に違反した場合、ザーは契約締結上の過失により損害賠償責任を負う(10)。また、虚偽の説明や詐欺的勧誘など、義務違反の程度が著しい場合は、詐欺や不法行為も成立しうるといえよう(11)。しかも、開示義務の範囲についていえば、契約を締結するか否かにとって重要な情報であれば、たとえザー側にとって不利な情報であっても開示する義務があるといえよう。なぜなら、ザー・ジー間の非対等な関係に加え、当該契約は、ジーにとっては、数千万円という高額な出資を伴い、かつ長期間にわたる契約への拘束を招来するものである以上、ザーに説明義務を加重することは当然であろう(12)。

こうして加盟店オーナー希望者が契約内容を十分理解し契約を締結したときはじめて、「自由な意思による契約」といえるのであるが、そもそもフランチャイズ契約は、一種の附合契約であって、ザーの作成した契約書の条項につきジーの側から修正を要求することは不可能である(13)。したがって、ジーにとり不当に不利益な条項に対しては内容規則が必要となる（詳しくは次節の小括参照）。また、たとえ勧誘段階で十分な説明をしたとしても、素人のオーナー希望者には、コンビニ独特の契約内容やシステムを一〇〇％理解することは困難であるという問題もある。そもそも、継続的取引であること、契約内容が専門的で複雑であること、個人の資質や能力によって結果が異なること等を考慮するならば、コンビニ契約は、教育契約などのような継続的な消費者サービス取引に類似しており、それらの取引についても主張されているような一定の試用期間的なものを置くことが望ましいと考える。そして、実際に一定期間コンビニ経営を経験して、自分にとって店舗経営が可能か否かを判断してから契約できるシステムを考えるべきであろう。例えば、まず「仮契約」を結び、研修を受け、一定期間店長として店舗経営に従事した上で、最終的に「本契約」を締結して出店準備を開始することとしてはどうか。「仮契約」後、一定期間はクーリングオフ権が行使可能であり、その後も、実際の店舗の決定や改装作業等は「本契約」締結後に開始することとし、「本契約」までは研修費等、実際にかかった費用を支払えば解約可能とするのである(14)。また、「仮契約」期間に自由に既存店にヒアリングできるよう情報と機会を与えるべきであろう。

注

(1) トーマス・サカモト「コンビニフランチャイズ『情報開示』日米比較」『食品商業』九七年二月号二一二頁。

(2) フランチャイズ契約一般に関してではあるが、すでにいくつかの判決において、フランチャイズ契約が契約当事者間に情報力・交渉力につき著しい格差が存する取引類型であることは認められてきている。例えば、京都地裁一九九一（平成三）年一〇月一日判決（ブール進々堂事件判決）、東京地裁一九九三（平成五）年一一月二九日判決他。なお、参照、行沢一人（東京地裁平成五年一一月二九日判決判例評論〕『判例時報』一五三一号一八九頁、金井高志「フランチャイズ契約締結段階における情報開示義務」『判例タイムズ』八五一号四〇、四一頁。

(3) 辻和成「『カスミコンビニ』集団訴訟事件の中間総括」季刊『コンビニ』九七年冬号四〇頁。

(4) 前掲注(2)のブール進々堂事件判決を参照。

(5) 池田安弘『コンビニが崩壊する日』(ぱる出版、一九九八年)一〇五頁。

(6) 参照、前掲注(2)金井論文五〇頁。

(7) 団勇人「コンビニ『契約の地獄』」『財界展望』一九九八年六月号一一五、一一六頁。

(8) 同右一一五頁も同旨。

(9) この点についても、前掲注(2)の二判決をはじめ多数の判決が認めるところである。参照、前掲注(2)金井論文四四頁。コンビニ契約に関しても、例えば大阪地裁一九九六(平成八)年二月一九日判決では、一般論としてザーのジーに対する情報提供義務を肯定している。

(10) 例えば、前掲注(2)の二判決では、ザーが信義則上の情報提供義務に違反したとして、損害賠償が命じられた。

(11) 前出のミニショップに関する仙台地裁判決では、当該店舗の直営店時代のデータを秘匿し、虚偽かつ過大な売上予測を示すなどのザーのジーに対する勧誘は、「勧誘方法として取引通念上相当な範囲を逸脱したものであるから、原告(＝ジー)に対する不法行為を構成するというべきである。」とされた。

(12) 松本恒雄「フランチャイズ契約におけるフランチャイザーのフランチャイジーに対する情報提供義務」『私法判例リマークス一九九三〈上〉』五六頁以下も「いかなる場合でも、リスクの開示は必要と解すべきではなかろうか」とする。例えば、ミニストップでは、契約書から重要な箇所を拾い上げ、経営のリスクを重点的に記載した「別冊」を用意することにしたという(一九九八年一〇月一五日付日経流通新聞)。

(13) 前掲注(2)金井論文四〇頁、山口純夫「フランチャイズ契約」『法律時報』六二巻二号三一頁。

(14) ミニストップは、加盟募集から本契約までを六カ月とし、うち三カ月を仮契約として、本契約までの間は解約を可能とした(一九九八年一〇月一五日付日経流通新聞)。ただし、仮契約成立後に希望地域を聞いて物件を探すというもので、実際に店舗経営を体験する期間という趣旨ではない。

(二) コンビニ契約の内容

近藤　充代

本節(二)および次節(三)では、コンビニ契約の内容上の問題点を論ずるが、ひとくちにコンビニ契約といっても、チェーンごとに異なり一様ではない。また、同一チェーン内でも契約タイプによって、店舗等をジーが所有するタイプ（以下、Aタイプという）と店舗等をザーが所有し、ジーに経営委託するタイプ（以下、Cタイプという）とでは、その内容が少しずつ異なっており、さらに同一チェーンの同タイプの契約でも、随時変更がなされており、契約時期によってその内容は変化している。したがって、以下、(二)および(三)において分析の対象とするのは、株式会社セブンイレブン・ジャパンの「加盟店基本契約書」（以下、「セブンイレブン契約書」という）、株式会社ダイエーコンビニエンスシステムズの「フランチャイズ契約書」（以下、「ローソン契約書」という）、サークルK・ジャパン株式会社の「フランチャイズ契約書」（以下、「サークルK契約書」という）、株式会社サンショップヤマザキの「ヤマザキデイリーストアーフランチャイズ契約書」（以下、「デイリーストアー契約書」という）の四つの契約書であるが、資料収集の困難さもあり、必ずしも最新の契約書をフォローしていない点をあらかじめお断りしておきたい（ただし、雑誌等に公表されている資料にもとづき、できる限り最新の内容を盛り込むよう努めた)。これらは、業界のトップグループに属する大手チェーンのそれであり、少なくとも日本のコンビニ契約に共通する傾向が析出できるものと考える。なお、以下では、コンビニ本部=コンビニ・フランチャイザーを単に「ザー」と、コンビニ加盟店=コンビニ・フランチャイジーを単に「ジー」と表現する。また、契約書中、「甲」というのはザーのことであり、「乙」というのはジーのことである。

一　多額の初期投資

ジーは、コンビニ契約締結に際し、多額の初期投資を必要とされる(表Aの「加盟契約時必要資金」の欄を参照)。まず、ジーは、出資金、加盟料、契約金等の名目でザーに支払うべき資金として、数百万円を準備しなければならない。例えば、Aタイプの場合、セブンイレブンでは、ジーは契約時に、研修費、開業準備手数料等の支払に充てるための成約預託金として三〇〇万円をザーに預託する。ローソンでは、契約金一五〇万、名義使用料一五〇万を支払う(一九九八年一〇月発表の新FC契約からは名義使用料を廃止)(1)。また、実際に開業するためには、これに加えて、開業時に揃える商品の代金四〇〇~五〇〇万円および運転資金が必要であるため、少なくとも一〇〇〇万円以上の投資となる。

さらに、Aタイプの場合には、店舗の改装工事、設備等の設置、什器備品の準備に必要な費用をジーが負担することとなる。しかもこれらは、全国共通の看板、内外装から什器備品に至るまで全てザーの指示通りの仕様にしなければならない。その費用は、店舗面積等にも拠るが一千数百万円以上にものぼり、前述の契約金等および商品代金等と合わせると、出店時に、二〇〇〇万円以上の資金が必要となる。

このように、コンビニ契約はCタイプでも一〇〇〇万円以上、Aタイプでは二〇〇〇万円以上という、ジーにとっては非常に多額の投資を必要とする契約である。例えば、ミニショップのCタイプの例で、加盟契約金一五〇万円、開業企画手数料七〇万円、研修費用三〇万円、営業権譲渡金三二〇〇万円、保証金六五〇万円、開店時在庫金三二〇万円、開業費約四三万円の計約四四六〇万円を初期投資として必要としたケース（仙台地裁一九九八（平成一〇）年八月三一日判決）や、ファミリーマートのAタイプの例で、「店舗改装費一六〇〇万円、その他加盟金、調査費、運転準備金、仕入金等で約三〇〇〇万」円（鹿児島地裁一九九八（平成一〇）年一二月二四日判決）を必要としたケースなどがある。したがってまた、開業時にこれらを全て自己資金で賄えるジーは少なく、当初より、借金を抱えてのスタートとなる。

二　フランチャイズ・イメージとジーの経営権に対する制約

コンビニ契約書においては、冒頭であるいは一条を設けて、ジーを「独立の事業者」と位置づけ、店舗経営はジーの自己責任において行われることが確認されている。しかし、他方で、加盟店許諾の条件として、ジーに対しては以下のようなきわめて多項目にわたる制約や拘束が課されている。ザー側は、それこそがザーの提供する経営サービス等であると主張するが、詳細にみると、ザーから提供されるサービスに関する詳しい規定はほとんどなく、ジーの経営権を制限したり、責任や義務を定める規定が中心となっており、ジーにとってきわめて不利益な内容となっている

チェーン名	サークルK		サンクス			ミニストップ			
総店舗数／チェーン年商	2168店 (342.778百万円)		1916店 (309.600百万円)			1053店 (128.576百万円)			
平均日販	49.7万円		51.1万円			45.5万円			
契約タイプ	A	C	AFC	EFC	CFC	S	SL	AL	ML
契約期間	15年	15年	10年	10年	10年	7年	7年	7年	7年
物件所有者	オーナー	本部	オーナー	本部	本部	オーナー	本部	本部	本部
加盟契約時必要資金	加盟証拠金 50万円 教育研修費用 30万円 開業準備金 100万円 商品代金一部 120万円	加盟証拠金 50万円 教育研修費用 30万円 開業準備金 100万円 商品代金一部 120万円	加盟金 100万円 開業準備手数料 100万円 商品代金一部 随意 改装実費	加盟金 200万円 開業準備手数料 100万円 商品準備金 随意 内装費実費 約1300万円	加盟金 200万円 開業準備手数料 100万円 商品準備金 随意	加盟料 300万円 建設資金 実費 運転資金 約550万円	加盟料 300万円 差入保証金 30万～50万円/坪 内装費 実費 運転資金 約550万円	加盟料 300万円 内装費 実費 運転資金 約550万円	加盟料 300万円 運転資金 約550万円
ロイヤリティ(粗利比)	38%	51%（ロイヤリティのステップ方式）	450万円未満 31% 450万～600万円 24% 600万～750万円 19% 750万円以上 14%	500万円未満 45% 500万～700万円 40% 700万円以上 35%	240万円未満 40% 240万～340万円未満 60% 340万～440万円未満 65% 440万円以上 70%	30% (24時間店) 33% (非24時間店)	30% (24時間店) 33% (非24時間店)	30%	315万円未満 36% 315万～360万円 67% 360万～450万円 70% 451万円以上 73%
最低保証(年額)	2000万円	1700万円	あり	1800万円	1800万円	2100万円 (24時間店) 1600万円 (非24時間店)	2100万円 (24時間店) 1600万円 (非24時間店)	2100万円	1) 開店3ヶ月は月33万円の純利保証 2) 6ヵ月までは月次総収入180万円 3) 6ヵ月以降から2100万円
一部負担金	販売用什器備品 水道光熱費の一部（51%）	販売用什器備品 水道光熱費の一部（51%）	販売用什器備品	販売用什器備品	販売用什器備品	販売用什器備品 厨房機器	販売用什器備品 厨房機器	建物保証金 販売用什器備品 厨房機器	建物保証金 内外装費 販売用什器備品 厨房機器
備考	24時間店は月額8万4000円支給		24時間店は月額10万円支給 酒類売上げはノーチャージ						

総店舗数／チェーン年商、平均日販は97年度決算時点の数値。平均日販は、サンクス、サークルK、ファミリーマート、ミニストップはチェーン公表数値、ほかはチェーン年商を期中平均店舗数で割り、さらに年間営業日数で割って算出したもの。ほかの数値や資料は各社のパンフレットから作成。
出典：商業界1998年6月号

表Ａ　コンビニ大手７社のロイヤリティの現状（97年10月現在）

チェーン名	セブン－イレブン		ローソン			ファミリーマート		サンショップヤマザキ	
総店舗数／チェーン年商	7001店 （1.609.000百万円）		6416店 （985.000百万円）			4639店 （634.546百万円）		2868店 （375.665百万円）	
平均日販	68.6万円		45.2万円（注）			48.8万円		37.8万円	
契約タイプ	A	C	B	FC－C	FC－E	１FC	２FC	サンエブリー	ヤマザキデイリーストア
契約期間	15年	15年	10年	10年	10年	10年	10年	５年	７年
物件所有者	オーナー	本部	オーナー	本部	本部	オーナー	本部	本部	オーナー
加盟契約時必要資金	研修費 50万円 開業手数料 100万円 出資金 150万円 ほかに店舗改装費用	研修費 50万円 保証金 200万円	契約金 150万円 名義料 150万円 改装費　実費	契約金 150万円 名義料 150万円 出資金 150万円 釣り銭ほか 50万円	契約料 150万円 名義料 150万円 出資金 150万円 釣り銭ほか 50万円 保証金 平均月商の２倍	300万円	300万円	加盟料 100万円 開設費 100万円 運転資金 150万円 商品代金 400万円	加盟金 50万円 保証金 150万円 開店準備金 100万円 運転資金 200万円 商品代金 500万円 店舗設営費 実費
ロイヤリティ（粗利比）	43％ （24時間店） 45％ （非24時間店）	～250万円未満　55％ 250万～450万円未満 65％ 450万～550万円未満 70％ 550万円以上 75％	32％ （24時間店） 35％ （非24時間店）	～250万円以下 35％ 250万超～350万円以下 65％ 350万円超 55％	一律43％	35％	360万円以下 60％ 360万円超 65％	150万円以下 30％ 150万超～200万円以下　45％ 200万超～250万円以下　60％ 250万超～300万円以下 300万円超 70％	固定　売場面積１m^2あたり月額900円（免許品は同1100円） 変動　月額売上高の2.5％ 受託業務手数料の24％
最低保証（年額）	―	1700万円 （24時間店） 1400万円 （非24時間店）	1800万円 （24時間店） 1600万円 （非24時間店）	営業開始日より２年間は1800万円 ３年目よりロイヤリティがゼロになるまで	1800万円	2000万円 （24時間店） 1600万円 （非24時間店）	1050万円＋売上高の５％	オーナー総収入が月140万円未達の場合、その差額分	―
一部負担金		店舗開設費用／販売用什器備品 商品・釣り銭 店舗家賃と水道光熱費（80％） 住居家賃	販売用什器備品損保料の一部／棚卸し費用	店舗開発費 販売用什器備品 店舗家賃 損保料の一部／棚卸し費用	店舗開設費 販売用什器備品 店舗家賃 損保料の一部／棚卸し費用	販売用什器備品	店舗建設費用（保証金含む） 販売用什器備品 水道光熱費全額 引越費用と住居家賃の一部	店舗と付属設備の賃借料と保険料／什器、備品のリース料／商品棚卸費用	
備考	５年経過時と契約更改時にインセンティブチャージ有り 24時間営業店はロイヤリティの２％を支給							デイリーストアの変動ロイヤリティは免許品を除いた売上高に付加	

（1）フランチャイズ・イメージの遵守

統一的イメージを重視し利用した経営形態であるという、ザー側の主張するコンビニ経営の特徴を反映し、契約書およびマニュアルにおいても、当該チェーンの統一的イメージとしての「フランチャイズ・イメージ」の重要性が強調されている。

例えば、セブンイレブンの契約書は、第一条で、加盟の趣旨として、ザーは、ジーに対して「セブンイレブンの統一的、同一のイメージのもとに、セブンイレブン・システムによるコンビニエンス・ストア加盟店を経営することを許諾」する旨規定し、第四条において、「一定の仕様による共通した独特の店舗の構造・形状・配色・内外装・デザイン・店内レイアウト、商品陳列、サービスマーク、看板等の外観、商品の鮮度など品質のよさ、品ぞろえ、清潔さ、ユニフォーム、接客方法、便利さなど」から成る「際立った特色」、「独特の印象」である「セブンイレブン・イメージ」が店舗の信用を支えていることを確認する。そして、ジーが、ザーの承諾なしに店舗の構造、内外装、店内レイアウト等を変更することや「セブンイレブン・イメージを変更し、またはその信用を低下させる行為をすること」を禁止する（五条）。また、ジーが注文を怠り、または不適正な仕入のために、適正な在庫品の確保を怠ることはセブンイレブン・イメージを傷つける重大な違約であるとする規定も見られる（二五条、以上についてはサークルK契約書一、五、二〇条も同旨）。

ここでいうフランチャイズ・イメージとは、店舗の構造、内外装、店内レイアウト等のハード面から品質のよさ、品ぞろえ、清潔さ、接客方法、便利さ等のソフト面までを含むきわめて広範な概念であり、しかも、それらから成る「際立った特色」や「独特の印象」というきわめて抽象的で曖昧な概念である。ジーは、このフランチャイズ・イメージの遵守・維持を義務づけられ、内外装やレイアウト、適正な在庫の確保から、以下に見るような営業日、営業時間、仕入先等についても、それを理由に事実上、拘束されている。

しかし、このようなハード面からソフト面までの広範な内容を、全てひっくるめて「イメージ」として、その遵守を一方の契約当事者のみに課すことは果たして妥当であろうか。しかも個々のケースにおける「フランチャイズ・イメージに適合的か否か」の判断はもっぱらザーに委ねられているのであって、ザー・ジー間の非対等な関係を考慮すれば、ザーにより恣意的に運用されるおそれもなしとしない。したがって、仮にザーの言うように一定の統一的イメージがコンビニ経営にとって必要不可欠であるとするならば、統一すべき項目を個別具体的に明示して、経営戦略としてその統一を義務づける旨、契約書に明記すべきであろう。

(2) 営業日、営業時間等

さらに、コンビニ契約では、「便利さ」というフランチャイズ・イメージ、すなわち二四時間年中無休を維持するため、ジーに対し、営業日は三六五日年中無休、営業時間は二四時間を遵守することが要請されている。例えば、サークルKの契約書では、契約の「全期間を通じて、…甲（＝ザー）の文書による特別な許可を受けない限り、年間を通じて毎日二四時間営業をするもの」とされ（一八条）、ローソンのCタイプの契約書では、年中無休、二四時間営業を義務づけた上で、「冠婚葬祭については、乙（＝ジー）は甲（＝ザー）にその旨連絡し、営業・営業時間について、甲の指示に従」うこととされている（一四条）。つまり、ジーは、たとえ葬式であっても、ザーの許可なしには休業はおろか営業時間の短縮も許されないのである。もしもこれに違反し、休業あるいは営業時間を短縮すると、違反金を支払うことが義務づけられていたり（デイリーストアー契約書一五条は、休業一日につき一〇万円、営業短縮一時間につき五〇〇〇円の違反金を義務づけている）、あるいは契約違反として契約を解除され、損害賠償（違約金）を請求されるおそれもある（サークルK契約書四五条）。

確かに、営業時間は契約締結時に選択可能とされており、セブンイレブン契約書では「年中無休で、連日少くとも午前七時から午後一一時まで、開店し、営業を行うものとする」（二四条）と規定されてはいる（デイリーストアー契約書も同旨）。しかし、勧誘段階のセールストークで二四時間店の方が利益が上がる旨説明されるとともに、制度上も二四時間店に若干の優遇措置を設けることにより、ジーが二四時間店を選択するように誘導されている。すなわち例えば、前掲表Aの「ロイヤリティ」の欄等を見てもわかるように、セブンイレブンのAタイプでは、二四時間店のロイヤリティは四三％であるが、非二四時間店のそれは四五％である。また、ローソンのAタイプ（表AではBタイプ）では二四時間店のロイヤリティは三一％、最低保証額は一八〇〇万円であるが、非二四時間店ではそれぞれ三五％、一六〇〇万円である。このように、二四時間店はロイヤリティ、最低保証額等の点で優遇されており、多くの場合、借金を抱えてスタートしていることもあり、ジーはこれを有利と信じて選択する。しかし、実際に開業してはじめて、夜間のアルバイトの確保が困難であったり、人件費が嵩んだり、諸経費のかかるわりには売上が伸びないなどの状況に直面する(2)。ところが、一度、二四時間店を選択してしまうと、事後の変更は容易には認められず、やむを得ず二四時間営業を続けることとなるのである。

（3）仕入先・仕入商品、販売価格

また、商品の仕入れ、販売に関して、ジーは、事実上、ザーの推薦仕入先から、推薦商品を仕入れ、ザーの推奨する小売価格で販売せざるを得ない状況におかれている。確かに、契約書の文言上は、ザーは、仕入先および仕入商品を推薦し、推奨販売価格を提示することとされ、それらの仕入先、商品、小売価格について、ジーは一

切拘束されない旨規定されている（例えばローソン契約書一一条、セブンイレブン契約書三〇条）。しかし、推薦仕入先以外からの仕入は、事前に本部の承諾が必要であり、その際、商品によっては公的機関の検査が必要とされる。しかも、商品の種類、形、品質等が、当該フランチャイズのイメージに合わない場合、ザーはこれを拒否できることとされている（同六条、同二六条、サークルK契約書二一条）。さらに、これらの条件をクリアーして仕入れる場合も、支払いはジーが独自に行い（現金仕入）、納品書等必要書類を添付してザーに報告することが義務づけられる（セブンイレブン・マニュアル）。

このように、推薦仕入先以外からの仕入は、実際には著しく煩瑣な手続を要し、しかも、ザーはこれを、前述のようにきわめて抽象的なフランチャイズ・イメージに照らして拒否することができるとされており、ジーは事実上、自由に仕入先、仕入商品等を決定する権限を有しないに等しいと言えよう。実際、本部のマニュアルでは、ジーからの自主仕入の希望に対し、「当社の戦略で採用できない商品についてこだわるより、その商品以外の商品に力を入れ販売を進めるよう指導することが重要」と答えるように記載されているという(3)。ジーに残されている権限は、推薦商品を発注するか否か、発注するならばその数量を決定することのみであると言ってよいが、実はこれさえしばしばスーパーバイザーによる勝手な発注により奪われている状況である。

このようにして推薦仕入先を事実上強制することにより、全国の店舗から特定業者への大量発注が可能となり、ザーの当該業者からの仕入価格は格安となる。商品の発注、納入に関しては、加盟店―本部―仕入というコンピューターのオンラインで各店舗から発注を行い、それを受けた仕入先業者は各店舗に商品を配送するシステムとなっているのに対し、仕入金の決済は、後述のジーから送金された売上金よりザーが全店舗分を一括して行っている。ところが、このようなシステムでは、ジーには、ザーが各商品をいくらで仕入れているのかがわからない。そこで疑問となるのは、大量仕入れにより格安となった仕入価格は、そのまま、ザーがジーより徴収する商品仕入額に反映されているのかどうかである。大量仕入れのわりには卸価格が高いというジーの声もあると聞く。極端な例ではあるが、ローソンが納入業者に一円納入を強制していた事件が発覚している(4)。その際、納入業者から一円で仕入れた商品の、ジーに対する卸価格は一体いくらになっていたのであろうか。これは純粋な疑問であるが、ザーの仕入価格とジーへの卸価格との差額はどうなっているのであろうか。

(4) 売上金の送金および売上日報等の報告義務

さらに、ジーは、毎日の売上金を自由に処分することは許されず、一切手をつけることなく、全額を、ジーの費用負担でザーに送金しなくてはならない。例えば、セブンイレブン契約書二七条は、「販売受取高は、甲(＝ザー)の許諾と協力によるセブンイレブン店経営の成果であって、乙が個人で自由に処分のできる金員でなく、…これをこの契約によって営業費とされていない家賃、諸税公課、借入返済金、交際費、生活費等の支払に一切充ててはならない」としている(ローソン契約書二三条、サークルK契約書二八条も同旨)。しかも、送金を怠ると一日につき一万円の罰金等が課されるのである。デイリーストアーは期日入金(月二回)としていたが、新しいFC契約では毎日入金に変更されている(5)。ジーは、ザーがこの総売上金額から後述のロイヤリティや商品仕入額等を差し引いた額を返送してきてはじめて、それを自由に処分可能となるのである。

また、ジーは、店舗経営の詳細なデータである日報、売上伝票、在庫伝票などを毎日、毎月等、ザーが指定する期日までに提出することが義務づけられている。各種計表や売上日報、商品の仕入記録表、在庫変更報告書、店内商品移動伝票、月次引出金、給与台帳マスター表、等々の報告書は、その書式がマニュアル等により定められており、それに沿って記入し提出する。それらのデータはザーの元に集積され、分析されて経営情報となり、あるいは（ザーがジーに代わって行う）会計処理のデータとなる。これらの提出が遅れた場合にも罰金があり、一日あたり、一件につき一五〇〇円～二〇〇〇円が課される。

ここでも疑問が生ずる。ジーの店舗の売上金の所有権は、当然のことながらジーにあるのであって、ザーにはない。ジーが独立の事業者である以上、当然である。それを、仮に契約書に同意したからといえども一切自由にさせず、毎日送金を義務づけ、しかも、遅れた場合には罰金を取るというシステムは果たして妥当と言えるのだろうか。ザー側は、会計の管理をザーが引き受け、また、経営データを集積して適切な経営指導が可能となることによって、素人でも経営が可能となるというフランチャイズ・システムの重要な一部であると主張するが、後述のロイヤリティの先取り等とも合わせ考えると、単に会計処理システムの問題としては片付けられない、あまりにもザー本位のシステムであるといえないであろうか。

（5）守秘義務

さらに、ジーは、契約内容や後述の会計システム等につき疑問を持ったとしても、他人に相談することも許されない。例えば、経営システム等に対する、次のような過剰とも言える保護規定が置かれているのである。セブンイレブンの契約書では、「セブンイレブン・システムは甲の企業秘密であり、甲の資産として法的に保護を受ける」（四条）とし、ジーに対する禁止行為として、経営機密をその一部であっても、第三者に漏らすこと等を禁じ（五条）、契約期間中にこれに違反すれば即時解約の事由となり（四七条）、契約関係終了後も含めて、違反に対する損害賠償が義務づけられている（五七条）。また、ローソンの契約書でも、「乙および乙の従業員は、本契約・付帯契約・規定ならびにマニュアル、連絡諸文書等、甲の指導内容およびローソン・チェーン運営に関する計画・実態等、その他の本契約に関連して知り得た事項一切を第三者に漏らさないもの」とされ、違反すれば即時解約の事由となり、損害賠償責任を負うこととされているのである（三〇条）。コンビニ契約がこれほどまでに不公正な契約でありながら、白日の下にさらされ、社会的批判を受けることなく今日まで来たことの陰には、このような厳重な守秘義務規定が存在していたのである。

（6）新規出店

以上のように、多額の投資を行い、多くの制約や拘束を受け入れて、やっと得られた経営の許諾であるにもかかわらず、ジーは常に近隣への新規出店による売上減少の恐怖にさらされている。しかもそれは、競争相手チェーンの店舗ならばともかく、同系列チェーンの新店舗出店の恐怖なのである。ジーの不満の中には、「同一エリア内に新しい店を出してくる」とする答えが多数あるという(6)。例えば、ファミリーマートの事例で、被告（ジー）が平成六年九月に開店したのに対し、原告（ザー）は、「平成七年八月には、本件店舗から約一五〇〇メートルの位置にファミリーマートロビンソン店を、同年一〇月には約二五〇メートルの所に直営店を開店した。」しかも、この直営店は、ジーが以前経営していた酒店の強敵であった店舗をザーが買収した上での出店であったというケースもみられる（前出鹿児島地裁判決）。

このようなことがなぜ可能であるのかといえば、契約書において、ザーのそうした同一地域への新規出店はまったくの自由とされているからである。すなわち、例えば、セブンイレブンの契約書では、「経営の許諾は、乙の店舗の存在する一定の地域を画し、乙に排他的、独占的権利を与えたり、固有の営業地盤を認めたりすることを意味しない」(六条一項) とした上で、「甲は、必要と考えるときはいつでも、乙の店舗の所在する同一市・町・村・区内の適当な場所において、」新たな店舗を開設し、または他のジーに店舗を経営させることができるとしている (六条二項)。そしてその場合にも、ザー側としては、「乙の営業努力が十分報いられるように配慮する」(同二項) とだけ規定されているのである (サークルK、デイリーストアーの契約書も同旨。ただし、デイリーストアーの契約書にはザーの配慮規定はない)。ローソンの契約書も、同様の規定を置くとともに、「乙は、甲からの営業譲渡またはフランチャイズ権譲渡が行われた場合において、当該契約店舗と同一市町村内に甲みずからが出店およびフランチャイズ出店に伴い営業の許諾を与えることについて予め甲に対し承諾します」(三二条) とする一文をおいている。

要するに、チェーン間で繰り広げられている熾烈な出店競争の中で、経営戦略上、他チェーンとの競争に勝つため、チェーン全体の利益を守るために、ザーが、ジーの店舗の至近距離に新規出店しても、ジーは一切文句を言えないこととなっているのである。

しかし、契約書において、一方で「共存共栄」を掲げ、協力関係をうたっていながら、他方で明らかにジーにとって不利益となる同一商圏内への新規出店を計画し、実施するのは、ザーの背信行為ではないのだろうか。チェーン全体の利益と言うが、同一チェーンの新規出店は、既存のジーにとって何らメリットをもたらすものではなく、売上減による損害をもたらすのみである。他方、ザーにとっては、新しいジーのもたらす加盟料、保証金、ロイヤリティなど、より大きな利益を得られるというメリットのみがある。しかも、売上が減少し経営が立ち行かなくなった既存のジーが中途解約を申し出れば、後述のように、ザーはさらに高額の解約金をも手にすることができるのである。つまり、ザーには、既存店に提供するサービス (経営指導) の質を高めるインセンティブは一切働かない仕組みとなっているのである(7)。ザーが、既存店の経営指導よりも、新規出店の勧誘に躍起となるのも当然といえよう。

このような状況に照らしてみるならば、前述のような契約書の規定は、ジーにとって不当に不利な結果しか招来しない規定である。前述のファミリーマートのような新規出店の場合、ジーはザーに対し損害賠償を請求しうるというべきである(8)。また、たとえ経営戦略上、チェーン全体の利益のために近隣地区への新規出店が不可欠であるという場合でも、少なくとも、ジーに事前に説明をし、了承を得るべきであろうし、売上減少分の一部を補償するか、あるいはロイヤリティの率を引き下げるなど、何らかの手だてが講じられるべきであろう。

三　会計システム上の問題点

(1) オープンアカウント

開業に際して、ザーとジーの間には、いわゆるオープンアカウントと呼ばれるコンビニ独自の会計処理のシステムが開設される。

例えば、セブンイレブンのオープンアカウントとは、各店舗ごとに「開業日から、この契約に基づく甲乙間の一切の債権債務の清算に至るまでの間の貸借の内容・経過および乙の義務に属する負担を逐次記帳して明らかにし、一括して、借方、貸方の各科目を差し引き計算して決済していく継続的計算関係」をいう(付属明細書(ホ))。この制度を通じ、ザーは、「乙の投資、営業費および委託商品の販売預り金の支払を引き受け、乙に代わって決済する方法によって、乙の必要とする資金を継続的に調達して援助」する(一八条四項)。ジーは、ザー以外のどこから融資を受けても自由であるとされてはいるが、オープンアカウントじたいは、「セブンイレブン・システムの内容の一部を構成する不可分の制度であって、これを変更することはできない」（一九条二項）。

すなわち、概略を示せば、おおむね以下のような仕組みとなっている。まず、開業時には、ジーの開業準備にかかる支払債務のうち、自己資金および成約預託金残額で充当し得ない不足分を、オープンアカウントを通じザーがジーに貸し付ける。そして、開業後は、ザーは、ジーより毎日の売上金の送金を受け、これを管理し、そこから自らのロイヤリティを徴収し、ジーに代わって仕入商品代および営業費等の決済を行い、前述の貸付金の返済を受け、残額をジーに返送する。また、ジーの運転資金が不足した場合は利益引出金として、ザーから貸付が行われる。これらのザーからの借入金に対し、ジーは年五％の利息を負担する（一九条三項）（ローソン、サークルKもほぼ同様の制度を採用するが、金利はローソン一〇％、サークルK五％。また、デイリーストアーは従来、オープンアカウントを採用しておらず、前述の新パッケージより導入）。

確かにこのシステムは、複雑な会計処理をザーが一手に引き受けてくれ、資金援助も受けられるというジーにとってメリットのあるシステムではあるが、同時にザーにとっても（ジー以上に）メリットの多いシステムである。それはまず、このシステムによれば、ザーは、ジーから全額送金された売上金からロイヤリティを先取りできるのであって、ロイヤリティの取り損ないがないという点である。また同様に、ジーの全収入を握っているのであるから、ジーに対する貸付金の返済も確実に受けることができる。ジーが送金をストップしない限り（送金ストップは即時解約事由）、ジーが実収入を手にするよりも先に、ザーはロイヤリティや貸付に対する返済金を手にすることができるのである（9）。

ところで、全国展開しているチェーンの場合、ジーから毎日送金され、ザーによって管理される売上金は膨大な金額であり、例えば、セブンイレブンでは日銭が三七億円にものぼるという(10)。しかも、これらは無利子である上に、これらの資金の運用益もジーには一切還元されていない。すなわち、ザーは、一方で、ジーへの与信に対し五%ないし一〇%の利息を課しておきながら、自らは、ジーの収入(所有権はジーにある)を無利子で預かり、運用し、その運用益をも懐に納めているのである。

ザーは、契約に際しジーも合意したシステムであると主張するであろうが、果たして、ジーはこれらを全て承知の上で合意しているのであろうか。また、合意した上であるとしても、全収入をいわば「人質」にとった上に、金利も支払わず、運用益も還元しない、このようなシステムが公正と言えるのであろうか(11)。

(2) ロイヤリティ

ジーは、開業後、毎月、高率のロイヤリティの支払いを義務づけられる。前掲表Aを見ると、チェーンによっては粗利の数%や固定額のみを課すザーもあるが、大手コンビニチェーンほどロイヤリティは高率となっており、また、Cタイプは、Aタイプよりも一〇~三〇%率が高くなっていることがわかる。Aタイプで見ても、例えば、セブンイレブンは四三%(非二四時間店は四五%)、ローソンは三二%(非二四時間店三五%)、サークルKは三八%などである。また、デイリーストアーは表Aでは固定ロイヤリティと変動ロイヤリティが組み合わされているが、新しいパッケージでは一律二五%(非二四時間店二六%)となる。

ジーのザーに対する不満の中で、ロイヤリティが高すぎるという声はかなり多く(12)、コンビニ・FC加盟店全国協議会の「私たちの要求」においても「現行のロイヤリティを大幅に引き下げること」が掲げられている(13)。デイリーストアーの契約書のみが一一条でロイヤリティの減免制度として、開店月から二年間に限り売上高が月額五〇万円に満たない場合は変動ロイヤリティを、月額四五万円に満たない場合は固定、変動両方のロイヤリティを免除する旨規定している。

コンビニの場合、ロイヤリティの内訳は、商標の使用許諾料の他、広告宣伝、会計サービス、経営相談サービス、設備の貸与、定期棚卸サービス、水道光熱費、報告用書式・帳票類などに要する費用を含むとされ、多項目にわたる。ロイヤリティが高率であるというジー側の不満に対し、ザー側は、フランチャイズ・イメージを高めるための広告宣伝費、会計処理サービスの提供、経営情報の提供、新商品開発費などを考慮すれば決して高いとは言えないと主張する。しかし、ロイヤリティ率の正当性を主張するならば、ザーはまず、各項目の実際の経費をジーに開示すべきであろう。商標の使用許諾料以外の項目は、市場価格等で計算可能であるから、それを開示して、ロイヤリティの算出根拠を明らかにすべきである。

加えて、例えば、経営指導のように、市場価格で評価するだけでは不十分な項目もある。スーパーバイザー等によるジーへの経営指導は高率のロイヤリティに見合うものなのであろうか。ジーの中には、経営指導といっても、実際には自分の息子くらいの若いスーパーバイザーがやってきて、せいぜいキャンペーン商品や新製品の大量発注を指導（押しつけ）したり、人件費削減策としてアルバイトを減らしてジー自身が長時間労働をするように提案する程度であるといった声もある(14)。経営指導にあたるスーパーバイザーの人数や頻度もさることながら、指導の質こそが重要であろう。

さらに、ロイヤリティの計算方法および徴収方法にも問題がある（計算方法については次の（3）で詳述）。徴収方法についていえば、ジーが月々の利益の中からロイヤリティ分をザーに送金するという通常の方法ではなく、コンビニ契約では、前述のようにジーの毎日の売上金は直ちにザーに送金されているため、ザーはそこからロイヤリティを取得する。この方法によれば、ザーは、ジーに売上がありさえすれば、たとえ最終的にジーの実収入は赤字となっても、確実にロイヤリティを徴収できる。それゆえこの点でも、ザーはジーに対し十分な経営指導を行い売上を伸ばすよう努力するインセンティブが低いといえよう。他方、売上金からロイヤリティや仕入高を引いた額を「フランチャイジー収入」（ローソン）あるいは「総収入」（セブンイレブン）と呼んでいるが、それは全てがジーの実収入ではなく、ここからさらに、人件費、消耗品費、光熱費等の営業経費を差し引いた残りが、ジーの実収入となる。したがって、ザーに多額のロイヤリティを支払っていながら、ジーの実収入は生活の維持もままならない場合も起きているのである。

このように、ロイヤリティに関しては様々な問題が含まれており、ザーは、情報を開示するとともに、ジー側の声にも耳を傾け、「共存共栄」が可能なレベルまで、その率を引き下げるべきであろう。

（3）商品廃棄、棚卸ロス

商品廃棄あるいは見切・処分とは、弁当、惣菜、ファーストフードなど賞味期限が過ぎて廃棄処分したものや正月、バレンタインデー、クリスマスなどの「イベント商品」の期間が終了して値下げ等処分した部分を指す。これらは消費期限が短かったり、期間限定の商品であるため、商品廃棄は店舗経営上、当然発生するロスである。しかも、コンビニでは、品揃えもまたフランチャイズ・イメージの一つとされ、また、品切れによる販売機会ロスを防ぐという販売戦略ゆえに、常に多数の商品で棚を埋めるように指導され、前述のように契約書においてもジーに対し「適正な在庫を確保する」ことが義務づけられている。さらに、ザーの経営指導においても、ファーストフードは利益率が高いことから、一定の廃棄が出ることもおそれずに品揃えするように勧められ、また、イベント商品、キャンペーン商品、新製品などはそのつど、大量に仕入れ、陳列するよう指導される。つまり、商品廃棄は、コンビニの経営戦略、フランチャイズ・イメージの維持等の点から、必然的に大量に発生せざるを得ないロスである。実際にも商品廃棄が月額原価で四〇万円を超える店舗も珍しくないという。

また、棚卸ロスは、主として万引き、仕入時のミス等によって発生する、帳簿上の在庫高と実際の在庫高との差額を指す。コンビニでは、年中無休二四時間営業（あるいは長時間営業）を維持するための従業員の確保がむずかしく、店主不在の時間帯が生じてしまうこと、また日販品の配達は日に三回程度あり、扱う商品は三〇〇〇点を超えることなどから、管理が行き届かず、棚卸ロスが発生しやすい営業形態となっている(15)。

ところが、コンビニの会計システムでは、これらの費用は、売上高からロイヤリティや商品仕入高を差し引いた「フランチャイジー収入」等によって負担されることとなっており、ザーはいっさい負担せず、すべてジーの負担となっている。しかもさらに不当であるのは、商品廃棄、棚卸ロス分をロイヤリティ算出の基準となる金額に含めて計算している点である。すなわち、コンビニの会計システムでは、ロイヤリティは、（売上高から売上原価を引いたいわゆる粗利益ではなく）、売上原価から商品廃棄、棚卸ロス分を除いた額を売上高から引いた「総売上利益」（セブンイレブン）あるいは「総値入高」（ローソン、九八年一〇月より「総荒利益高」と名称変更）（粗利益に商品廃棄、棚卸ロス分を加えた額に等しい）にロイヤリティ率を掛けて算出するのである。これは本来、売上ではない、したがってジーの利益ではない商品廃棄分、棚卸ロス分からもロイヤリティを徴収していることとなり、ロイヤリティを不当に高く算出するための巧妙な操作であるという批判がある(16)。

さらに加えて、商品廃棄等の評価に際し、ザーは、一定の割合を超えた部分を原価評価ではなく、売価で評価して処理している。これにより、当該超過部分については売価と原価の差額分だけフランチャイジー収入等の負担分が増し、またロイヤリティ算出の基準額がその分増加することになる。例えば、ローソンでは、見切・処分、棚卸ロスともに、これらの金額が三カ月間の売上高の一％を超えた場合、超過分については原価評価ではなく、売価による評価をする（ローソン・システムマニュアル）(17)。また、セブンイレブンの契約書では、「乙は、営業上通常の品べりの範囲とは認められない品べりが発生した場合には、その範囲を超える在庫品の棚卸減を営業費として扱われず、乙が販売したものとして処理されることに異議がない」と規定され（二五条）、「前回の実地棚卸の日以後当該実地棚卸日までの間の売上高の総額に対し、各一・二％を超えた金額の部分」（付属明細書（二））がこれに当たるとされている。

ザー側は、店舗経営上、これらのロスを極力低く押さえるべきこと、およびジーによるロイヤリティ回避のための不正を防止するために、このような制度を採用していると説明する。しかし、前述のように、商品廃棄、棚卸ロスは、フランチャイズ・イメージの維持、販売機会ロスの防止等の経営戦略上、必然的に発生する営業経費である。言い方を変えれば、各店舗の品揃えや年中無休二四時間営業は、ジーにとって当該店舗の販売機会ロスを防ぎ、売上を上昇させると同時に、ザーにとってもチェーン全体のイメージの形成、維持に貢献しているのである。その意味では、商品廃棄、棚卸ロスのかなりの部分はザーの経営戦略、販売戦略にもとづく指導によって発生しているとも言える。したがって、商品廃棄等は本来、「フランチャイジー収入」等で負担するのではなく、ザーとジーが共同で負担すべきものである。また、販売されたものではない以上、当然のことながら、売上原価の一部としてロイヤリティ算出の対象からは外すべきであり、かつ、全体を原価評価すべきである。

（4）人件費

コンビニ経営は事実上、ジーとその配偶者、家族の長時間労働や無償労働がなければ支えられない、つまりそれらを前提に成り立っているというのが実情である。というのは、フランチャイズ・イメージの主要な要素である年中無休二四時間営業を続けるためには、防犯や安全対策の点からも、日中であっても、常時二名以上は店内で稼働している必要がある。したがって、当然に、何人かのパート、アルバイトの雇用が必要となるが、人件費は全てジーの負担であり、「フランチャイジー収入」等により負担されるため、人件費がかさむとジーの実収入は減少する。そこで人件費を減らすため、ジーは配偶者と昼夜交代で、さらには家族も総出で、長時間労働をせざるを得ない状況に至るのである。

こうした現実にもかかわらず、契約書では、例えば、「セブンイレブン店の経営は、乙の独自の責任と手腕により行われ、その判断で必要な従業員を雇用する等使用主として、すべての権利を有し、義務を負う」（二条二項）と規定されている。しかし、「使用主として、すべての権利を有」するといっても、年中無休二四時間営業という大前提の下では、ジーが決められるのはせいぜい、収入を減らしてもパートを雇うか、それとも雇わずに自分と家族が長時間労働をするかのいずれかである。

ある試算によれば、店主一人で、あとはパートタイマーを雇用して、常時二名体制で店舗を維持しようとした場合、最も時給の高い午後一〇時から午前六時まで店主が稼働したとしても、人件費は月額九五万円となり、とうてい経営は成り立たないという（千葉ローソン訴訟準備書面）。つまり、まともに労働基準法を守って働いていたのでは経営は立ち行かないのである。このことは直営店とオーナー店の人件費を比較してみるといっそう明白である。これはジーの経営努力の問題ではない。雇用主でもあるジーの長時間労働が労働法上問題にならないことを前提として成り立っているシステムこそが問題である。長時間労働や深夜労働の結果、ジーおよびジーの家族の間には、健康被害、過労死、家庭崩壊、離婚等の深刻な事態が引き起こされているのである。

しかし、このような状況は改められなければならない。人件費は、年中無休二四時間営業というコンビニの営業形態、販売戦略上、必要不可欠な営業経費というべきであり、しかも、年中無休で営業している店舗は、それ自体が当該チェーン全体の宣伝にもなっている。つまり、前述の商品廃棄等と同様、人件費も、フランチャイズ・イメージ維持のために必要不可欠な費用という意味を持っているのである。このように考えるならば、人件費も、ジーのみが全てを負担するのではなく、ザーとジーが共同で負担すべきである。あるいは少なくとも、ジーが直営店並に労基法に則った労働時間を維持でき、その他はパート、アルバイトを雇っても十分経営が成り立つように、ザーは人件費につき一定の補助等の手だてを講ずるべきである。

(5) 最低保証

ところで、多くのコンビニ契約において、いわゆる「フランチャイジー収入」等が一定額に満たない場合に、ザーが不足分を負担する制度(最低保証制度)を採用しているため、ジーは安心して経営ができると宣伝されている。保証額は契約タイプによって異なるが、おおむね一五〇〇万円前後の金額である(前掲表Aを参照)。しかし、これは、人件費、光熱費等を含む「フランチャイジー収入」等の保障であって、ジーの手取り収入や生活費の保障ではない。例えば、最低保証額一五〇〇万円の場合、月額はおよそ一二五万円となるが、仮に、前述の試算どおり人件費が九五万円、商品廃棄等が四〇万円かかったとすると、ジーの収入どころか、光熱費を支払う資金すら残らないことになる。したがって、最低保証を受けても、ジーの生活が十分確保される保証はないのである。

例えば、セブンイレブンの最低保証は、ジーが「契約に従って、毎日開店営業を継続する限り」、ジーの「一二会計期間の総収入（＝売上総利益―チャージ）が」、一定額に達しないときは、ザーが「その不足分を負担する」（四二条）とする。一定額とは、店舗をザーが所有するCタイプで一七〇〇万円（非二四時間店は一四〇〇万円）であるが、実際には、これを月単位で計算して不足額を支給し、年間決算後に最低保証額を超えていた場合は、超過分の中からザーの負担分を払い戻す（最低保証額を下回っていれば返還する必要はない。セブンイレブン・システムマニュアル）(18)。

他方、ローソンのCタイプのある契約では特別経費分担（九八年一〇月より「最低保証」に名称変更）は、ジーの収入（年間総値入高―ローソン・チャージの年間合計額）が一定額に満たず、「かつ契約違反等がなかった場合」、新規オープン日より二年間は、ジーの収入と特別経費分担額との差額をザーが補填し、新規オープン日より三年目以降は、差額を、ローソン・チャージがゼロになるまで、ザーが減額補填する方法をとる。つまり、三年目以降は、たとえ最低保証額に満たなくとも、ロイヤリティがゼロになるまでしか保証しないということである。

ザー側はこの最低保証制度を「ロイヤリティの減免措置」と位置づけている場合も多く、ローソンの例のように、補填額はロイヤリティ額を限度とするチェーンも見られる(19)。しかし、最低額すら保証しないのでは、このような制度を採用する趣旨にもとるといえよう。税務会計措置上の問題もあろうが、ジーが安心して経営を継続できるように、保証額を経営実態に合わせて引き上げるべきであるし、ロイヤリティを上限とするのではなく全額を保証しうるよう制度の検討がなされるべきであろう。

四　小括

以上のように、コンビニ契約においては、フランチャイズ・イメージというチェーン全体のイメージの維持が強調され、その下で、ジーに対し、年中無休二四時間営業をはじめ様々な義務づけや事実上の拘束が課されており、ジーは独立の事業者としての経営権を大幅に制限されている。にもかかわらず他方で、契約書は、高額の初期投資、高率のロイヤリティ、人件費や廃棄、ロス分のジー負担など、店舗経営の責任とリスクを全面的にジーに押しつけている。契約書とは本来、契約当事者の相互の権利義務関係の明確化を目的とするものであるにもかかわらず、コンビニ契約においては、ジーの義務や責任に関する規定とザーの責任を免除する規定がその中心を占めている。

前節で述べたザーとジーとの非対等な関係、ザーの優位を前提として、このようなジーにとってきわめて不利な契約内容が押しつけられているのである。したがって、前節の小括でも述べたように、ザーは、勧誘段階において契約内容について必要事項を開示し、十分な説明を行うとともに、契約成立後も、情報・データを独占するのではなく、ジーの利害にかかわる情報・データについては極力これを開示すべきである。さらに、すでに述べたように、コンビニ契約は附合契約の一種であり、しかも非対等なザー・ジー間では、契約内容につき十分な交渉が行われえないことから、成立した契約において、ジーにとって一方的に不利益な条項が含まれることがありうる。これらの条項はジーが十全の意思をもって合意したとはいえず、無効を主張しうるものである。また、前述のように、両当事者間に圧倒的な格差が存在するという意味で、コンビニ契約は消費者契約と同様の性質がみとめられ、したがって、現在立法化が進められている「消費者契約法（仮称）」のように契約内容に対する規制がなされるべきである。少なくとも、契約締結前については、同法の適用が検討されるべきであろう。また、(四)節で詳述されるが、不当な拘束や不公正な取引慣行については、独占禁止法の不公正な取引方法に該当するものとして規制されるべきであろう。そしてさらにいえば、コンビニ契約あるいはフランチャイズ契約について、勧誘段階および契約成立後におけるザーの情報開示義務等、ジーにとって不当に不利益となる契約条項の無効、ザーによる優越的地位の濫用行為の禁止等を盛り込んだ特別法が立法されることが望まれよう。

注

（1）この他、ローソンの新FC契約の主な変更点としては、①最低保証額の増額、②特別利益分配制度の導入、③ロスの原価評価枠の拡大（商品売上高の一％から一・二％へ）、④契約開始後六年目よりロイヤリティ率を一％減額、⑤中途解約のペナルティの減額等があるが、他方で⑥見切・処分の原価評価部分の計算時期を四半期から毎月に変更し、⑦ロイヤリティ率を二％程度増額しており、ジーにとってどの程度メリットのある変更であるかは疑問である。しかも既存店については、新FC契約で更新するまでの間に適用されるのは③、⑤、⑥など限られた変更点のみである。なお詳しくは、隔月刊『コンビニ』九九年二月号四二頁以下、および、九八年一〇月一五日付日経流通新聞などを参照。

（2）池田安弘『コンビニが崩壊する日』（ぱる出版、一九九八年）一一七、一一八頁。

（3）「コンビニ・オーナーを生かさず殺さず・・・トラブル対処用・鬼の『本部マニュアル』」『エコノミスト』一九九八年五月一二日号、一〇六頁。

（4）例えば、渡邊静二・岩渕権「株式会社ローソンによる独占禁止法違反事例について」『公正取引』五七六号八七頁以下を参照。

(5) サンショップヤマザキは一九九九年一月一日より社名をデイリーヤマザキと変更し、従来の「ヤマザキデイリーストア」と「サンエブリー」を一本化した新FCパッケージ「デイリーヤマザキ」を導入した。ヤマザキデイリーストア契約書と新FC契約との主な違いは、①荒利分配方式の導入(固定ロイヤリティの廃止)、②最低保証制度の導入、③オープンアカウントの採用、④什器備品の本部負担などで、基本的に他の大手チェーンの契約内容に会わせた形となっている。なお、詳しくは、辻和成「大変身!デイリーヤマザキ　新フランチャイズ導入に踏み切った本部の決断」隔月刊『コンビニ』九九年六月号七六頁以下を参照。

(6) トーマス・サカモト「コンビニフランチャイズ『情報開示』日米比較」『食品商業』一九九七年二月号二一四頁。

(7) 「告発!年中無休で働けど…コンビニ残酷物語」『週刊朝日』一九九八年五月八・一五日号四二頁も同旨。

(8) 金井高志「情報開示に関する加盟店保護の法律論」季刊『コンビニ』九八年夏号六一頁も同旨。

(9) 松山徳之「神様はコンピュータ!信仰か破綻か、コンビニオーナーの悲しい選択」『エコノミスト』九八年六月二日号五三頁も同旨。

(10) 国友隆一『セブンイレブンの高収益システム』(ぱる出版、一九九七年)二二二頁。

(11) 国友・同右書二二三頁は、「運用益の還元、あるいは純利益額に対して金利を払う――そのどちらかを実施すべきではないのか」と指摘する。

(12) 旭工房編『きつい!儲からない!大手コンビニ脱会宣言』(エール出版社、一九九七年)二三、二四頁。

(13) コンビニ・FC加盟店全国協議会『結成大会報告集』(一九九八年四月一五日)六九頁。

(14) 池田・前掲注(2)一二一頁、トーマス・サカモト・前掲注(6)二一三頁、浅野恭平「コンビニSVの『働く意識と労働条件』」隔月刊『コンビニ』九八年一二月号四八頁以下を参照。

(15) 前掲注(7)「告発!」四一頁。

(16) 奥村一彦「コンビニ会計に異議あり」一九九九年一月一八日付全国商工新聞、山口茂「税務調査で浮かび上がったコンビニ問題の核心」『月間民商』九八年六月号三四頁以下を参照。

(17) ただし、見切・処分については、九七年頃から少なくとも一部の契約タイプについては全額原価評価に変更されている。

(18) 国友・前掲注(10)一八四頁以下。

(19)「特別企画　拝啓本部殿　FCシステムへの『五つの質問』隔月刊コンビニ一九九八年一〇月号五四頁以下。

（三）コンビニ契約の解約

山本　晃正

一　顧みられることの少ない解約問題――オーナーの意識と問題の所在

コンビニ契約はフランチャイズ契約の典型的なものであり、一般的には契約期間が相当長期にわたる継続的契約である。短いものでも五〜七年間の契約期間であり、一五年間という長期に及ぶものも普通に存在する（1）。

しかし契約関係は人と人との関係（コンビニ契約においては加盟店オーナーという自然人と、コンビニフランチャイズ本部会社という法人との間の契約であることが多い）である以上、永遠に続くはずのものではない。極端な話、オーナーの死亡という事態もありうる（その場合には通常、契約の中に承継に関する定めをおく）。また当初の予想に反して、コンビニ経営から手を引きたいという事情が生ずる場合も当然に想定しうる。

コンビニ加盟店の多くは、それまで勤めていた会社を退職して新しく始める場合を典型として、コンビニ経営には素人である。そうであるとすれば、新天地を求めるオーナーにとっての最大の関心事は、開店した店が順調に業績を伸ばしていけるか、最低限家族が食べていけるだけの収入が確保できるかにあることは、想像に難くない。そのようなオーナーは、百戦錬磨の企業経営者であればともかく、通常、いつの日か経営がだめになるかもしれないなどとは考えないし、当初から契約関係の終わることを考えたくもないであろう。

しかもこれまでのコンビニ勧誘の実態によれば、勧誘者から「コンビニ経営の危険性」の告知があったという話はついぞ聞かないし、「危ないものに手を染める」などという意識が加盟店にあったとも思われない。むしろ「必ず儲かる」「大丈夫」などが強調され、解約条項等の説明はおざなりというのが勧誘の現実である。

要するに、コンビニ経営から手を引こうとするとどうなるかに、あまり注意を払わなかった、あるいは払わないようにさせられてきたというのが、経営を始めるオーナーの意識の実態であった。

しかし最近では、コンビニ訴訟が激増しているし、コンビニオーナーの意識としても、解約問題は重要視されるようになっている。例えば「コンビニ・ＦＣ加盟店全国協議会」が、一九九八年一二月に実施した調査結果によれば、「契約期間が過ぎたら同一条件で再契約する意思がありますか」という問いに対して七三・二％が「ない」と回答し、「収益性などの理由で、現在、他業種への転業を考えていますか」という問いに対しては、「考えている」という回答が六〇・五％に達した（詳略は二章参照）。これらは契約の終了や解約に関係するが、驚くほどの回答数である。しかもこうした傾向は、「全国協議会」というわば「不満を持つオーナーの集まり」だからというわけでは決してない。他にも、「日経ビジネス」が首都圏や近畿圏で一九九九年四月上旬に行なった調査によれば、コンビニ経営をやめたいという一般のオーナーは四四％にもなるということである（２）。

それでも、「コンビニ経営から手を引く場合」、すなわち解約に関する契約条項が、当事者双方にとって平等かつ適切に作られていれば、まだしも救われる。しかし法外な違約金条項の問題など、必ずしもそうとはいえない実態がある。ここでは、コンビニ契約における解約関連条項を取り上げて、分析してみることにする。

法律上、例えば契約相手方の債務不履行が生じれば、それを理由として契約を解約することができる（民法五四一条以下）。法定解約であるが、ここで検討するのは、契約条項として解約に関する定めが置かれている場合、つまり約定解約の場合である。コンビニ契約では解約のあり方を特別に規定している例がほとんどである。

契約書の用語は様々であるが、解約に関する条項は、いつの時点の解約かにより大きく二つに分かれる。まず契約を締結して以降、開店準備を進めていく途上での解約＝「開業前解約」と、開店してから契約期間が終了するまでの間で、まだ契約期間を残している場合の解約である。後者はさらに、契約当事者に何らかの都合や事情が生じた場合に協議するなどして行われる「中途解約」、一定の事由の発生により直ちに解約する「即時解約」、一定期間の予告・催告期間を経た上で解約する「予告解約」に分けられる(3)。契約期間の満了などによる契約の「終了」は、契約の拘束力を途中で終わらせるという意味の解約とは異なるので、ここでは扱わない。また合意解約の条項を持つ場合もあるが、問題を生じることはほとんどないので、これも扱わない。

二　開業前解約

コンビニ契約が締結されると、ジーの研修や、ザーによる店舗改装等の開店準備が進められる。この契約締結後から開店するまでの期間に生じた解約問題を処理する条項が「開業前解約」に関する条項である。

「開業前解約」に関する条項のないデイリーストアー契約書を除き、他の三つの契約書により、「開業前解約」に該当する場合を分類してみると、①ジーの「研修不合格」、②ジーの「研修放棄」、③「やむを得ない事由の発生」という三つの場合に分けられる（①②ではザーが解約し、③ではジーが通知する）。

①の場合、例えばセブンイレブン契約書では、研修費用の半額二五万円が徴収され（半額二五万円は返還）、サークルK契約書では、ジーは本部の開業準備作業の段階に応じた解約金に加え、違約金一〇〇万円を支払うことになっている（ただしこの一〇〇万円は、「全部または一部の支払を免除することがあります」とされる）。

②の場合、セブンイレブン契約書では、研修費用五〇万円は返還されない。

③の場合は、ジーの側に「やむを得ない事由」が生じた場合であり、いずれの契約でもジーは解約金の支払を求められる。例えばセブンイレブン契約書では、本部の開業準備作業段階に応じて五〇万円〜一五〇万円とされ、ローソン契約書では五〇万円とされている。またサークルK契約書では、解約にはザーの「承認」が必要とされており、他の二つの契約書が「本部への通知と本部との協議」を求めているのとは異なる。ザーが解約を承認しない「開店強制」が意図されているとすれば、信じ難い条項である。

以上のような「開業前解約」に関しては、三つのことを指摘しておきたい。

第一に、①〜③のいずれの場合も、ジーの事情だけが問題となる。「開業前解約」の多くは、ジーの事情によるものではあろう。しかし、ザーの事情による解約もありえないわけではない。今のままでは、ザーの解約権行使を、事実上制約できないのである。

第二に、解約金や違約金などのペナルティが、ジーだけに課されている。第一で指摘したように、ジーの事情による解約だけを想定した結果ともいえるが、不平等である。なぜならばジーの事情による解約では、解約金などの形で損害賠償額が予定されているため、ザーは特に損害額の具体的立証をすることなく、手軽に損害を回収できるが、ザーの都合での解約の場合、ジーは受けた損害を個別に立証しなければならないからである。

ザーの事情によって「開業前解約」に至るというおそれは、悪徳商法的フランチャイズでは、それに近いことが既に現実化している(4)。今後コンビニでも、競争激化や景気変動などにより、ザーがジーとの契約を整理したいと考えるかもしれないし、ひょっとしたら既に生じているのかもしれない。

第三に、解約のペナルティ内容が公正さを欠く場合がある。例えばサークルK契約書では、研修不合格を含めてジーが「実際の開業をなすことができない」とザーが認めると、ザーは解約でき、ジーは解約金以外に一〇〇万円の違約金を支払わねばならない。この場合、研修不合格者からの違約金徴収は著しく不合理であろう（すでに触れたように、この場合には違約金の「全部または一部の支払を免除することがあります」とされてはいるが、「免除することがある」だけで、常に免除されるわけではないことに注意したい）。

三　中途解約

契約当事者の都合で契約期間を残して解約する「中途解約」の扱い方は、コンビニ契約毎に多少異なる。しかし、中途解約される場合を、①事業継続の困難などの「やむを得ないと認められる特別な事情」がある場合と、②そのような事情のない加盟店の自己都合などによる場合とで区別していること、開業からの経過期間により扱いが違うこと（例えば解約金の額）などの点ではほとんど共通する。ここでは三つの点を指摘しておきたい。

(1) コンビニ本部に有利に働く「やむを得ないと認められる特別な事情」

中途解約の理由となる「やむを得ないと認められる特別な事情」とは何かについては、四つの契約書とも、「経営状態にてらし、事業を継続することが甲乙双方にとって、不利益であり、その改善の見込もない場合」（これはセブンイレブン契約書であるが、他の契約書もほとんど同一あるいは酷似した表現である）を、唯一の例示として挙げている。

注意が必要なのは、「甲乙双方にとって、不利益」とはどういう事態かである。考えられるのは、経営を継続すればするほど双方に損失が累積する場合である。しかしすでに分析されたように、粗利を基礎にザーのロイヤリティが算出されるシステムでは、ジーが赤字でもザーはロイヤリティを手にでき、ザーに「不利益」が生じない場合もありうる。つまりジーが赤字続きで続けられないと考えて、「やむを得ないと認められる特別な事情」に該当すると主張しても、ザーはこれを認めないという理屈が成り立ち得るのである。

そのような場合にジーが中途解約しようとしても、「特別な事情」のない「自己都合の解約」として扱われることになり、解約金額が増すなど、ジーにとって不利に作用する。しかも、「やむを得ないと認められる特別な事情」に当たるかどうかをザーが判断する契約の場合（ローソン契約書では「甲が認めたやむを得ない事由により本契約を解約する場合」とされている）には、このように扱われる危険性は一層増すことになる。

ザーとジー双方にとって中立的に見えながら、独特なロイヤリティ算定方法とあいまって、実はザーに有利となり得るきわめて巧妙な条項である。意図的に狙って考案したとすれば、ほとんど犯罪的といえるであろう。

(2) 高額な解約金の支払義務

次に、中途解約の場合に常に生ずる解約金の支払い義務の問題がある。解約金は直近一二カ月の月平均ロイヤリティを基礎に算出されることが多い。表Bは、一九九八年度の各コンビニチェーンの実績を利用し、契約上の計算方法に基づいて、主要コンビニ三社の中途解約金等を試算したものである。

この表で見ると、例えばセブンイレブンの開業五年未満では、「特別な事情」がある場合で五三二万円、自己都合解約では一三三〇万円の解約金を支払わねばならない。同様にローソンの場合には、開業三年未満では、「特別な事情」がある場合で八四〇万円、自己都合解約では一四〇〇万円の支払い義務となる(5)。ただ単にコンビニ経営をやめようとするだけで、これだけの金額がザーから請求される。瞠目するほど高額である。ジーが中途解約を考える場合には、経営不振に陥っていることが多いであろうから、これではやめたくてもやめられない。

しかし中途解約の場合にジーが請求される金額が、この解約金に限られないことにも注意する必要がある。これ以外にも数百万円、多い場合には数千万円もの金額が、解約に伴う諸債務として請求されることが一般である。

例えば、千葉地裁で係争中のローソン事件では、加盟店から損害賠償を請求された本部が、反訴として三つの加盟店に対してそれぞれ一二五七万円余、七五三万円余、二三二〇万円余の支払を求めている。また名古屋地裁で係争中のサークルK事件では、加盟店が起こした保証金等返還請求に対して、本部が一二七三万円余の解約違約金等を含む一六七九万円余の精算金の支払を求めて反訴を提起している。後者の事件では本部が暴力的な自力救済の挙に出て加盟店側から刑事告訴されてもいる。さらに福岡地裁に係争していたニコマート事件では、加盟店二店に対して中途解約金など一億一千万円が請求されていた(6)。

(二)で検討されたように、これらはコンビニ契約における独特な会計システムの結果であるが、ジーにとっては

表B　コンビニ３社の中途解約金、損害賠償額の試算

	セブンイレブン	ローソン	サークルK
①月平均売上高	2,062 万円	1,445 万円	1,548 万円
②月平均粗利高	619 万円	439 万円	429 万円
③月平均ロイヤリティ額（率）	266 万円（43％）	140 万円（32％）	163 万円（38％）
④中途解約金「特別な事情」のある場合	開業後５年未満 ③×２＝532 万円 開業後５年以上 なし	開業後３年未満 ③×６＝840 万円 開業後３年～５年未満 ③×４＝560 万円 開業後５年以上 ③×２＝280 万円 以上に 130 万円を加算	開業後７年未満 ③×２＝326 万円 開業後７年以上 なし
④中途解約金「特別な事情」のない場合＝自己都合の場合	開業後５年未満 ③×５＝1,330 万円 開業後５年以上 ③×２＝532 万円	開業後３年未満 ③×10＝1,400 万円 開業後３年～５年未満 ③×７＝980 万円 開業後５年以上 ③×４＝560 万円 以上に 130 万円を加算	開業後７年未満 ③×５＝815 万円 開業後７年 ③×２＝326 万円
⑤即時解約・予告解約時の損害賠償額	イ.②×６×１／２ ＝1,857 万円 ロ.①×契約残存月数×１／10×２％ ＝41,240 円×契約残存月数 イとロの合計 ただしザーの商標・意匠・著作権の侵害、経営・企業機密漏洩の場合は、200 万円が加算される	イ.②×６＝2,634 万円 ロ.ザーが設置・貸与した看板・什器備品の残存簿価相当額 イとロの合計	②×４＝1,716 万円 ただしザーの商標・意匠・著作権の侵害、経営・企業機密漏洩の場合は、200 万円が加算される

※①②の数字は、「98 年度コンビニ『踊り場決算』が教えるもの」（『コンビニ』1999 年８月特大号、110 頁以下）に掲載された 98 年度実績の平均日販、粗利率を基にして算出したものである。③④を含めて千円以下は四捨五入して計算した。なおセブンイレブンやサークルKの①②の額については、『日本のフランチャイズチェーン'99』1999 年に掲載されているセブンイレブンの「モデル収支」の月売上高 2,063 万円／粗利益 615 万円という額、『'98 財界フランチャイズ白書』1998 年に掲載されているサークルKの「標準店舗概要」の月平均売上高 1,500 万円／粗利高 420 万円という額（いずれもフランチャイズ本部に送られた調査票への回答を整理した数字であり、当該コンビニ本部がモデルないしは標準店舗のものと考えている数字である）に極めて近い額である。

③のロイヤリティ率は、オーナーが店舗投資を負担するタイプの 24 時間営業のものである。また額は、②×ロイヤリティ率で計算し、廃棄ロス等は無視した。

とても負い切れない債務として重くのしかかり、「行くも地獄、引くも地獄」という「コンビニ地獄」、いつまでも契約に縛りつけられる「契約の奴隷」として現象することになるのである。

(3) 加盟店だけを想定した自己都合中途解約

最後に、ここでも、自己都合中途解約がジーの事情からだけしか約定されていないという問題がある。つまり自己都合で中途解約するのは常にジーであり、解約金もジーからだけの支払いが予定されている。

しかし開業前解約の項でも指摘したように、競争激化や景気変動を考えれば、中途解約しようとするのは常にジーばかりとは限らない。いわばリストラ策としてのザーからの中途解約がないとはいえない。しかし今のままでは、ザーからの中途解約を制約する契約条項は存在しないのである。

四 即時解約と予告解約

一定の事由の発生により直ちに解約する「即時解約」と、さらに一定期間の予告・催告期間を経た上で行われる「予告解約」とは、いずれの契約書でも全く別に扱われており、解約事由も異なる。しかしその特徴には共通する部分も多いので、ここでは一括して考えてみたい。

(1) 一方的な権利構成

まず指摘できることは、ザーからの一方的権利として規定する契約書もあるということである。セブンイレブン契約書とサークルK契約書では、一応は当事者双方の権利として約定されているが、ローソン契約書とデイリーストアー契約書では、ザーからの一方的権利として約定されている。つまり後二者の契約書ではジーからの即時解約と予告解約に関する条項が存在しないのである。したがって、ジーからは約定解約の形をとることができないのであり、この場合には法定解約事由に該当しない限り解約できないことになろう。

(2) 解約事由の著しい不平等

次に、セブンイレブン契約書やサークルK契約書のように、たとえ即時解約と予告解約が当事者双方の権利として約定されていても、ザーからの解約の場合と、ジーからの解約の場合では、次のように解約事由に著しい不平等が存在する。

(イ) 解約事由数の大きな格差

この点をまず即時解約事由で見てみよう。表Cはザーから即時解約できる事由を、四つの契約書により整理したものである。実際に列挙されている解約事由の数は、セブンイレブン契約書では五項目、ローソン契約書では一二項目、サークルK契約書では一六項目、デイリーストアー契約書では一一項目であるが、表Cでは分類整理の都合上、二項目以上に分けて表示したり、合わせて表示していることもあるので、契約上の項目数と一致してはいない。また、表現も簡略化したり、概括的な表現にしている場合もある。

解約事由は契約書毎に異なるし、共通する概念でくくることは困難でもあるが、あえて分類すれば、「信用不安に関する事由」「契約上の義務違反に関する事由」「チェーンとしての権利・利益の侵害に関する事由」「契約当

表C コンビニ本部からの即時解約事由

セブ／セブンイレブン、ロー／ローソン、サー／サークルK、デイ／デイリーストア

コンビニチェーン名	セブ	ロー	サー	デイ
（1）信用不安に関する事由				
破産・和議・会社更生・会社整理等の申し立て	○	○	○※1	○※2
債権者による資産・負債の全面的管理・整理・強制執行	○		○	
支払停止・不渡り・銀行取引停止処分等	○	○※3	○	○
差押・仮差押・仮処分・強制執行の申し立てと資産の競売申し立て		○	○	○
租税滞納処分				○
（2）契約上の義務違反に関する事由				
実地棚卸の拒否	○		○	○
契約・附帯契約・規定・マニュアル等に基づく義務の著しい違反		○		○※4
売上金の不当流用			○	
契約締結に当たっての虚偽申告			○	
ロイヤリティ、リース料等の支払を1回でも怠ったとき				○
契約上の報告・届出・申し出の義務の懈怠				○
契約の各条項の違反				○
(3) チェーンとしての権利・利益の侵害に関する事由				
甲に付与された権利・マニュアル・資料等の譲渡・担保差入等の処分、他人使用・供与・正当な理由のない占有	○		○	
経営機密・企業機密の第三者への漏洩	○	○	○	
競業他社の経営への関与・業務提携・フランチャイズ関係の締結	○		○	
甲の代理人の詐称、無権代理行為			○	
甲等の商号・名称の無断使用			○	
甲の所有資産の売却・譲渡担保権の設定・転貸			○	
チェーン全体の信用・統一イメージの著しい失墜				○※5
(4) 契約当事者・経営主体等についての状況の変化に関する事由				
甲の承諾のない営業・重要資産の譲渡	○		○	
甲の承諾のない経営者の地位からの退き、他人への経営委譲、経営放棄、権利の担保化	○	○	○	
経営全般・実質的部分から24時間以上手を引いたとき	○		○	
主務官庁による営業の取消し処分や営業停止処分		○	○	○
契約締結日から1年以内の開店不可能		○		
契約店舗の一方的閉鎖		○		
所有権・賃貸権等の喪失による加盟店舗の使用不能（店舗建物使用契約の解約・解除を含む）			○	
廃業・解散・他からの合併等		○	○	
経営権に影響のある株主構成の変化・役員異動・定款変更等により契約存続が適当でないと甲が認めたとき		○		
禁治産・準禁治産の申し立て・宣告		○	○	
懲役・禁固の刑の処分		○		
不慮の事故・死亡により経営継続困難と甲が判断したとき		○※6	○	
著しい公序良俗違反			○	

（※1）「事実上の整理・和議の発表」も対象とされる。

（※2）「解散・破産・和議開始更生手続開始・競売の申し立てを受け、または自らこれらの行為をなしたとき」と規定する。

（※3）「支払い停止、支払不能状態のとき、ならびにこれに類する信用悪化状態と甲が判断したとき」と規定する。

（※4）「本契約上の諸基準・規則・マニュアルまたは指導・指示・勧告に違反し、かつ店舗経営を行う資格・能力または意欲に欠けるとき」と規定する。

（※5）「ユニホームを着用しなかったり、身だしなみ等著しくイメージを損った場合」、「適合しない商品の陳列および販売方法を行いイメージを著しく損った場合」、「店舗経営について、適切な店舗設備、商品在庫の管理を行わない場合」を例示している。

（※6）「不慮の事故・死亡等により契約店舗の経営を継続することが困難と甲が判断したとき」と規定する。

事者・経営主体等についての状況の変化に関する事由」などに分類できる。いずれにせよ、ジーが陥るとザーが即時解約できる事由はきわめて多岐にわたっている。

これに対して、ザーが陥るとジーから即時解約できる事由は、セブンイレブン契約書では、「破産・和議・会社更生・会社整理などの申立がなされたとき、または債権者より資産・負債の全面的な管理ないし整理もしくは強制執行を受け、あるいは支払停止をしたとき」と「開店準備を怠り、または甲の責に帰すべき事由により、相当期間を経過しても所定の開業日に開店できないとき」の二項目だけであり、サークルK契約書でも、前者に「支払不能、仮差押、仮処分、競売申立」などが追加されてはいるが、ほとんど同様の内容である。つまり信用不安に関する事由と開店準備に関する義務違反に限定されているわけである。

次にこうした不平等は、予告解約事由においても同様の傾向が指摘できる。ザーからの予告解約事由は、例えばセブンイレブン契約書では一三項目、ローソン契約書では二二項目、サークルK契約書では八項目と、これも多岐にわたっている。これに対してジーからの予告解約事由に関する定めのあるセブンイレブン契約書では八項目、サークルK契約書では六項目であり、項目数で明らかな格差があるといえるのである。

(ロ) コンビニ本部側に緩やかな解約事由

次にその規定内容＝解約事由自体に目を向けてみよう。解約事由の作り方を子細に検討すると、合理的理由を見い出し難い格差がかなり目につく。例えばサークルK契約書では、即時解約できる同じ信用不安に関する事由でも、ジーが陥るとザーから解約できることになる「手形、小切手の不渡を発生し、またはこれによる銀行取引停止処分」や「事実上の整理、もしくは和議の発表」という事由は、ザーが陥るとジーが即時解約できる事由からは巧妙に外されている。つまり同じ内容のように見えて、実はザーに微妙に緩やかな内容となっているのである。またザーからの即時解約事由とされているジーの「著しい公序良俗違反」「契約締結に当たっての虚偽申告」「売上金の不当流用」などは、ザーが同じことを行えばジーにも即時解約を認めるべきものと思われるが、これも外されている。

解約事由の内容の格差は、予告解約の場合でも同様である。予告解約で解約事由とされるものの多くは契約上の義務違反であるが、規定表現の仕方に明らかな差異を設けている場合がある。例えばサークルK契約書では、ザーが行使する場合には、「前項各号（＝即時解除事由を指す）のほか、下記に該当する事由がある場合、～催告を受けてから七日以上経過しても、乙がその改善、または義務の履行をしない場合には、甲はこの契約を解除することができるものとします」と定めて、「所定の営業時間を守らずまたは休業したとき」などの、ジーの「契約条項の違反」に当たる項目を六項目列挙している。しかし他方、ジーが行使する場合には、ザーが「～催告を受けたにもかかわらず～下記に関する重大な違反を改め」ない場合にジーは解約できるとして、該当条項を六つ掲げるなど、ザーの「重大な違反」を要件としているのである。ジーは契約条項の「違反」によってザーから解約されるが、ザーは契約の「重大な違反」を侵さなければジーから解約されないわけである。あまりに姑息な使い分けというほかなかろう。

（八）具体的で明確な加盟店の義務と、抽象的で裁量の余地を残すコンビニ本部の義務

さらに予告解約事由で、ジーの契約違反は外形的判断のし易いように規定されているが、ザーの契約違反は抽象的で判断しにくい。一つだけ例示しておこう。

例えば、セブンイレブン契約書第二六条には「遵守事項」が定められ、これにジーが違反すると予告解約の対象となる。ここには「商品の委託販売は、あらかじめ甲に文書で通知し、甲の意見を聞いてから行う」とか、「セブンイレブン・イメージに適合しないと甲によって判断された場合は、これらの商品の陳列、販売をしない」など五項目が列挙されている。ジーがこれに違反したかどうかは、かなり具体的かつ確定的な形ではっきりと分かる。しかもザーの判断が介在して、違反かどうかが判断される部分もある。

他方、第二八条にはザーの「販売促進・仕入協力」が定められ、ザーがこれに違反すると、ジーは契約を予告解約できる。「セブンイレブン店の店舗に担当者を派遣して、その店舗・品ぞろえ・商品の陳列・販売の状況を観察させ、助言、指導を行ない、また経営上生じた諸問題の解決に協力する」とか、「甲が必要と考える個別のセブンイレブン店（例えば、売上不振店）の売上促進のための特別措置（甲が乙の費用を一部負担するなど。）をとる。」などの販売促進措置が四項目列挙され、仕入協力も四項目列挙されている。しかしこれらは具体的内容が判然としないものが多い。例えば、「助言、指導、協力」といってもどの程度のものか、売上不振店への特別措置はどんな内容なのかは、ここからは分からない。したがって仮に、ジーがザーに「販売促進・仕入協力」を求めたのに、充分な措置を講じなかったとして解約しようとしても、ザーが「ある程度の措置は講じている」として抗弁する余地はいくらでも残されている。ジーの義務は具体的で明確だが、ザーの義務は抽象的で本部自身の裁量の余地を残す表現がとられていることの結果であろう。

（3）不平等な予告・催告期間

予告解約の催告期間に差を設けている例もある。例えばサークルK契約書では、ザーから予告解約する場合の催告期間は「七日以上」であるが、ジーからの催告期間は「一〇日以上」である。たった三日間の違いだが、どうしてこのようにジーに不利な差をつける必要があるのか理解に苦しむ。

（４）高額な損害賠償額の予定と加算

即時解約や予告解約がなされると、当然に損害賠償の請求がなされる。「損害相当額の賠償」と定めることもあるが、その金額の算定方法を規定することも多い。損害賠償額は直近一二カ月の月平均の粗利高に基づいて算定されることが普通である。前出の表Ｂの⑤がその試算額である。

セブンイレブンは一五年間の契約であるから、開業後五年経過していたとすれば、ロの額は、四一二四〇円×一二〇カ月という式により、五〇〇万円近い金額になる。これとイの額とを合計すれば、二三〇〇万円を超える額になる。ローソンでは、ロの額を含めれば、二七〇〇万円を超えるであろうし、サークルＫでも一七〇〇万円を超える金額である。しかもセブンイレブンやサークルＫでは、ジーの行為が、ザーの商標・意匠・著作権の侵害、経営・企業機密漏洩に該当すると、さらに二〇〇万円が加算されることになっている。

一九九八年度の実績を基にした平均値による試算とはいえ、全体に恐ろしく高額である。単純に損害を回復するという以上に、懲罰的な意味合いが濃厚である。この金額は、とりわけジーの側から見れば、契約条項の遵守に対する相当の圧力になる。紛争が起こっても、ザーへの抵抗はいわば「命がけ」である。結局そこにまで至らず、現状を甘受せざるを得ない形で終息させる機能を、こうした高額な損害賠償額の予定が果たすのであろう。

五　解約条項の持つ問題性

解約条項に関する個別の問題はそれぞれの部分で指摘したが、最後に全体を通した特徴点を概括し、その意味を再確認しておこう。

第一に、ザーとジー双方からの権利として構成するのではなく、ザーだけが行使できる解約権であったり（一部チェーンの「即時解約」「予告解約」の場合）、ジーに生じた事情だけが問題とされたり（「開業前解約」や自己都合の「中途解約」の場合）している。その結果、ザーが請求する損害賠償額は予定されているが、逆にザーが「開業前解約」や自己都合「中途解約」を申し出た場合に、ジーがザーから損害賠償を得ようとしても、その額の個別的な立証が必要である。また、ジーからの「即時解約」や「予告解約」に関する条項がない契約では、ジーはザーの行為が法定解約事由に該当するかを問題にせざるを得ない。要するに、ジーは手間とひまがかかるということである。何よりも、競争激化や景気変動いかんでは、ザーの都合による中途解約等が今後起こるかもしれず、今のままではこれを有効に制約できないことに、十分な注意が必要である。

第二に、解約事由＝解約要件がザーにとって有利に作られている。「中途解約」で問題とした「甲乙双方にとって、不利益」の意義や、「即時解約」や「予告解約」の解約要件がザーにとって緩やかであるとして、四の（2）の（ロ）（ハ）で指摘したことである。「甲乙双方にとって、不利益」という要件に、すべての中途解約をジーの自己都合解約として処理させるという露骨な含意を読み取るのは、さすがに深読みに過ぎると考えたい。しかし、ジーからの「即時解約」の場合に、ザーの「不渡や銀行取引停止処分」、あるいは「事実上の整理・和議の発表」

を巧妙に要件から外し、「著しい公序良俗違反」その他を含ませなかったこと、さらには「契約の違反」と「契約の重大な違反」との使い分けあたりになると、単なる「抜け目なさ」を越えた「悪意」すら感じる。

第三に、やはりきわめて高額な解約金・違約金あるいは損害賠償額に関する点は見逃せない。これまで裁判所は、「ほっかほっか亭事件」で、原告の任意・自主的な判断があったこと（大阪地裁）や、フランチャイズチェーンの統一性保持のための必要性（大阪高裁）を理由として、高額な損害賠償額の予定（六〇カ月分のロイヤリティ相当額一八〇〇万円）は公序良俗に違反しないとした(7)。しかし一九九六年のコンビニのニコマート事件東京高裁判決では、ロイヤリティの一二〇カ月分と約定された損害賠償額の予定が高額に過ぎて公序良俗に反するとして、三〇カ月（八四〇万円）に減額された(8)。また先に触れた福岡地裁でのニコマート事件和解では、ザーの側が違約金請求の大半を放棄している。

解約金・違約金や損害賠償額の予定については、少なくとも次のことが考慮されるべきである。

第一に、研修不合格を含む開業前解約にまで違約金を求めることは明らかに行き過ぎであり、不当である。

第二に、中途解約の場合にまで解約金を求めるのも、経営不振で赤字続きというジーの事情が多く考えられる以上、きわめて苛酷に作用する。そもそもコンビニ経営から撤退する人間から金員を徴収すること自体、不合理である。撤退自体ですでにジーは十分に損害を被っているのであるから、追い討ちをかけるような解約金の定めは廃止すべきである(9)。今のままでは、ザーは解約金で利益を上げようとしているとのそしりを免れまい。

第三に、契約違反等を理由とする解約に伴う損害賠償額の予定がある程度はやむをえないとしても、莫大な利益を出しているザーと、基本的には生計維持のために営業しているジーとでは、損害賠償額の予定が意味するところは大きく異なることに十分留意すべきである。ザーの意向に沿わない行動を少しでもジーがとれば、契約上の義務に違反したと見なされて、高額の損害賠償を請求される危険性がつきまとうとなれば、ジーには非常に拘束的に作用する。もし賠償額を予定するのであれば、ザーから算定の根拠が明示されること、そしてジーを含めて十分にその合理性が確認されることが最低限必要である。むき出しの契約自由の原則に委ねてはならない、コンビニ本部の当然の責務であろう。

以上要するに、コンビニチェーンが「共存共栄」「対等平等」を理念として掲げるのであれば、現在のような解約条項のあり様はそれを裏切るものである。たとえ契約期間途中であろうとも、大胆な契約見直しがなされるべきものと考える。

六　契約終了・解約後の義務

なお、契約が終了あるいは解約された後の、競業避止義務や守秘義務について付言しておきたい。特に守秘義務は、例えばセブンイレブン契約書では、契約終了・解約後でも、セブンイレブンの商標・意匠・名称・記号の使用や、セブンイレブン・システムに関する経営機密、ザーの企業秘密の第三者への漏示の場合には、同一行政区画内または最寄りの店舗の過去一二カ月分の売上高合計の一〇％相当額の損害賠償義務が約定されている。ローソン契約書でも、ジーとその従業員は、「本契約・付帯契約・規定ならびにマニュアル、連絡諸文書等、甲の指導内容およびＤＣＶＳ・チェーン運営に関する計画・実態等、その他本契約に関して知り得た事項一切を、第三者に洩らさない」という義務について、「本契約終了後も、前項の秘守義務を負います」と定める。

コンビニ問題が長期にわたって表面化してこなかった背景の一つに、これらの守秘義務条項があったことを読み取るのは、ごく自然な理解である。これらが契約期間中の問題表面化を抑えこむという意味での紛争予防的・紛争抑圧的機能、契約終了・解約後も内部紛争問題を口にできず、紛争状態を隠蔽し、顕在化させないという意味での紛争隠蔽的機能、ジー同士の横の連絡が許されないこととあいまって、ジー相互間の分断的機能などを果たしたと推測されるのである。

注

(1) 店舗数が一〇〇〇店舗を超えている大手コンビニチェーンの契約期間を見ると、セブンイレブン一五年、ローソン一〇年、ファミリーマート一〇年、サンエブリーとヤマザキデイリーストアー七年、サークルK一五年、サンクス一〇年、ミニストップ七年、エーエムピーエム一〇年などである。中小チェーンでは五年や三年、あるいは契約期間の定めなしなどという例もごく一部にはあるが、大手チェーンのほとんどは一〇～一五年間である。なお『日本のフランチャイズチェーン'99』商業界別冊参照。

(2) 「第三回調査フランチャイズの未来」『日経ビジネス』九九二号、一九九九年五月二四日号。その二六頁以下によると、首都圏や近畿圏の主要コンビニのオーナー二七七人を対象(回収率四二・六%/一一八人)とした調査の結果であるが、「コンビニ経営という仕事を今後も続けたいか」という問いに対して、「すぐにでもやめたい」七・六%、「いずれはやめたい」三六・四%で、合計四四%であったという。

(3) 契約の解除と解約は、区別せずに用いられることも多いが、厳密に言うと意味が異なる。契約の解除とは既存の有効な契約関係が当初からなかったと同様の効果を発生させるものであり、契約関係は遡及的に消滅し、契約当事者は原状回復義務を負う。これに対して解約は解約告知を表す言葉として用いられる。解約告知は継続的な契約関係を将来に向かって消滅させるものであり、遡及効はなく原状回復義務を生じさせることもない。フランチャイズ契約は民法の定める典型契約ではなく、継続的契約でありながら様々な性格を持つ非典型契約である関係上、契約関係消滅の効果を遡及させないものでありながら、原状回復義務や損害賠償が定められることがほとんどである。したがって解約あるいは解除どちらの言葉を用いても大差はないといえるが、遡及効を考える余地がない以上、ここでは「解約」の言葉を用いる。

（4）例えば、本部が行方をくらましたバーガーシティの例などがある。「特集／フランチャイズの地獄」『週刊ダイヤモンド』一九九八年六月二〇日号、四一頁参照。

（5）ローソンのこの金額は、店舗等をオーナーが負担するタイプのものである。店舗等を本部が負担するCタイプの場合、中途解約金の基礎となるロイヤリティ積算月数は小さくなるが、逆にロイヤリティ率は高くなる。試算すると、三年未満では「特別な事情」のある場合で四七八万円、ない場合は一四三四万円となる。いずれにせよ高額であることに変わりはない。

（6）「全国商工新聞」一九九九年六月二一日付によれば、この事件では加盟店二店が一千万円の和解金をニコマートの本部に支払うことで和解が成立した。本部の請求がいかに法外なものであったかを示すものであろう。

（7）大阪地判一九八六（昭和六一）年一〇月八日（『判例時報』一二二三号、九六頁）、大阪高判一九八八（昭和六三）年一二月二一日。なお本件は、最二判一九八九（平成元）年六月五日により、高裁判決が認容された。最判については、大野正道「ほっかほっか亭「関西地域本部」最高裁判決について」『フランチャイズエイジ』一九八九年一〇月号、一二頁以下。

（8）東京高判一九九六（平成八）年三月二八日（『判例時報』一五七三号、二九頁）。なお第一審については、東京地判一九九四（平成六）年一月一二日（『判例時報』一五二四号、五六頁）。

（9）解約金や違約金については、いくつかのコンビニチェーンで動きが見られる。サンクスでは、「善意の売上不振店が、オープンに際して借金を返せないまま本部の債務を増やし、それで店を閉めたいというケース」からは違約金を請求しないことを決めた（「人生復活のチャンスを奪うような『違約金請求』はおかしい」『エコノミスト』一九九八年一〇月一三日号、七六頁）。

これは「経営不振による債務増加などやむをえない特別の事情で継続困難になりやめる場合は違約金を求めない」(「全国商工新聞」一九九八年八月三日付)というもので、一定の前進であろう。また一九九八年一〇月にはローソンが契約見直しを行った。「加盟しやすく、やめやすく」がうたい文句であり、解約に関する点だけ取り出すと、①契約後五年以上経過した場合の中途解約金は、やむをえない事由がある場合はゼロとする、②五年未満の場合の中途解約金を減額する、というものである(詳細は、辻和成「ローソン新FC契約六つの変更点と既存店向け制度改定の要点」『コンビニ』一九九九年二月号、四二頁など)。確かに改善面もあるが、次の点だけは指摘しておく。第一に、「やむをえない事由」に当たるかどうかをザーが判断するという契約上の建前は変わっていないので、解約金ゼロとなる「やむをない事由」を認めるかどうかは、要するにザーの腹づもり一つにかかっている。第二に、解約金ゼロとなり得るのは契約後五年以上の場合に限定され、五年未満では減額されただけである。例えば店舗等をオーナーが所有するFC-B4契約では、「特別な事情」のある場合でも、契約後三年未満では月平均ロイヤリティの四カ月分、三年〜五年未満では同二カ月分の解約金等が請求される。もし「特別な事情」をザーが認めなければ、三年未満では同六カ月分、三年〜五年未満では同四カ月分、五年以上でも同一カ月分の解約金等が請求される。このように中途解約金を廃止する改定ではなく、若干の手直しという域を出るものではない。しかも第三に、名義使用料の廃止など他の「改善措置」と引き換えに、本部の確実な利潤源であるロイヤリティを二%アップしている(これを表Bの月平均粗利高に基づいて試算すれば、年間約一〇五万円に相当する)。この限りでは改善に名を借りた利益確保であり、「加盟店主にとつては負担増となる可能性も出てくる」(「日経流通新聞」一九九八年一〇月一五日付)。要するにコンビニ問題の社会問題化等に伴い、「一回の新聞募集で、これまで一〇組(の夫婦)のオーナー希望者が説明会に来たが、いまは三〜四組に減っている」(ローソン関口専務、「特集/フランチャイズ大誤算」『週刊ダイヤモンド』一九九九年二月六日、二九頁)というように、思うように加盟店が集まらなくなった事態に強い危機感を抱いたザーがとった、一つの打開策である。

（四）コンビニ契約の法規制

山本　晃正

今日、コンビニチェーンだけを直接規制対象とする単独の立法は存在しない。しかしコンビニチェーンをフランチャイズチェーンの一つの典型として、政策対象あるいは規制対象に含めている立法は存在する。一つが「中小小売商業振興法」（以下、「小振法」という。）であり、他の一つが「独占禁止法」（「私的独占の禁止及び公正取引の確保に関する法律」）である。

一　中小小売商業振興法による規制とその限界

小振法は、中小小売商業者の「経営の近代化」を通じた「振興」を目的として、一九七三年に制定された。中小小売商業者が作る「高度化事業」と呼ばれる各種計画を通産大臣が認定し、それを前提に金融・税制上の支援措置が行われる。要するに規制立法ではなく、中小小売商業支援のための支援立法であるが、フランチャイズチェーンに関しては、中小小売商業者の振興に関する国の政策方針を示す「振興指針」（同法三条による「中小小売商業の振興を図るための中小小売商業者に対する一般的な指針」）と、チェーン契約締結に際して、ザーに課される「開示・説明義務」（同法一一条、一二条）が重要である。

（1） 振興指針

振興指針は通産大臣によって定められる。現行の振興指針は、一九九一年八月二〇日に、当初の振興指針に代えて定められたものである。

その「第四 事業の共同化に関する事項」の中の「7 連鎖化事業」が、フランチャイズチェーンに関する部分である（正確にはボランタリーチェーンも含む）。ここでは、(1)組織、(2)本部機構の整備、(3)事業の運営に分けて、望ましいフランチャイズチェーンのあり方が規定されている。(1)では「加盟を求める場合に、事業及び契約の内容、過去の営業実績等加盟に際しての判断のために必要な情報をあらかじめ提供するものであること」などの四項目、(2)では「本部事業者が、連鎖化事業に関する基本的事項、運営方針等の決定について、加盟者の意見を十分に反映するよう配慮しているものであること」などの六項目、(3)では「本部事業者が、加盟中小小売商業者に提供する商品、経営ノウハウ、情報等は、過去の経験及び実績によって裏付けられた有効、適切なものであること」などの八項目が列挙されている（詳細は巻末資料を参照）。

この振興指針は、性格上、行政規制や罰則を呼び起こすものではない。また、内容も一般的・抽象的なレベルにとどまり、コンビニ契約是正のための規制措置として機能するものではない。しかし、例えば(1)の中の、「加盟店ができるだけ均質であり、かつ、相互に競合しないよう配慮されていること」などの規定は、意のままにならないジーを「駆逐」するために、ザーが契約上の「出店地域の自由」を悪用し、加盟店のごく近間に出店して潰しにかかる行為などに対する批判として意味を持つ。フランチャイズチェーンの理想型とまではいえないが、現実のコンビニ契約関係のあり様を評価する、概括的な尺度としては役立つであろう。

(2) 情報開示・説明義務

小振法一一条は、「特定連鎖化事業」(「連鎖化事業に係る約款に、加盟者に特定の商標、商号その他の表示をさせる旨及び加盟者から加盟に際し加盟金、保証金その他の金銭を徴収する旨の定めがあるもの」のことで、コンビニ・フランチャイズチェーンはこれに該当する)を行う者が、加盟希望者と契約を締結する場合には、「次の事項を記載した書面を交付し、その記載事項について説明しなければならない」として、開示および説明義務を課している。その事項とは、次の一〇項目である(⑥〜⑩は通産省令一〇条による)。

①加盟に際し徴収する加盟金、保証金その他の金銭に関する事項
②加盟者に対する商品の販売条件に関する事項
③経営の指導に関する事項
④使用させる商標、商号その他の表示に関する事項
⑤契約の期間ならびに契約の更新及び解除に関する事項
⑥当該特定連鎖化事業を行う者の氏名又は名称及び住所並びに法人にあっては代表者の氏名
⑦当該特定連鎖化事業を行う者の資本の額又は出資の総額及び主要株主(発行済株式の総数又は出資の総額の百分の十以上の株式又は出資を自己又は他人の名義をもって所有している者をいう。)の氏名又は名称並びに他に事業を行っているときは、その種類

⑧当該特定連鎖化事業を行なう者の当該事業の開始時期
⑨加盟者から定期的に金銭を徴収するときは、当該金銭に関する事項
⑩加盟者の店舗の構造又は内外装について加盟者に特別の義務を課すときは、その内容

そして通産省令一一条では、右記①～⑤および⑨について、記載すべき内容をやや具体的に列挙している。この開示・説明義務にザーが従わないと、通産大臣等の主務大臣は、「規定に従うべきことを勧告」でき、その勧告にも従わないと、「その旨を公表することができる」（小振法一二条）。ザーにとってそのような事実の公表は、ジー希望者の勧誘活動に著しい支障をきたすであろうから、一定の実効性が期待されたものである。罰則規定はない。

こうした開示・説明義務創設の背景には、根拠のない誇大な収益予想などに基づくザーの勧誘行為があった。すなわち本法制定約一年前の一九七二年一一月に中小企業庁が行った「フランチャイズ・チェーン実態調査」によれば、「契約時にうけた宣伝、広告、勧誘などが不適切であった」という回答が二五％もあり、そのうちの六割近くが「収益などの見通しについて宣伝・広告が誇大であった」、四割以上が「資金が当初の話より多く必要であった」「営業成績について十分な情報がもらえなかった」などと回答していたのである(1)。

しかし、制定された小振法による開示規制は、開示項目の概括的な列挙にとどまっており、契約書の中にこれら一〇項目に相当するものを含めてさえいれば、法律上の義務は果たしたことになり、それ以上の内容如何が問われることはない。実際、小振法制定は、こうした項目さえ契約書に含めない悪質な詐欺的フランチャイズを防止する――当時はピロビタン事件などが社会問題化していた――ことを意図してもいたが、同じような詐欺的フランチャイズ規制を目的としていたアメリカ・カリフォルニア州の一九七〇年フランチャイズ投資法が、民事訴

訟・行政処分・刑事罰のすべてにわたって制裁を用意していたのとは異なり、「行政指導の足がかりとすることさえおぼつかない」(2) 程度のものであった。非常に形式的な規制であり、当時の中小企業庁の担当者の言葉を借りれば、「極めて未完成で萌芽的なもの」(3) である。実際、勧告や公表が行われたケースはないようである。

またこれらの項目には、ザーの「営業実績」や、勧誘する店舗のある地域の「動向予測」、「収益予想」などは含まれていない。勧誘される者にとって最も関心のある事項が、ザーの開示義務から抜けているわけであり、その意味でも問題を持つものである。現に一九九九年三月の東京高裁の判決 (4) では、ザー（セブンイレブン・ジャパン）自身が行った出店前の市場調査等から得た業績予測をジー希望者に開示しなかったことが、「信義則上の義務違反」には当たらないとされた。この判決は小振法一一条に言及しつつも、調査結果に基づく出店前の業績予測数値を示すのか、これを示さずに試験期間を設定して業績見通しをジー希望者に判断させるのかは、ザーの判断に委ねられているとしたものである。しかし第一審で原告から提出された訴状を見る限り、ザーは人件費を月額五〇万円~七〇万円も少なく説明していたようであり、判断に十分な資料が提供されていたかは疑わしく、判決には納得し難い。小振法一一条が「動向予測」「収益予想」の開示義務を課していないことの限界を如実に示すものであろう。

なお、ちょうど小振法制定の頃、一九七二年四月に通産省の認可によって設立された（社）日本フランチャイズチェーン協会が臨時総会を開催し（同年一一月二四日）、「倫理綱領」を採択している。その中には、「フランチャイザーは、フランチャイジーの募集にあたって、正確な情報の提供を行うものとし、誇大な広告や不当な表示をしない」などの項目が含まれていた。業界の自主ルールの方が、「不当性」を問題にしている限りで、まだしも内容規制に役立つと思われるほどである。

二　独占禁止法に基づく規制とその限界

独占禁止法は、市場における「公正かつ自由な競争」の維持を目的とする競争秩序維持法であり、各種の競争制限行為や競争阻害行為などを禁止している。規制される対象は原則としてあらゆる事業者であり、法の運用権限は公正取引委員会だけが持っている。ザーもジーも共に独立した事業者である以上、その取引関係に独占禁止法の禁止する行為があれば、当然、公正取引委員会により排除措置などの是正措置がとられることになる。

これまで公正取引委員会は、一九七三年四月二七日の文書「フランチャイズについての独禁法上の問題点」や、一九八一年の文書「フランチャイズについて」などにより、考え方を明らかにしてきた。そして一九八三年九月二〇日には、「フランチャイズ・システムに関する独占禁止法上の考え方について」（以下、「考え方」という。）を公表した。以下においては、この「考え方」に依拠しながら、ザーの行為の独占禁止法違反該当性の概略について、まず見ておこう。

なお、これに先だって公正取引委員会は、一九八一年度と八二年度に、ザーとジーに対する調査を行なっている(5)。それによれば、募集に当たって「本部企業が行う融資又は信用保証の内容」や「本部企業の総売上高と利益」などの開示が進んでいないこと、加盟時の説明と実際の事業経営が異なることが多いこと（一部違うものがある／五七・六％、著しく違う／一八・三％）などの問題が明らかになっていた。およそ一〇年前の中小企業庁調査の結果と大差ない実態があったからこそ、公正取引委員会は独占禁止法による規制の可能性を示唆することで、改善を促したともいえる。

また同じ頃の一九八二年七月五日には、通産省産業政策局長および中小企業庁長官の私的諮問機関として設置された「フランチャイズ・システム経営近代化推進協議会」が、「フランチャイズ・システム経営の近代化について」と題する提言を公表した。その中では、①ザーの経営方針とジーのシステムに対する期待のかい離、②フランチャイズ契約の不明確さとザーの一方的有利性、③ザー・ジー間のコミュニケーションの欠如、④不充分な情報提供及び紛争に係る専門的処理体制の不備、⑤中小小売商業振興法による開示義務の遵守という「解決すべき課題」が指摘されていた。今日のコンビニ・フランチャイズ問題に置き換えても十分に通用する表現が見られる。行政は問題性を十分に知っていたのである。

(1)「ぎまん的顧客誘引」該当性——情報開示について

勧誘に際して、「根拠の薄い過大な収益見込み」を示したり、逆に、近辺への競争業者などの出店が予想されるというマイナス情報を隠したりする例が多く見られる。「本部が、加盟者の募集に当たり、その誘引の手段として、重要な事項について、十分な開示を行わず、又は虚偽若しくは誇大な開示を行ったときは、不公正な取引方法の一般指定の第八項（ぎまん的顧客誘引）に該当するおそれ」（「考え方」3の(3)）があることになる。

「ぎまん的顧客誘引」とは、「自己の供給する商品又は役務の内容又は取引条件その他これらの取引に関する事項について、実際のもの又は競争者に係るものよりも著しく優良又は有利であると顧客に誤認させることにより、競争者の顧客を自己と取引するように不当に誘引すること」である。誇大な収益見込みを示したり、マイナス情報を隠したりすれば、「実際のもの又は競争者に係るものよりも著しく優良又は有利であると顧客（ジー）に誤認させること」になるのであるから、「ぎまん的顧客誘引」に該当するわけである。

「考え方」は、「特に加盟後の紛議の原因となっている次のような事項について開示が十分に実施されることが望まれる」として、「①加盟後の商品等の供給条件、予想売上げ、予想収益に関する事項」などの六つの事項を列挙している（詳細は巻末資料を参照）。

このうちの多くは小振法一一条による開示事項と同様である。新たな事項は先の①と「⑤事業活動上の損失に関する補償の有無」だけである。特に①については、「加盟後の実績と完全に一致する必要はないが、類似した環境にある既存店舗の実績等根拠ある事実に基づいたものである必要があろう」とされている。

ここでは「考え方」が、「根拠ある事実」に基づく「予想売上げ、予想収益」の開示を望ましいものとしていることに特に注意しておきたい。なぜならば、経済の実態に精通する公正取引委員会が、ジーの勧誘に際しては、「予想売上げ、予想収益」の開示がなされるべきであるとしていることの意味は決して小さいものではなく、今後の開示規制のあり方を考えていく上でも参考にすべきと思われるからである。

(2) 「不当な拘束条件付取引」該当性——フランチャイジーへの各種の拘束について

フランチャイズとは、「特定の商標、商号又はそれらの一部、サービス・マーク等を使用させ、加盟者の物品販売、サービス提供その他の事業・経営について、統一的な方法で統制、指導、援助を行う事業形態」（「考え方」2の(1)）であるから、ジーがザーにより一定の事業活動上の拘束を受けることが取引の前提となっている。しかし独占禁止法二条九項四号は、「相手方の事業活動を不当に拘束する条件をもって取引すること」を禁止している。むろん拘束一般ではなく、「不当な拘束」が違法なのであるが、一般指定では「不当な拘束」を、やや具体化したいくつかに分けて禁止している。「考え方」も、一般指定の次の三つの項を引き合いに出して、フランチャイズ契約のあり様如何では、不公正な取引方法に該当するおそれがあるとしている。

①抱き合わせ販売等（一般指定第一〇項）

「考え方」は取引先の指定を例示する。コンビニ契約では、商品の購入先指定は普通のことであるが、それが一般指定第一〇項に該当するかについては、「行為者の地位、行為の範囲、相手方の数・規模、拘束の程度等を総合的に勘案して判断する」とされる。

②再販売価格の拘束（一般指定第一二項）

コンビニの多くはＰＯＳ（販売時点情報管理）システムを採用しており、多くの場合、契約上は販売価格を一応ジーが決めてザーへ届出させているようである。しかし現実には、ザーの指導する価格で販売するというのが多くの実態であろう。「考え方」では、「必要に応じて希望価格の提示は許容される」が、「実際の販売価格を制限・拘束し、それを維持させること」は、再販売価格の拘束に該当するとしている。

③拘束条件付取引（一般指定第一三項）

この項は①や②以外の不当な拘束を問題にしうる一般的性格を持った規定であるが、「考え方」では、抱き合わせ販売や再販売価格の拘束の態様によっては、この一般指定第一三項にも該当するとしている。

（3）「優越的地位の濫用」該当性――フランチャイズ契約について

「考え方」はまた、フランチャイズ契約の内容について、「本部は自己の取引上の地位が相手方に優越していることを利用して、正常な商慣習に照らして不当に相手方に不利益となるように取引条件を設定し、又は取引の条件若くは実施について相手方に不利益を与えていると認められる場合もあり、全体としてみて本部の取引方法が一般指定の第一四項（優越的地位の濫用）に該当することがある」としている。

そしてジーに課される不利益がどの程度の限度を越えると優越的地位の濫用に該当するのかについては、「営業目的を達成するのに必須のものでないのにもかかわらず、本部が一方的に加盟者に事業上の不利益を課しているかどうか、また、加盟者がその状況から離脱することが著しく困難かどうかによって判断されよう」として、総合勘案されるべき事項を、「④加盟者に契約の解約権を与えず、又は解約の場合高額の違約金を課していないか」などの七項目にわたって例示列挙している（詳細は巻末資料を参照）。

コンビニ契約の現実の多くが、これらの事項のいくつかに該当しそうなことは、今さらいうまでもない。例えば、(三)で検討したような高額の違約金を課すこと自体、あるいは解約条項のアンバランス自体が、「優越的地位の濫用」行為に該当し得るといえる。

(4)「考え方」による規制の限界性

そもそも「フランチャイズ・システムに直接に係る独占禁止法違反事件は多くない」(6)のであり、ザーの行為が「考え方」との関連で問題となった見るべきケースはない。しかしコンビニに関する紛争は激増している。「考え方」はほとんど実効性がなかったと評し得るわけであるが、なぜであろうか。

「考え方」は「合法か違法かの接点を画するためのガイドラインとして作成されたものではなく、いわば予防行政的に、概括的な見解を示したにすぎぬもの」であり、「具体的な結論を出すための一つの課程」(7)でしかないという理解に代表されるような捉え方があったことも、その理由の一つにあげられるかもしれない。

確かに「考え方」は、拘束力ある法規範そのものではなく、公正取引委員会の法運用方針に関する「考え」を表明しただけのものである。その意味では、不公正な取引方法を指定した「一般指定」や「特殊指定」ほどには規範的でない。しかし公正取引委員会が公けにしたものには、「～指針」「～運用基準」「～事務処理基準」「～考え方」などの表現を持つものが多数あり、それらは事業者が守るべき行為基準として現実的に作用することも多く、これらの表現の違いにより、行為基準としての意味が異なるなどということも言えない。したがって「考え方」だからというだけの理由で、軽視されて良いことにはならないのである。

(5) コンビニ契約問題の核心としての優越的地位の濫用

しかし、そうであったとしても、公正取引委員会のフランチャイズに対する法運用は不充分であり、現実のコンビニ問題の激化に対して有効な是正を行ってこなかったことも事実である。確かに公正取引委員会による独占禁止法の運用は、個別事業者の救済のためのものではなく、個別の違法行為を是正させることで、市場における「公正かつ自由な競争秩序」を回復させることを目的としている。しかしこれほどまでに社会問題化したコンビニ問題は、市場秩序の維持という観点からも黙視できないはずである。フランチャイズ問題を有効に規制できなかった背景には、フランチャイズに関する問題性の捉え方にも原因があると思われる。

そもそもザーとジーとの間には資本力、営業実績、営業ノウハウ、商品調達力、各種情報その他において決定的な力の格差がある。ましてジーの多くが、フランチャイズが対象とする事業について全くの素人であるコンビニ契約の場合には、この格差はジーのいかなる努力によっても越え難い格差である。こうした格差があるからこそ、コンビニ本部はフランチャイズチェーンを「事業」として展開できるのである。つまり、ザーとジーとの「対等な関係」などは、コンビニ・フランチャイズチェーンにおいては本来的にありえず、ザーはジーに対して、常に取引上の優越した力を有している存在なのである。

こうしたコンビニ・フランチャイズチェーンの本質的性格が、最近始まったわけではないことは当然のことである。近年著しく社会問題化したことは確かであるが、これは、驚くほどのコンビニの成長の陰に隠されていたこうした性格による矛盾が、競争の激化と不況状態とがあいまって、一気に噴出し顕在化しただけである。

このように理解できるとすれば、コンビニ契約における様々な問題性の核心は、独占禁止法的に表現すれば、力の格差に基づく「優越的地位の濫用」の中にこそ存在する。ザーによる取引上の力の不当利用こそが問題なのである。

(6) 流通系列化規制に偏した流通問題把握

しかし、独占禁止法の観点からする日本の「流通問題」は、「流通系列化問題」であった。一九八〇年三月一七日の独占禁止法研究会の報告書「流通系列化に関する独占禁止法上の取扱い」の公表と前後して、流通系列化規制が進展する。その社会経済的背景には、寡占的市場体制への規制強化の必要性や、外国製品の参入障壁に関する諸外国からの批判などがあり、系列化として問題視されたのは、自動車、家電、化粧品、医薬品等であった。

もちろんここでの現状認識の中でも、流通系列内部の非近代的取引慣行などは意識されていたが、主として問題にされたのは再販行為や、それを補強しあるいは付随する行為(一店一帳合制、テリトリー制、専売店制、店会制、委託販売制、払込制、リベート)であった。すなわち不当な拘束条件付取引の問題が大半を占めていたのである(8)。

こうした問題把握の立場は、一九九一年七月一一日に公表された「流通・取引慣行に関する独占禁止法上の指針」においても、基本的に踏襲された。これが日本の「閉鎖的」市場や「参入障壁」を批判するアメリカの圧力を契機としていたことはつとに指摘されている。流通分野に関する部分を見れば、再販や非価格制限などの取引先への各種拘束を含む「排他的慣行」が中心問題とされ、優越的地位の濫用問題も、百貨店やスーパー等の巨大小売業者による押し付け販売等の行為が想定されていただけである(9)。フランチャイズシステムに至っては、先の「考え方」を参照するようにとの言及があるにとどまる。

このように流通問題を系列化問題として捉える見方が支配的だったのであり、九〇年代以降も、流通問題の一つとしてのフランチャイズ問題を、「優越的地位の濫用」の視点で対処するという方向は、ほとんど等閑に付されてきた。いやもっと正確に言っておこう。フランチャイズ問題に関するこれまでの対応からすれば、公正取引委員会は遅くとも八〇年代初頭までには、根拠のない予測などに基づく勧誘行為その他の不当行為（ぎまん的顧客誘引）がフランチャイズ関係で行われていたこと、そしてフランチャイズ契約は性格上、「優越的地位の濫用」に該当しやすい内容を持たざるを得ないことを、十分に承知していた。にもかかわらず、フランチャイズ問題が「優越的地位の濫用」の視点から、本格的に議論されることは現時点までなかったのである。

三　コンビニ契約規制のこれからのために

もちろんコンビニ契約問題がここまで深刻化した主要な要因が、公正取引委員会だけにあるなどというつもりは毛頭ない。これまで明らかにしたように、日本フランチャイズチェーン協会に代表される業界が、最初から自覚していたことは当然として、通産省、中小企業庁なども、七〇年代初頭の小振法制定時には明確に問題の所在を認識し、八〇年代初頭の「フランチャイズ・システム経営近代化推進協議会」の報告書では、「解決すべき課題」すら提起しているのであるから、その行政責任は厳しく問われなければならない。

ともあれ、コンビニ契約に代表されるフランチャイズ契約に対して、これまでの法規制が有効に機能せず、問題を適切に解決できなかったとすれば、コンビニ契約とその具体的現実を是正するための法規制が考えられなければならない。それはおおむね次のような方向で考えられるべきであろう。

(1) 独占禁止法による規制強化

まず、独占禁止法に基づく規制を、フランチャイズ契約の現実を踏まえて具体化し、強化することが考えられる。今までの「考え方」に見られるように、単なる方向性を示すだけではなく、例えば対象をフランチャイズ契約――あるいはコンビニ・フランチャイズ契約――に限定した不公正な取引方法の特殊指定を制定することなどが考えられよう。

今日、取引上の力の格差を当然の前提とする下請取引の分野では、下請代金支払遅延等防止法が一九五六年に制定され、一定の機能を果たしている。注文書等の交付義務をはじめ、下請代金の支払遅延、不当返品、買いたたきその他の、親企業による優越的地位の濫用行為に該当する違法行為を類型化して禁止しているが、コンビニ・フランチャイズ取引においても、こうした規制方法も考慮に値するであろう。

内容としては「考え方」がベースになるであろうが、フランチャイズ契約の是正の核心が優越的地位の濫用にこそあることを基本にしつつ、行為基準が具体的に考えられなければならない。その際、「考え方」でも提起していたように、勧誘に当たっては、「類似した環境にある既存店舗の実績等根拠ある事実に基づいた『予想売上げ、予想収益に関する事項』」を開示すべきことを義務づけること、中途解約には原則として解約金等を課してはならないこと、損害賠償額を実損に限定し、懲罰的意味を込めてやや高額にする場合でも特に背信的な場合などに限定させることなどを含めることが望ましいであろう。

（2）開示・説明義務の規制の強化

次に、開示・説明義務の規制を実効性あるものに強化する必要がある。既に触れたように、詐欺的フランチャイズ規制を目的とした一九七〇年カリフォルニア州のフランチャイズ投資法は、フランチャイズの募集等を行おうとする者に一定事項（立法当時は、ザーの直近の財務諸表、収益を予測する書面があるときはその写し、現在営業中の店舗数および募集している店舗の数などを含む二一項目）を記載した書式により登録申請することを求め、記載事項の主要なものについては、書面にして契約締結か加盟金等の支払のいずれか早い方の一〇日以上前（立法当時は四八時間以上前）に、契約相手方に交付することを義務づけていた。そして未登録のままの募集、書面不交付、あるいは虚偽告知や、重要事実の不告知の場合には、ジーは損害賠償請求訴訟を提起でき、さらには行政による停止命令、民事罰や罰金あるいは懲役の定めもあった。この種の開示規制は全米で一八州を数えるということである(10)。

また一九七八年には、アメリカ連邦取引委員会（ＦＴＣ）により、「フランチャイズ等に関する開示義務と禁止事項」が、連邦取引委員会法五条を具体化する取引規制規則として制定されている。それによれば、フランチャイズ契約締結に際してザーは、ザーに関する事項（ザーとその役員の事業歴・訴訟歴・破産歴、ザーの財務情報等）、契約内容に関する事項（ジーが加盟時に支払うべき金額、ザー関係者からの購入義務、ジーの事業活動に課される制約、ジーが事業への関与を求められる程度、契約の期間、更新・終了等の条件、終了後の義務等）、チェーンの現状に関する事項（フランチャイズ店の数、出店予定地近くのフランチャイズ店の名称・住所・電話番号、前年度中に契約の終了・更新拒絶等に至ったジーの数等）その他の二〇項目にわたる事項を記載した書面を、相手方に交付しなければならない。それは、①契約締結または相手方による対価の支払のいずれか早い方より一〇営業日前、②ザーまたはフランチャイズ・ブローカーと相手方とが初めて直接会合するとき、のうちでより早い方の時点に行うことを要する。この規則に違反すると、ＦＴＣによる審査・審判を経て排除命令が出され、差止あるいは民事罰も用意されている。

さらにフランスでは、一九八九年にドゥバン法が制定され、ザーに対して、①ザーの過去の事業歴（所在地、役員、取引金融機関、ザーの沿革、計算書類等）、②当該業種の市場の概況と見通し、③チェーンの規模（ジーの一覧、予測される利用場所に最も近い五〇のジーの契約締結日・更新日、前年にチェーンから抜けたジーの数とその終了原因の内訳等）、④契約に関する情報（契約期間、更新・解約・譲渡の条件、排他権の与えられる範囲、予約金等の性質と金額等）を記載した書面を、相手方に交付することを求めている。将来の予測に関わる事項や、抜けたジーの数やその原因までも開示させようとしていることが大きな特徴であろう(11)。

これら諸外国の立法例と比較すると、わが国の小振法に基づく開示規制の弱さが一層浮き立ってくる。開示規制強化の際に留意すべき点は、第一に、今日のコンビニ問題の多くが、悪徳商法にも比すべき不当な勧誘行為によってもたらされていること、コンビニ経営希望者が事業者とはいっても、十分な法律的知識を持たない素人同然の人々であることなどに鑑み、過剰で不当な勧誘方法を禁止すること、契約締結後一定期間のクーリング・オフを認めることなどが必要である。

第二に、ザーにとってのマイナス情報も含めて可能な限り詳細な内容が開示されることである。マイナス情報としては、例えば、ＦＴＣ規則が求めるようなザーの訴訟歴や、ドゥバン法が求めるような脱退したジーの状況なども含まれよう。また、ロイヤリティの算定根拠や損害賠償額の予定の根拠なども開示されるべきである。要するに、ジーが契約締結の是非を判断するのに必要な、最大限の情報開示が求められる。その際、問題になり得るのは、収益や売上げ予測の開示であろう。収益や売上げ予測を全く示さないで勧誘することなどがおよそ考えられない以上、でき得る限りの客観的な根拠に基づくこと、あくまでも予測の域を出ないことを明示することなどを前提として、開示を義務づけるべきと思われる。

第三に、開示される内容には、ジーおよび規制行政機関がアクセスできる必要がある。

第四に、これらの開示義務を実効ならしめるためのサンクションは欠かせない。単なる公表制度にとどまらない、行政上、民事上、刑事上の強制措置が用意されるべきである。

(3) コンビニ契約規制法の制定

しかし、コンビニ契約の諸問題が、そもそも契約の内容自体から生じている以上、根本的に必要なのは、やはりフランチャイズ契約あるいはコンビニ契約自体の内容を適正化するための規制である。独占禁止法による規制は、たとえ十全に整備されたとしても事後的規制であり、しかもジーの救済を直接目的とするものではなく、公正な競争秩序維持のための公正取引委員会の措置が、結果として間接的にジーの利益擁護に作用するだけであるし、開示規制も、契約に入る以前での規制で、契約内容には関わらないからである。

(二)において検討されたコンビニ契約の個々の内容や、(三)で検討された解約条項を見る限り、現在使われているコンビニ契約はあまりに多くの問題を含んでいる。せいぜい控えめに表現しても、ジーにとって著しく苛酷な契約であり、事柄の本質をそのまま表現するとすれば、現代版奴隷契約といい得るほどの内容を持つ。そしてザーの側に一方的に有利に作られた契約は、「独立した事業者同士の合意」が擬制され、「有効」である。しかしこれまで見てきたように、コンビニ契約には当事者同士の交渉の余地はほとんどなく、ザーの用意する定型的契約をジーが丸ごと受け入れるだけであり、約款として機能している。そうであるならば、不当条項を排除するなどの契約内容を適正化するための規制は欠くことができない。

今日、消費者取引の分野では、消費者契約法が検討されつつあるが、ザーとジーとの間の契約においても、ザーに一方的に有利な条項や、ジーに著しく不利な条項については、不当条項としてその効力を否定し、ザーとジーとの間の契約内容に関する均衡を実現するためのコンビニ契約規制法が構想されるべきであろう。また契約締結前については、差し当たり、検討されている消費者契約法の対象にコンビニ契約を含めることも考慮されて良い。すでにドイツでは、一九七六年に「普通取引約款の規制に関する法律」(=約款規制法)が作られ、消費者契約のみならず、事業者間契約にも適用されている。それは不意打ち条項を否定したり、「約款の解釈に際し、疑わしきは約款使用者(この場合でいえばザー)の不利に帰する」旨を定めたり、違約金は無効とされたりしている。

日本での立法化に際しては、既に述べた開示規制をこの立法措置に含めることが大いに考慮されるべきこと、そして(二)や(三)で検討された契約内容の不当性を是正するものとして、少なくとも次の項目に関する規定を盛り込むべきことなどが考えられる必要がある。

第一に、解約に伴う解約金・違約金をコンビニ契約の中で定めることを原則として禁ずる規定である。また損害賠償額の予定についても、実損額に限定する旨の規定も有効であろう。

第二に、ザーによる経営指導・援助の義務の具体化を求める規定も意味を持つ。コンビニ契約がジーに対して詳細な義務規定を設けている以上、それとのバランスをとる上でも、ザーの義務をできるだけ具体的に示させておく必要がある。指導援助の名目でロイヤリティが徴収される以上は、それがザーの負ういかなる義務・サービスの対価なのかを明示させることは、仮に義務違反が生じた場合には、ジーの側から争いやすくなろう。

第三に、営業日・営業時間の再考を保障する規定である。(二)で検討されたように、「二四時間毎日営業」の義務が、ジーにはきわめて重くのしかかることが多い以上、いったんそうした義務をジーが選択した後でも、契約期間途中の変更権を保障することは当然であろう。コンビニは「たこ部屋」ではないのである。

第四に、ジーの一定の商圏を確保するための規定も必要である。厳格なテリトリー制などは独占禁止法上の問題を引き起こすが、だからといってジーの意向に関係なく近間に同一チェーンが出店し、既存店の生活侵害に至るようなことが無条件に認められて良いはずはない。具体的にはザーによるジー潰しを狙った報復的な近隣への出店を禁止すること、近隣に出店させる場合には、事前に既存店への十分な説明義務をザーに負わせること、近隣への出店で予想外の売上低下が生じた場合の代替措置(例えばロイヤリティの引き下げなど)の協議義務をザーに課すこと、などが考えられよう。

第五に、契約条項の問題とは異なるが、特殊な会計制度についても、例えば公正な第三者機関によるチェックを制度化することなどが考えられる。コンビニ側はこの会計制度がノウハウそのものであり、その社会的公開に抵抗している。しかしこれまで検討しただけでも多くの問題点を抱えているのであり、企業秘密・経営ノウハウの保護の主張だけでは何も解決しない。経営ノウハウ等の秘密が一定程度保護される仕組みを用意しつつ、その内容の客観的公正性が点検される場が設けられなければなるまい。

なお第六に、第一〜第四で述べた諸規定がいずれも強行法規であり、特約によって排除できない旨を規定しておくことも当然である。

こうした規制制度が用意されてはじめて、コンビニシステムの公正性が社会的に認知されていくことになるであろう。

これまで進めてきた、コンビニ契約の構造、契約締結過程、契約内容、解約、法規制についての検討はこれで終わる。読者は、一章で明らかにされたコンビニ経営の凄まじい実態と、三章で明らかにされたコンビニ訴訟の赤裸々な実状に慄然とされたことであろう。さらに、その現実を媒介するコンビニの契約を検討により、その不公正さに唖然とされたことであろう。今のような現実が、契約自由の名の下に、容認されるようなことがあってはならない。事業者としてのジーの契約責任ないしは個人責任に帰することが到底できない現実がここにはある。

もちろん我々は、そもそもコンビニ契約というもの自体が不公正だなどと主張するつもりはない。ただ、現在のコンビニ契約の現実はあまりに問題が多いといっているに過ぎない。不公正さは改善されなければなるまい。現にコンビニ・フランチャイズ業界にも不十分ながら改善の動きが見られる。何よりもザーとジーが同じ土俵の上で、現状の問題を徹底して議論し合い、知恵を出し合うところにしか問題解決の道はない。ザーとジーが名実ともに「共存共栄」することを願ってやまない。

注

（1）『中小企業白書 昭和四八年版』二五三～二五四頁。
（2）小塚荘一郎「フランチャイズ契約論（四）」『法学協会雑誌』一一四巻九号、一九九七年九月、一〇一〇頁の注（9）。
（3）佐藤英一「中小小売店の近代化をめざして—中小小売商業振興法のねらい—」『時の法令』八五二号、一九七四年、九頁。
（4）東京高判一九九九（平成一一）年三月一一日。なお同事件の、東京地裁段階での内容は、松山徳之「コンビニ訴訟 やはりあった!!『一件もない』はずのセブン―イレブンにオーナー訴訟」『エコノミスト』一九九八年七月一四日、五四頁に詳しい。ここには地裁段階での原告オーナー側からの訴状も資料として掲載されている。
（5）「フランチャイズ・システムに関する調査結果」『公正取引』三九六号、一九八三年一〇月、一九頁。
（6）徳力徹也「独占禁止法ガイドライン事例解説11 不公正な取引方法に関係するガイドライン」『判例タイムズ』九二〇号、五二頁。
（7）川越憲治『フランチャイズビジネス経営シリーズ 第一〇巻 フランチャイズ・ビジネスの法律実例』（社）日本フランチャイズチェーン協会、一九九〇年、一一三頁。
（8）この独占禁止法研究会の報告書を中心とする流通系列化問題については、例えば、横川和博「流通系列と法」『現代経済法講座4 企業系列と法』三省堂、一九九〇年、一五一頁以下参照。
（9）一九九八年七月三〇日の公正取引委員会の勧告審決により、納入業者に対して「金銭提供」や「一円納入」をさせていたコンビニ大手のローソンが、優越的地位の濫用に問われたことは記憶に新しい。
（10）前掲小塚、一〇〇七頁。なおアメリカにおける開示規制については、この小塚論文に基づいている。
（11）ドゥバン法については、力丸祥子「フランチャイズ契約締結以前におけるフランチャイザーの情報提供義務——フランスの対応を手がかりとして——」『法学新報』一〇二巻九号、一九九六年、一頁に詳しい。また前掲小塚、一〇一六頁以下。

本間重紀（ほんま・しげき）
1944年生。新潟県（佐渡）出身。
1968年　東京大学法学部卒。
東京大学社会科学研究所助手、静岡大学人文学部講師、助教授を経て、
静岡大学教授。2001年5月6日死去。

専攻　経済法、独禁法、商法
著書『暴走する資本主義』（花伝社）
『企業結合と法』（共著、三省堂）
『現代経済法』（共著、三省堂）
『現代経済と法構造の変革』（共編著、三省堂）

●全国ＦＣ加盟店協会
〒171-0021　東京都豊島区西池袋2-24-7 大晃ビル１Ｆ
TEL/FAX　03-5911-5344
URL：http://www.fcajapan.gr.jp
E-mail：info@fcajapan.gr.jp

コンビニの光と影【新装版】

1999年 8月25日　初版第１刷発行
2009年 2月18日　新装版第１刷発行

編者 ―― 本間重紀
発行者 ― 平田　勝
発行 ―― 花伝社
発売 ―― 共栄書房
〒101-0065 東京都千代田区西神田2-7-6 川合ビル
電話　03-3263-3813
FAX　03-3239-8272
E-mail　kadensha@muf.biglobe.ne.jp
URL　http://kadensha.net
振替　00140-6-59661
装幀 ―― 仁川範子
印刷・製本 ― 中央精版印刷株式会社

ISBN978-4-7634-0539-5 C0036

資料編

資料１　公正取引委員会「フランチャイズ・システムに関する独占禁止法上の考え方について」

昭和 58 年 9 月 20 日
公正取引委員会事務局

１　はじめに

我が国の小売業、サービス業等の部門においては、最近、フランチャイズ・システム（以下、単に「フランチャイズ」という。）という組織方法を用いる事業活動の形態が増加してきている。フランチャイズは、フランチャイザー（以下「本部」という。）とフランチャイジー（以下「加盟者」という。）から構成されるが、フランチャイズ数の増加及び事業の拡大によつてここ数年来新たな加盟者となる者が相当数にのぼつている。

フランチャイズによる事業の増加に伴つて、従来はみられなかつた様々な問題が発生してその解決が必要となつてきている。当委員会は独占禁止法の観点から、フランチャイズの現状、問題点等について一般的調査を行つたが、この調査結果に基づいて、フランチャイズに対する独占禁止法の適用についての考え方を整理すれば、次のとおりである。

２　一般的な考え方

(1) フランチャイズとは、定義によつてその範囲に広狭が生じるが、一般的には、特定の商標、商号又はそれらの一部、サービス・マーク等を使用させ、加盟者の物品販売、サービス提供その他の事業・経営について、統一的な方法で統制、指導、援助を行う事業形態であるとされている。しかし、我が国のフランチャイズは、近年発展してきたこともあつて、実は旧来みられたのれん分け、通常の代理店制、委託販売制、ボランタリー・チェーン等に類するものが事業上の便宜のためフランチャイズという名称を使用しているにすぎないものも混在しており、また、形式的には前記の定義に該当するようにみえても、指導、援助についてその実態を伴わないものもあることから、独占禁止法の適用を考えるに当たつては、事業形態の呼称にとらわれず、先ずその実態を十分把握しておかなければならない。

(2)

(2) フランチャイズにおいては、本部と加盟者がいわゆるフランチャイズ契約を締結し、この契約に基づいて、本部と各加盟者があたかも通常の企業における本店と支店であるかのような外観を呈して事業を行つているものが多く、両者の関係は通常の製造業者と販売業者のものよりも密接であるが、加盟者は法律的には本部から独立した事業者であることから、本部と加盟者間の取引関係は独占禁止法の適用を受けるものである。

(3) フランチャイズの取引関係の基本はフランチャイズ契約であり、同契約は、おおむね次のような事項を含む統一的契約である。

①本部が加盟者にその商号、商標等を使用し営業することの許諾に関するもの

②営業に対する第三者の統一的イメージを確保し、本部を含む加盟者の営業を維持するための加盟者の統制、指導等に関するもの

③上記に関連した対価の支払に関するもの

④フランチャイズの終了に関するもの

フランチャイズ契約の下で、加盟者が本部の確立した営業方針・体制の下で統一的な活動をすることは、一般的に企業規模の小さな加盟者の事業能力を強化、向上させ、ひいては市場における競争を活発にする効果があることから、基本的には是認し得るものである。

しかしながら、フランチャイズ契約は、加盟者を通常の取引契約に比較して格段に強い契約関係の下に本部の系列の中に組み込むものであるから、加盟希望者の加盟に当たつての判断を誤まらせるような行為が行われてはならず、また契約内容については、契約全体として本部と加盟者との間で相互的に均衡が保たれていることが必要であり、加盟者のみを不当に拘束するものであつてはならない。このような事態について独占禁止法の観点からの是正が図られるべき場合もあるものと考えられる。

(4) フランチャイズ契約において、独占禁止法上問題とされる事項を例示すれば以下のとおりであるが、これはあくまでも主たる事項についてのものであり、個々のフランチャイズの具体的な活動が独占禁止法に違反するおそれがあるかどうかは事案ごとの判断を要するものである。また、以下の考え方は、あくまで前記（2）及び（3）の特色を有するフランチャイズ、具体的

には、店舗を有し、ノウハウ等の供与、経営指導を中心にして、商品、原材料等を供給している形態をとつているものについてのものである。

3　本部の加盟者募集について

(1) フランチャイズの本部は、事業拡大のため、広告、訪問等で加盟者を募り、これに応じて従来から同種の事業を行つていた者に限らず給与所得者等当該事業経験を有しない者を含め様々な者が有利な営業を求めて加盟しているが、募集に当たり、加盟希望者の適正な判断に資するため、十分な情報が開示されていることが望ましい。

また、加盟希望者側でも当該フランチャイズの事業内容について自主的に十分吟味を行う必要があることはいうまでもない。

(2) 現在、中小小売商業振興法により、特定の目的のため、必要開示事項が定められており、また、業界において、本部の登録・開示が推進されているが、例えば、特に加盟後の紛議の原因となつている次のような事項について開示が十分に実施されることが望まれる。

①加盟後の商品等の供給条件、予想売上げ、予想収益に関する事項
②加盟者に対する事業活動上の指導の内容、方法、回数、費用負但に関する事項
③加盟に際して徴収する金銭の性質、金額、その返還の有無及び返還の条件
④加盟後、加盟店が本部に定期的に支払うべき金銭の額、徴収の時期、徴収の方法
⑤事業活動上の損失に対する補償の有無
⑥契約の期間並びに契約の更新及び解除に関する事項

上記のうち、特に①については、加盟後の実績と完全に一致する必要はないが、類似した環境にある既存店舗の実績等根拠ある事実に基づいたものである必要があろう。

なお、加盟希望者側においても、フランチャイズの加盟者となるには、相当額の投資を必要とする上

①今後、当該事業を継続して行うことを前提に加盟交渉が行われていること
②加盟後の事業活動は、一般的な経済動向、市場環境等に大きく依存するが、これらのことは、事業活動を行おうとする者によつて、相当程度考慮

されるべきものであること

に留意する必要があろう。

(3) 本部が、加盟者の募集に当たり、その誘引の手段として、重要な事項について、十分な開示を行わず、又は虚偽若しくは誇大な開示を行つたときは、不公正な取引方法の一般指定の第８項（ぎまん的顧客誘引）に該当するおそれがあろう。

4　フランチャイズ契約について

(1) フランチャイズ契約においては、本部が加盟者に対し、商品、原材料、包装資材、使用設備、機械器具等の注文先を本部又は特定の第三者に限定すること、信用販売、景品付販売、転売等の販売方法や、営業地域、販売価格などに関し各種の制限を課しているのが常態である。フランチャイズ契約は、本部が加盟者に対して供与（開示）した営業の秘密を守り、また、第三者に対する統一したイメージを確保するためのものであり、本部及び加盟者は、これを契約当事者として誠実に履行する必要があるが、フランチャイズ契約の内容については、加盟者を一方的に義務付けるものであつてはならず、本部側の営業方法の変更その他経済的な事情変更等もあり、フランチャイズによる営業を的確に実施する限度にとどまるものである必要があろう。この限度を超えているときは、加盟者は本部から事業活動上の助成を受けてはじめてその活動を行い得る立場にあることから、本部は自己の取引上の地位が相手方に優越していることを利用して、正常な商慣習に照らして不当に相手方に不利益となるように取引条件を設定し、又は取引の条件若しくは実施について相手方に不利益を与えていると認められる場合もあり、全体としてみて本部の取引方法が一般指定の第14項（優越的地位の濫用）に該当することがある。

(2) この限度については、個々のフランチャイズ契約ごとに具体的に判断されるべきであるが、一般的にいえば、営業目的を達成するのに必須のものでないのにもかかわらず、本部が一方的に加盟者に事業上の不利益を課しているかどうか、また、加盟者がその状況から離脱することが著しく困難かどうかによつて判断されよう。この場合、例えば、次のようなことが総合勘案され

る。

①注文先の指定については、購入するものの価格等が加盟者にとつて（市価に比して）過大なものとなつておらず、事情に応じて品質仕様等の面で代替的な購入先等が認められているか。

②取扱商品の制限、販売方法の制限については、本部の統一ブランド・イメージを維持するために必要な範囲を超えて、一律に（細部に至るまで）統制を加えていないか。

③一定の売上高の達成については、それが義務的であり、市場の実情を無視して過大なものになつていないか、また、その代金を一方的に徴収していないか。

④加盟者に契約の解約権を与えず、又は解約の場合高額の違約金を課していないか。

⑤契約期間については、加盟者が投資を回収するに足る期間を著しく超えたものになつていないか。あるいは、投資を回収するに足る期間を著しく下回つていないか。

⑥契約終了後の競業禁止については、後記5(3)のような考え方の下で、特定地域で成立している本部の商権・加盟者に供与したノウハウ等の面からみて妥当か。

⑦契約条項の内容及び解釈・運用において、本部が一方的に有利なものとなつている等相互間のバランスを著しく欠いていないか。

5　個別条項について

以上のほか、フランチャイズ契約が全体として一般指定の第14項（優越的地位の濫用）に当たらない場合であつても個別の条項が一般指定の各項に該当する場合があるが、それが違法となるかどうかについては、各項の考慮要件を加えて判断される。

例えば、個別の条項のうち、独占禁止法上問題となるものは以下のとおりである。

(1) フランチャイズ契約に基づく営業のノウハウの供与に併せて、本部が、加盟者に対し、自己や自己の指定する事業者から商品、原材料等の供給を受けさせるようにすることが、一般指定の第10項（抱き合わせ販売）に該当す

るかについては、行為者の地位、行為の範囲、相手方の数・規模、拘束の程度等を総合的に勘案して判断する必要があり、このほか、かかる取引が一般指定の第13項（拘束条件付取引）又は第14項（優越的地位の濫用）に該当するかについては、行為者の地位、拘束の相手方の事業者間の競争に及ぼす効果、指定先の事業者間の競争に及ぼす効果、不利益の程度等を総合して判断される。

(2) 販売価格については、統一的営業・消費者の選択基準の明示の観点から、必要に応じて希望価格の提示は許容される。しかし、加盟者が地域市場の実情に応じて販売価格を設定しなければならない場合もあることから、実際の販売価格を制限・拘束し、それを維持させることは一般指定の第12項(再販売価格の拘束)又は第13項(拘束条件付取引)に該当するとされることがあろう。

(3) 契約終了後の競業禁止については、特定地域で成立している本部の商権の維持及び本部が加盟者に対して供与したノウハウの保護の必要性等と比較衡量する必要があるが、当該フランチャイズにおける本部と加盟者との取引関係・その形態、加盟者の事業・営業の内容、加盟者と顧客との取引関係・その形態等の要素を総合勘案して合理的理由のある期間・内容に限られることが望ましく、必要な限度を超えているものについては一般指定の第14項（優越的地位の濫用）等に該当するおそれがあろう。

資料２　中小小売商業振興法（抄）

（昭和 48 年 9 月 29 日　法律第 101 号）
最終改正：平成 10 年 3 月 31 日　法律第 23 号

（振興指針）
第３条　通商産業大臣は、中小小売商業の振興を図るための中小小売商業者に対する一般的な指針（以下「振興指針」という。）を定めなければならない。
２　振興指針には、次に掲げる事項について定めるものとする。
一　経営の近代化の目標に関する事項
二　経営管理の合理化に関する事項
三　施設及び設備の近代化に関する事項
四　事業の共同化に関する事項
五　中小小売商業の従事者の福利厚生に関する事項
六　その他中小小売商業の振興のため必要な事項
３　通商産業大臣は、振興指針を定めようとするときは、小売業に属する事業を所管する大臣に協議し、かつ、中小企業近代化審議会の意見をきかなければならない。
４　通商産業大臣は、振興指針を定めたときは、遅滞なく、その要旨を公表しなければならない。

（特定連鎖化事業の運営の適正化）
第 11 条　連鎖化事業であつて、当該連鎖化事業に係る約款に、加盟者に特定の商標、商号その他の表示を使用させる旨及び加盟者から加盟に際し加盟金、保証金その他の金銭を徴収する旨の定めがあるもの（以下「特定連鎖化事業」という。）を行う者は、当該特定連鎖化事業に加盟しようとする者と契約を締結しようとするときは、通商産業省令で定めるところにより、あらかじめ、その者に対し、次の事項を記載した書面を交付し、その記載事項について説明をしなければならない。
一　加盟に際し徴収する加盟金、保証金その他の金銭に関する事項
二　加盟者に対する商品の販売条件に関する事項
三　経営の指導に関する事項

四　使用させる商標、商号その他の表示に関する事項

五　契約の期間並びに契約の更新及び解除に関する事項

六　前各号に掲げるもののほか、通商産業省令で定める事項

2　通商産業大臣は、前項の通商産業省令の制定又は改廃をしようとするときは、小売業に属する事業を所管する大臣に協議しなければならない。

第12条　主務大臣は、特定連鎖化事業を行なう者が前条第1項の規定に従つていないと認めるときは、その者に対し、同項の規定に従うべきことを勧告することができる。

2　主務大臣は、前項の規定による勧告をした場合において、特定連鎖化事業を行なう者がその勧告に従つていないと認めるときは、その旨を公表することができる。

資料3　中小小売商業振興法に基づく振興指針（抄）

（平成3年8月20日　通商産業省告示第309号）

第四　事業の共同化に関する事項

（中略）

7　連鎖化事業

連鎖化事業は、加盟店の共同意思決定を重視するいわゆるボランタリー・チェーン、本部の主導性の強いいわゆるフランチャイズ・チェーン等の形態がある。これらは、いずれも個々の中小小売商業者が単独で高度の経営技術や商品の開発機能、情報機能等を備えることが困難であることにかんがみ、共同の力で又はこうした機能を備えた企業の経営能力を利用することにより、中小小売商業者におけるこれらの機能の充実を図るとともに、共同仕入れ等の共同経済事業の推進による規模の利益、本部と加盟店との間における機能分化による分業の利益等を得ようとするものであり、加盟中小小売商業者の経営の近代化と流通機構のシステム化に寄与するところが大きい。

以上のような観点から中小小売商業者は、以下の事項に照らし、適切な内容の連鎖化事業を共同で推進し、又はこれに加盟するとともに、積極的に連鎖化事業の本部と協力することにより経営の近代化に努力するものとする。

（1）組織

（イ）連鎖化事業がチェーンとしての規模の利益を追求できるよう、適切な長期的計画が立てられていること。

（ロ）加盟店ができるだけ均質であり、かつ、相互に競合しないよう配慮されていること。

（ハ）組合が本部事業者となる場合には、連鎖化事業の組織、運営、本部事業者との権利義務関係に関し、詳細かつ明確な規約が整備されており、その他の場合にあっては、本部事業者がすべての加盟者と実質的合意に基づいて連鎖化事業に関する契約を書面により行うものであること。

（ニ）本部事業者が中小小売商業者等の加盟を求める場合に、事業及び契約の内容、過去の営業実績等加盟に際しての判断のために必要な情報をあらかじめ提供するものであること。

（2）本部機構の整備

（イ）本部事業者が、組織の中核となり、加盟者全体の経営の近代化を促進するため適切に加盟者を指導し、援助し、統制しつつ計画的に事業を行うものであること。

（ロ）本部事業者が、連鎖化事業に関する基本的事項、運営方針等の決定について、加盟者の意見を十分反映するよう配慮しているものであること。

（ハ）本部事業者が、連鎖化事業活動に専従する職員を配置し、本部機能の充実に常に努力しているものであること。特に事業計画の作成、組織の維持拡大、加盟者の指導等に当たる専門的職員の配置に努めているものであること。

（ニ）本部事業者が、連鎖化事業活動を効率的に行うため必要な倉庫、事務所、加工場、研究室、検査場、運搬施設、研修施設、福利厚生施設、モデル店舗その他の施設の整備に努めるものであること。

（ホ）本部事業者が、加盟者に販売のあっせんを行う場合においては、加盟者に商品供給を行う者の選定に当たって、加盟者に対する商品の安定的供給を行うために十分な受注、配送体制を有していることを確認するものであること。

（ヘ）本部事業者の物的施設は、連鎖化事業の組織、資金調達力、事業規模等に照らし有効かつ適切なものであること。

（３）事業の運営

（イ）本部事業者が、加盟者のため良質かつ均質な原料、商品等を計画的に研究開発又は購入し、これを加盟者に計画的に販売又は販売のあっせんを行うことにより、加盟者における仕入れの合理化及び商品計画の適正化を図るものであること。

（ロ）本部事業者が、加盟者に販売又は販売のあっせんを行う商品の加工、包装、保管、配送等について、その合理化に常に努力しているものであること。

（ハ）本部事業者が、加盟者全体のため市場調査を実施するとともに店舗、商品構成及び経営管理の標準化等に関する研究開発を進め、加盟者の販売促進に常に努力するものであること。

（ニ）本部事業者が、加盟者の事務、財政、労務、その他の経営管理について適切な指導、援助を与え、必要に応じこれらの業務を代行し、加盟者の経営管理の合理化を図るよう努めているものであること。

(ホ) 本部事業者と加盟者の間に、加盟者からの情報の吸収と加盟者に対する情報の提供が迅速、有効かつ組織的に行われ、また、これらの情報が連鎖化事業の運営に反映されるよう、適切な情報管理システムを整備するものであること。

(ヘ) 本部事業者が、その加盟者及び従事者の資質を向上させるため、研修講習等の教育その他必要な措置を講じているものであること。

(ト) 本部事業者が環境条件の変化に応じた加盟者の経営の近代化のため、経営技術等の改善に常に努力しているものであること。

(チ) 本部事業者が、加盟中小小売商業者に提供する商品、経営ノウハウ、情報等は、過去の経験及び実績によって裏付けられた有効、適切なものであること。

(以下略)

資料４　コンビニ・フランチャイズ契約条項の項目別対照表

＊セブン－イレブン「加盟店基本契約書」（以下、（セ）と表記）およびローソン「フランチャイズ契約書」（以下、（ロ）と表記）より作成
＊紙幅の関係で、趣旨をそこなわない範囲で要約、短縮、省略を行っている。
＊旧契約下の問題が多く、改訂も本質的でない為、最近の変更は含まない。
＊ザー＝フランチャイザー、　ジー＝フランチャイジー

①共存共栄

（セ）ザーおよびジーは、統一性ある同一の事業イメージのもとに、フランチャイズ・システムによるコンビニエンス・ストアを開店し、ザー・ジー相協力して、事業の繁栄をはかるとともに、地域住民の消費生活の利便、向上に寄与することを目的とする。（前文）

（ロ）ザーとジーとは、相互繁栄をめざし、信義誠実の原則にのっとり、本契約ならびに関連諸契約の履行を協力して行う。（前文）

②ザーの免責条項等

（セ）ザーは、本契約店舗建物の所在地におけるコンビニ経営の可能性について、環境・顧客の動向・競争関係など立地条件につき、通常ザーが実施する調査をし、その結果にもとづく意見や事例など参考となる情報をザーに提供した。ジーは、加盟についての判断資料を手渡され、かつ、これにもとづいて、加盟の概要およびその契約内容の要点につき、説明を受けた。ジーは、これを自主的に検討し、判断したうえ、加盟の意思決定をし、ならびにその加盟の決定は、十分な日数（最低７日以上）を経て行われた。（前文）

（ロ）ジーは、ザーによりシステム概要の資料にもとづき、ローソン・フランチャイズ・システムの説明を受け、十分な検討をした後、本契約・付帯契約・規定集の全文を読み合わせして、ジーみずからの判断と意思により本契約締結に至った。その際、ジーは契約店舗の売上等について、ザーより何ら保証を受けていない。（契約書末尾）

本契約は、ザーならびにジー双方の完全なる合意により成立したものであって、本契約締結前の口頭による意思表示は、本契約に記載されないかぎり、一切の効力を有しない（37条）

③独立の事業者

（セ）ザーとジーとは、ともに独立の事業者であり、店舗経営は、ジーの独自の責任と手腕により行われ、その判断で必要な従業員を雇用する等使用主として、すべての権利を有し、義務を負う。（２条）

（ロ）ジーは、ザーの代理人としてでなく、自己の経営責任において、ローソン・ストアの経営に専念する。（１条）

④チェーン・イメージ

（セ）経営許諾にかかわって、ジーは、各セブンイレブン店は、一定の仕様による共通した独特の店舗の構造・形状・配色・内外装・デザイン、店内レイアウト、商品陳列、サービスマーク、看板等の外観、商品の鮮度など品質のよさ、品揃え、清潔さ、ユニフォーム、接客方法、便利さなど際立った特色を有し、独特の印象として定着し、広く認識され、親しまれており、このイメージがセブンイレブン店の信用を支えていることを確認する。（４条）

ジーは、セブンイレブン・イメージを変更し、またはその信用を低下させる行為をしない。（５条）

（ロ）ジーは、ザーの指導に従い、ローソン・チェーンシステムによる店舗条件を整え、また将来にわたりこれを維持する。（３条）

⑤営業時間等

（セ）ジーは、契約全期間を通じ、年中無休で、連日少なくとも午前７時から午後１１時まで、開店し、営業を行うものとする。（24条）

（ロ）営業日・営業時間は、年中無休とし、24時間営業を原則とする。冠婚葬祭については、ジーはザーにその旨連絡し、営業・営業時間について、ザーの指示に従う。（14条）

⑥推薦仕入先、仕入商品等

（セ）ジーは、ザーの推薦仕入先以外から仕入等を行う場合、ザー制定の食品衛生管理基準に従い、検査を必要とされる商品について、公的機関の検査を受けなければならない。この検査の結果一品でも不合格となったときは、不合格品と同一の仕入先からの同種の商品および同一の工程等によって製

造、加工等されたすべての商品をただちに売場から取り除き、仕入れ、販売を中止しなければならない。商品の種類、型、品質（鮮度、外観などを含む)、量あるいは商品構成がセブンイレブン・イメージに適合しないとザーによって判断された場合は、これらの商品の陳列、販売をしない。(26 条)

（ロ）推薦仕入先以外からの仕入の場合、あらかじめザーの所定申請書を提出し、承認を得る。その場合は、商品の種類、型、品質、量、商品構成が当該システムのイメージに適合し、かつローソンの品質管理基準に従うものとする。ただし、検査を必要とされる商品については、公的機関の検査を受けなければならない。（6 条）

⑦ジーの売上金の送金義務

（セ）ジーは、毎日の総売上金等（＝販売受取高）を、ザーの指定する口座に、ジーの費用負担で振込み送金する。販売受取高は、ザーの許諾と協力による店舗経営の成果であって、ジーが個人で自由に処分できる金員でなく、ザーの与信を裏付けるものであるから、ジーは、これをこの契約によって営業費とされていない家賃等の支払いに一切充ててはならない。ジーが振込を怠った場合、ザーがジーに代わり行った売上および金銭出納管理の手数料および１日あたり 10,000 円を支払わなければならない。(27 条)

（ロ）ジーは、毎日の売上金、雑収入金、消費税等相当分および収納代行等の預り金全額を、翌日までに、ザーの指定銀行口座に入金する。この金員については利息を付けない。(23条)。売上金は契約店舗の資産であり、ジーが個人的に自由に処分できるものではない。したがって店営業費とされない交際費や家賃、生活費、その他の一時流用は一切できない。(会計業務規定２条)

⑧ジーの計表等の提出義務

（セ）ザーは、店舗の各１ケ月および各年毎の損益計算書、貸借対照表と各１ヶ月毎の商品報告書を作成して、ジーに提供する。ジーは、計表作成のため、マニュアル記載の報告資料等をそれぞれ定める日に提出する。ジーが資料、報告の提出を怠ったとき、１日あたり、１項目につき1500 円を支払う。(38 条)

（ロ）ジーは、a.売上現金日報、b.出金伝票、c.仕入伝票、d.店仕入報告書、

e.売価変更報告等の諸帳票を作成し、ザーの指定する日限に送付する義務を負う。(会計業務規定2条)

⑨ジーの守秘義務

(セ) ジーは、経営機密をその一部であっても、第三者に漏らしたり、店舗経営以外で使用、模倣したり、その他ザーの企業秘密を漏らしたり、ザーの信用を害する行為をしてはならない。(5条)

(ロ) ジーおよびジーの従業員は、本契約・付帯契約・規定ならびにマニュアル、連絡諸文書等、ザーの指導内容およびローソン・チェーン運営に関する計画・実態等、その他本契約に関連して知り得た事項一切を、第三者に洩らしてはならない。ジーとジーの従業員は、本契約終了後も、前項の秘守義務を負う。(19条)

⑩経営の許諾と新規出店

(セ) 経営の許諾は、ジーの店舗の存在する一定の地域を画し、ジーに排他的、独占的権利を与えたり、固有の営業地盤を認めたりすることを意味しない。ザーは、必要と考えるときはいつでも、ジーの店舗の所在する同一市・町・村・区内の適当な場所において、新たな店舗を開設し、または他のジーに店舗を経営させることができる。その際、ザーは、ジーの営業努力が十分報いられるように配慮する。(6条)

(ロ) ジーは、本契約により経営店舗のテリトリーとして、営業に対する独占排他的権利等を取得するものではない。ザーは、いかなる地域にもザーみずからの出店およびフランチャイズ出店をすることができる。(4条)

⑪オープンアカウント

(セ) ザーおよびジーは、ザーの開業後の相互の貸借内容・経過を明確にし、順次決済をする方法として、オープンアカウントにより、これを行う。オープンアカウントは、セブンイレブンシステムの内容の一部を構成する不可分の制度であって、これを変更することはできない。(19条)

(ロ) ザーとジーの間で発生する全ての債権・債務を、開設より消滅まで継続的に記録し、順次決済する目的をもって、本部勘定を設定する。(会計業務規定8条)

⑫ロイヤリティ

（セ）ジーは、ザーに対して、セブンイレブン店経営に関する対価として、各会計期間毎に、売上総利益（＝売上高－売上商品原価）に対し、付属明細書に定める率（例えば、45％）を乗じた額をオープンアカウントを通じ支払う。（41条）

（ロ）ジーは、ザーからの店舗営業設備等の貸与と指導援助・サービス提供の対価として、ローソン・チャージを支払う。ローソン・チャージは、総値入れ高（＝売上高－（売上原価－見切り・処分－棚卸ロス））にチャージ率を乗じた額をいい、毎月仮精算し、ザーに支払い、3ヶ月に1回の実地在庫棚卸しに基づきこれを精算する。（チャージ率の例：24時間店：32％、非24時間店：35％）（13条）

⑬商品廃棄、棚卸ロス

（セ）営業上通常の品べりの範囲とは認められない品べり（＝前回の実地棚卸の日以後当該実地棚卸日までの間の売上高の総額に対し、各1.2％を超えた金額の部分（付属明細書））が発生した場合には、その範囲を超える在庫品の棚卸減は営業費として扱われず、ジーが販売したものとして処理される。（25条）

（ロ）契約店舗において販売する商品を廃棄処分にした場合、その売価（処分）はジーの店営業費用として計上される。ジーが見切って値下げ販売をする場合、その値下げ額（予定売価－値下げ売価）はジーの店営業費用として計上される。（在庫管理規定2条）

ロス高はジーの責任とし、店経費となる。（売価変更規定5条）

⑭最低保証

（セ）ザーは、ジーがこの契約に従って、毎日開店営業を継続する限り、ジーの12会計期間の総収入（＝売上総利益－チャージ）が、付属明細書に定める額（例えば、1300万円）に達しないときは、これを下回らないように保証し、不足分を負担する。（42条）

（ロ）ジーの収入（＝年間総値入高－ローソン・チャージの年間合計額）が、年間1800万円（非24時間店は1600万円）（＝特別経費分担額）に満たな

い場合で、かつジーに契約違反等がなかったとザーが判断する場合、(1)新規オープン日より2年間は、ジーの収入と特別経費分担額との差額をザーが補填する。(2)新規オープン日より3年目以降は、差額を、ローソン・チャージがゼロになるまで、ザーが減額補填する。(24条)

⑮開業前解約

（セ）ジーが、やむを得ない事由により、中途解約する場合、ザーに対し、少なくとも開業5日前に到達する書面で予告し、かつ、ザーと協議し、予告日から3日以内に、手引書等を返還するとともに、下記の解約金を支払わなくてはならない。(1)店舗の建築、改修工事着手前：50万円、(2)工事終了後、店舗引渡前：100万円、(3)店舗引渡後、ザーによる設備の搬入等への着手後：150万円。(15条)

（ロ）ザー、ジーが、新規オープン前に、やむを得ない事由による解約する場合、資料を添えて書面で相手方に通知する。書面受理から5日以内（またはオープン日まで）に協議し、解約する。ジーは下記の解約金をザーに支払う。(1) 店舗の建築工事着手後、営業設備工事着手前：50万円、(2)営業設備工事着手後：150万円。(27条、「契約の解約・解除・罰則ならびに損害賠償に関する規定」(以下、解約等規定という) 2条)

⑯中途解約

（セ）開業日後5カ年経過後、ザーまたはジーは、やむをえないと認められる特別の事情がある場合には、3ヶ月以上前に文書で予告し、契約を終了できる。店舗の経営状態に照らし、事業継続がザー、ジー双方にとって不利益である場合、やむをえない特別の事情に該当。(45条)

ザーまたはジーが、開業日後5カ年経過前、やむをえないと認められる特別の事由により中途解約する場合、3ヶ月以上前に予告し、相手方の文書による承認を受けたうえ、解約金として、チャージの（過去12ヶ月間の）平均月額の2ヶ月相当分を支払う。

ジーが、やむをえないと認められる特別の事由なしに、その都合により中途解約する場合、4ヶ月以上前に文書で予告し、下記の解約金を支払う。(1)開業日後5カ年経過以前：チャージの平均月額5ヶ月相当額。(2)開業後5カ年経過以後：チャージの平均月額2ヶ月相当額。(46条)

(ロ) ザーおよびジーは、新規オープン以降、ザーが認めたやむを得ない事由により解約する場合、資料を添えて、4ヶ月前までに書面で相手方に通知する。その書面受理から協議を経て、2ヶ月以内に解約する。ザーおよびジーの解約金支払い義務として、(1)解約日が新規オープン日以降3年未満:過去一年間の平均チャージの6ヶ月分、(2)解約日が新規オープン日以降3年以上、5年未満:過去一年間の平均チャージの4ヶ月分、(3)解約日が新規オープン日以降5年以上:過去一年間の平均チャージの2ヶ月分(28条、解約等規定3条)。

ザーおよびジーは、新規オープン以降、やむを得ない事由がないのに解約する場合、資料を添えて、4ヶ月前までに書面で相手方に通知する。その書面受理から協議を経て、2ヶ月以内に解約する。ザーおよびジーの解約金支払い義務として、(1)解約日が新規オープン日以降3年未満:過去一年間の平均チャージの10ヶ月分、(2)解約日が新規オープン日以降3年以上、5年未満:過去一年間の平均チャージの7ヶ月分、(3)解約日が新規オープン日以降5年以上:過去一年間の平均チャージの4ヶ月分。(29条、解約等規定4条)

⑰即時解約、予告解約

(セ) ザーによる即時解約事由:(1)破産・和議・会社更正・会社整理等の申立がなされたとき、(2)ザーの承諾なしに店舗を譲渡、経営を放棄等したとき、(3)ザーより付与された権利、手引書等を他に譲渡、使用等させたとき、(4)経営機密、企業機密を漏らしたとき、(5)実地棚卸を拒否したとき。

契約違反によるザーの予告解約事由(催告期間10日以上):(1)条項列挙(略)、(2)その他ザーに対する重大な不信行為があったとき。(47条)

ジーによる即時解約事由:(1)破産・和議・会社更正・会社整理等の申立がなされたとき、(2)開店準備を怠り、ザーの責めに帰すべき事由により、所定の日に開店できないとき。

契約違反によるジーの予告解約事由(催告期間10日以上):(1)条項列挙(略)、(2)その他ジーに対する重大な不信行為があったとき。(48条)

(ロ) ザーによる即時解約事由:(1)契約締結日より1カ年以内の新規オープンが不可能、(2)財産の差押え処分等、(3)支払停止等信用悪化状態、(4)不渡り、(5)禁治産等の申立、(6)店舗責任者の犯罪行為等、(7)システムについての機密漏洩、(8)店舗の一方的閉鎖、(9)契約・付帯契約・マニュアル等違反、など14

項目。(30 条)

⑱損害賠償

(セ) 即時解約、予告解約による契約解除の際の損害賠償額:(1)(ジーの6ヶ月分の売上総利益の50%相当額) + (契約残存期間の10分の1の月数の売上高総額の2%相当額)、(2)ザーの商標、意匠等の侵害、経営機密、企業機密漏洩の場合、少なくとも200万円を加算。(49 条)

契約期間中に、契約に違反し、義務の履行を遅滞した場合、ザーおよびジーは損害賠償の義務を負う。契約期間終了後の遅延損害金は、1日あたり20,000円。ザー、ジー間の関係の消滅後に、ジーによる商標等の使用、経営機密等の使用・模倣、第三者への経営機密、企業秘密の漏洩等があった場合、損害賠償額として、(1)同一市町村内等の他店の過去12ヶ月分の売上高合計の10%、(2)ザーの損害が(1)の額を大幅に超えるときは、その損害額またはジーの利得額のいずれか多い額。(57 条)

(ロ) ザーによる即時解約の際の、ジーの損害賠償金は、解除に直近する過去6ヶ月間の総値入高相当分および店舗閉鎖に伴う諸費用として130万円、他とする。それ以外のザーの損害についても賠償の義務あり。(解約等規定7条)

⑲契約終了に伴う効果等

(セ) ジーは、契約終了により、店舗経営に関するすべての権利を失い、閉店とともに経営機密等の使用を直ちに中止しなければならない。その場合、ザーの提供した設備、手引書等につき、ジーには占有権限はない。ジーは、契約終了後、ザーおよび他の店舗に迷惑をかけない。(50 条)

(ロ) 契約終了時のザーならびにジーの処理すべき事項。(1)ザー貸与の看板・什器備品の返還(ザーの費用負担)、(2)契約店舗のローソン仕様、デザイン部分の改装、消去他、(3)契約終了に必要な文書類の提出、(4)契約書・付帯契約書・マニュアル・連絡諸文書・包装用品・制服等の返還(31 条)